현대사주심리학

명리학 이론으로 파헤친 현대인의 심리구조

현대사주심리학

김기승·나혁진 지음

다산글방

■ 〈현대사주심리학〉을 펴내며

　사주명리학의 일반적인 이론 연구와 강의는 음양오행과 십성에 대한 변화를 통하여 삶의 과정에서 나타나는 사안 및 사건의 예측, 그리고 성정의 장단점을 추론하는 이론 쪽으로 접근해 왔다고 할 수 있다. 그러나 이제 우리는 사주를 통한 인생 전반을 바라보는 시각의 포인트나 또 적중률에 대한 기대치를 새롭게 조명할 필요가 생겼다. 그동안 사주라는 도구가 이를 활용하는 명리학자나 동양술사들에게 예측하고 조언하는 범주에 있어서 상당한 도움을 주어왔다는 것을 부인할 수 없다. 예를 들어 성격과 적성, 이성과 배우자, 사업운, 재물운, 시험운, 당락문제 등의 사안에 대한 적중률이 사주만한 것도 없었다.

　하지만 사주를 통해 인간의 삶을 비교 연구해 보면, 개인별 성공의 결과는 유전적 요인과 환경적 요인, 그리고 부단한 노력 등을 통해서 그 편차가 크다 벌어진다는 점도 발견할 수 있다. 그런 까닭에 현대 명리학자들은 "사주 명조를 분석하면 그 주인공의 모든 것을 알 수 있다."라는 전제 가설을 쉽게 내뱉지 못한다. 이 전제 가설을 실현하고자 한다면 그 부족함과 미흡함을 발견하고 이를 보완하기 위한 새로운 이론과 실험 검증이 꼭 필요하다. 인간은 동일한 사주를 가지고도 각기 다른 삶을 살 수 있다는 가설을 세우라. 그리고 그 다름 가운데서 동일한 심리의 패턴을 찾아내야 한다. 그 동일한 심리의 패턴이 다른 유전자와 다른 환경을 가진 사람들을 유사한 인간 군상으로 묶고 구분 지어 보이게 해왔던 것이기 때문이다.

우리는 대부분 유아기 돌잡이를 할 때부터 대학에 진학하여 학과 선택을 할 때는 물론이고 사회로 진출해서까지도 자신에게 알맞은 적성을 찾아보고자 다양한 시도를 한다. 그러나 보통 끝까지 자신이 가장 기뻐하는, 가장 어울리는 적성을 찾지 못하고 헤매는 경우가 허다하다. 많은 사람이 적성을 찾지 못한 채 무작정 제비 뽑듯이 선택해 놓은 전공 때문에 인생에서 갈등을 겪고 실패를 경험하고 난 뒤에 후회한다. 자신이 가장 기뻐하는 적성을 수없이 많은 적성검사 도구를 통해 검사해 보지만 쉽게 발견하지 못하는 까닭은 후천적 환경이 본인의 사유를 지배해 버리기 때문이다. 그 원인 요소 또한 부모의 우등생 열망, 자식을 통한 대리 만족, 직업군 고저에 대한 사회적 편견 등 셀 수 없이 다양하다.

명리진로상담이라는 분야는 내담자들의 기뻐하는 적성을 찾아주고 그들의 올바른 진로를 상담해 주기 위해 명리와 사주를 이용하고 다양한 사주분석 기법을 사용한다. 21세기 첨단화된 문명과 문화권에 사는 사람들에게 "동쪽으로 가면 귀인을 만날 거야."라는 식의 사주 상담이 아니라 사주분석을 통해 그들의 진짜 심리를 찾고 그에 따른 상담과 대안을 제시하고자 한다. 이를 위해서 명료한 사주 분석과 그 사주 구성에 따른 심리분석을 통해서 잠재된 심리 성향과 적성을 찾고 양육 및 교육 방법, 진로와 직업 선택 방법을 제시할 수 있어야만 한다. 그것이 대중들에게 명리학이 미래 상담학으로서의 활용성을 인정받고 존경받을 방법이며, 출간을 앞둔 〈현대사주심리학〉의 활용 가치이자 당위성이다.

명리학은 수천 년 동안 사주 해석을 통해 삶의 대응 방안을 제시하고, 부정적인 사고와 의식을 가진 사람들에게 새로운 동기부여를 제공하면서 그들의 삶을 긍정적으로 개선할 수 있게 도와왔고, 이미 오래전부터 명리학은 동양 심리학이었다. 이를 더욱 발전시켜 〈현대사주심리학〉에서는 음양과 오행의 부호로 구성된 개인의 사주를 인간의 탄생으로 주어진 유전적 요소, 환경적 요소까지 고려하고 여러 심리적 현상을 긍정적, 부정적 심리구조로 접근해 심층적으로 분석하였다. 그리고 사람들이 살아가면서 겪는 모순 또는 불안 요인으로 인해 나타나는 신경증과 증후군까지 종합하여 개인의 인생에 명확한 대응 방안을 제시할 수 있도록 사주심리학 체계를 이론화하려고 노력했다.

이번에 책명을 바꾸어 새롭게 출간된 〈현대사주심리학〉은 2004년 〈사주심리치료학〉이라는 이름으로 처음 출간되었던 저자의 책을 리뉴얼 한 것이다. 당시 명리학계에 심리학 상담과 진로상담이라는 새로운 패러다임의 시발점을 제공하였고, 많은 대학의 전공자들에게 연구주제 방향성을 제시하였다. 그 이후에도 저자는 〈명리직업상담론〉, 〈놀라운 선천지능〉, 〈명리이론을 활용한 선천적성검사 도구개발에 관한 연구〉 등 다양한 저술과 논문으로 그 맥을 이었고, 한 차례 증보판을 더 내서 독자들이 꼭 알아야 할 직업적성과 진로 선택에 중요한 천성의 개념과 직업체질이론 등을 추가했었다. 그런데 현재는 명리와 선천적 성에 따른 직업상담과 적성검사에 관한 연구 성과는 더욱 방대해졌고 디테일해졌기에 더 이상 〈사주심리치료학〉이라는 책 속의 부분으로서 남아있을 이유를 잃었다. 이에 과감히 책명을 바꾸고 현대 명리 독자들에게 꼭 필요한 사주심리학 이론만을 남겼다. 음양과 오행, 천간과 천간합, 한난조습, 합충과 편중, 그리고 십성에 대한 다양한 심리학적 접근을 읽고 보기 편하도록 다시 작성하고 사례를 재정리하였다. 그리고 현대 명리 독자들에게 눈높이를 맞추어 십성의 본능적 행동심리, 신경증과 사주분석, 연애심리와 사주분석, MBTI와 사주분석이라는 새로운 주제의 챕터를 추가하였다.

전술하였듯 이 책 〈현대사주심리학〉이 전반적으로 재정리되고 새로운 챕터를 추가하여 출간될 수 있었던 것은 심리학과 인문학에 해박한 지식을 가진 나의 제자 나혁진 박사의 제안과 노력으로 이루어졌다. 그 공이 절반이니 당연히 공저자로 이름을 올렸다.

끝으로 독자들에게 명리학을 통하여 현 사회를 설명하고 인간을 이해하고 상담하는 과정에 이 책에서 제안하는 사주의 심리학적 분석이 조금이나마 도움이 되길 바라는 마음이다.

壬寅年 2022년 8월 25일

春光 김기승 · 文供 나혁진

차례

Chapter 1 음양 구조에 따른 심리유형 ─── 15

01 음양의 구조 _ 16
02 음양 심리의 3단계 분석 _ 19
03 음양 천간의 기본 심리 _ 22
04 양 간지의 심리 성향 _ 23
05 음 간지의 심리 성향 _ 25
06 대운의 음양 해석 _ 28
07 세운의 음양 심리해석 _ 30

Chapter 2 YET 음양 심리테스트 ─── 33

01 YET 테스트 : Yinyang Eight Type _ 34
02 YET 배추형 : 외향적극형 (양·양·양) _ 40
03 YET 파리형 : 외향소심형 (양·양·음) _ 44
04 YET 땅콩형 : 외향다변형 (양·음·양) _ 48
05 YET 버섯형 : 외향신중형 (양·음·음) _ 52
06 YET 고추형 : 내향소심형 (음·음·음) _ 56
07 YET 알무형 : 내향지속형 (음·음·양) _ 60
08 YET 석류형 : 내향다변형 (음·양·음) _ 64
09 YET 알밤형 : 내향적극형 (음·양·양) _ 68

Chapter 3 오행과 천간의 심리유형 ─────────── 73

01 오행의 의미 _ 74
02 오행의 구조 _ 78
03 오행의 심리유형 _ 81
04 천간의 심리유형 _ 89

Chapter 4 한난조습에 따른 심리유형 ─────────── 101

01 한(寒)·난(暖)·조(燥)·습(濕) _ 102
02 火가 많아 난조한 사주 _ 107
03 水가 많아 한습한 사주 _ 114
04 한난조습에 따른 심리연구 _ 120

Chapter 5 간지합충 작용과 심리변화 ─────────── 125

01 천간합의 원리와 작용 _ 126
02 천간충의 원리와 작용 _ 131
03 지지합의 원리와 심리작용 _ 133
04 지지충의 원리와 심리작용 _ 139
05 십성 충의 심리현상 _ 148

차례

Chapter 6 천간합의 작용력 집중분석 ────── 153

01 천간합의 속성과 원리 _ 154
02 甲己合土 : 작용정지 _ 160
03 乙庚合金 : 세력강화 _ 166
04 丙辛合水 : 신규창출 _ 171
05 丁壬合木 : 방향전환 _ 179
06 戊癸合火 : 이동변동 _ 187

Chapter 7 편중된 오행에 따른 심리유형 ────── 193

01 오행의 편중에 따른 심리현상 _ 194
02 오행의 부재에 따른 심리현상 _ 206
03 미완성의 심리현상 – 가종격 _ 213

Chapter 8 십성의 긍정적·부정적 심리 ────── 221

01 십성의 구조와 전통적 의미 _ 222
02 비견의 긍정적 심리와 부정적 심리 _ 228
03 겁재의 긍정적 심리와 부정적 심리 _ 231
04 식신의 긍정적 심리와 부정적 심리 _ 234
05 상관의 긍정적 심리와 부정적 심리 _ 237

06 편재의 긍정적 심리와 부정적 심리 _ 240

07 정재의 긍정적 심리와 부정적 심리 _ 243

08 편관의 긍정적 심리와 부정적 심리 _ 246

09 정관의 긍정적 심리와 부정적 심리 _ 250

10 편인의 긍정적 심리와 부정적 심리 _ 253

11 정인의 긍정적 심리와 부정적 심리 _ 257

Chapter 9 십성의 강약에 따른 심리와 대응 ——— 261

01 십성의 강약에 따른 증후군 _ 262

02 비겁의 강약에 따른 심리와 대응 _ 264

03 식상의 강약에 따른 심리와 대응 _ 271

04 재성의 강약에 따른 심리와 대응 _ 278

05 관성의 강약에 따른 심리와 대응 _ 285

06 인성의 강약에 따른 심리와 대응 _ 292

Chapter 10 십성의 욕구와 정신분석학 ——— 299

01 십성의 욕구 _ 300

02 십성의 심리구조 _ 304

03 십성에 대한 정신분석학적 분석 _ 305

04 십성의 상대성 원리 _ 311

차례

Chapter 11 십성의 본능적 행동심리 ─ 319

  01 비겁의 육감·경쟁본능 행동심리 _ 322

  02 식상의 생산·창조본능 행동심리 _ 325

  03 재성의 소유·개발본능 행동심리 _ 329

  04 관성의 서열·결정본능 행동심리 _ 332

  05 인성의 기록·심미본능 행동심리 _ 336

Chapter 12 연애심리와 사주분석 ─ 341

  01 남자의 연애심리 _ 344

  02 여자의 연애심리 _ 358

  03 남녀의 성생활 만족심리 _ 372

  04 십성코스 궁합론 _ 382

Chapter 13 사주를 통한 신경증 심리추론 ─ 393

  01 신경증이란? _ 394

  02 결핍으로 인한 중독, 섭식, 성욕장애 _ 396

  03 불안장애의 일종인 결정장애 _ 400

  04 인지부조화로 인한 행동장애 _ 404

  05 ADHD, 분노조절장애 _ 408

06 우울증과 조울증 - 기분장애 _ 411
07 성정체성과 성도착증 - 성적심리장애 _ 417
08 과잉적응증후군 - 워크홀릭 _ 422

Chapter 14 MBTI와 사주분석 —————————— 427

01 MBTI 성격유형검사 _ 428
02 MBTI와 사주의 연결점 _ 431
03 외향형(E)과 내향형(I) 사주분석 _ 438
04 감각형(S)과 직관형(N) 사주분석 _ 443
05 사고형(T)과 감정형(F) 사주분석 _ 447
06 인식형(P)과 판단형(J) 사주분석 _ 451
07 MBTI 16가지 성격유형 _ 455

Chapter 1

음양 구조에 따른 심리유형

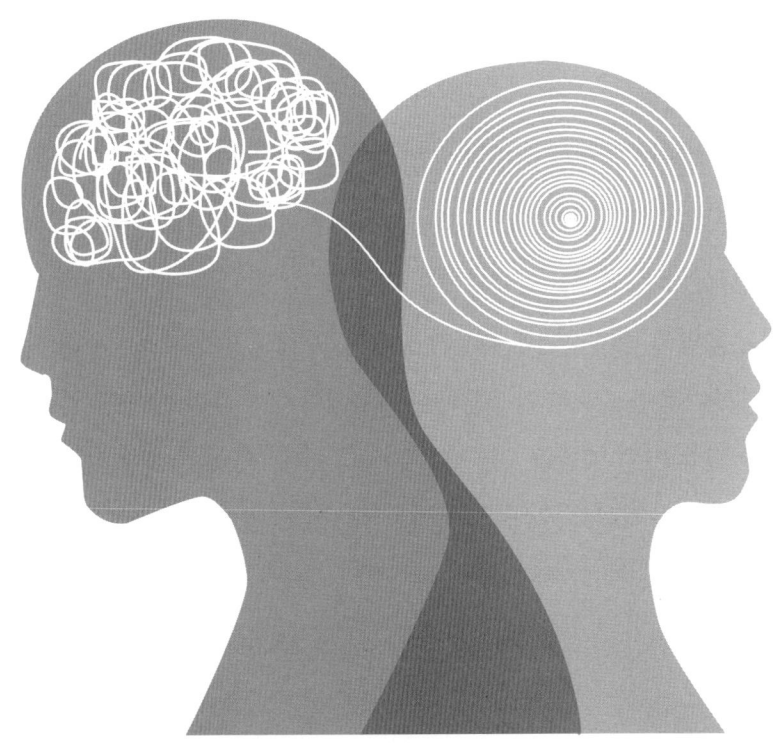

01 음양의 구조

음(陰)은 하나의 독립된 음의 실존이고, 양(陽)은 하나의 독립된 양의 실존이다. 그러나 우주론적으로 볼 때 어둠이 없다면 빛이 존재할 수 없고, 또 빛이 없다면 어둠이 존재할 수 없으니 이 둘은 공존 공생의 관계이고 영원히 함께 존재하리라는 것 또한 진리이다.

음양의 구조 속에는 각각 독립된 음과 양을 공존시키는 중성자가 있다는 것이 필자의 견해이다. 중성자는 전기적으로는 중성이며, 원자핵이 양성자(+)와 전자(-)로 구성되어 있다는 가설만으로는 원자핵 모형이 완벽하게 설명되지 않던 중에 그 존재가 입증되면서 새로운 원자핵 모형을 마침내 완성할 수 있게 했던 존재가 바로 중성자이다.

음양의 이론에서 중성자란, 예를 들어 길신과 흉신으로 구분되는 신살은 음양과 오행처럼 기(氣)라는 에너지가 있지는 않다. 그런데도 길흉 작용이 드러나는 것은 음양을 공존시키는 중성자의 역할이 잘 작동하지 않을 때는 음양의 축이 흔들려 흉사가 발생할 수 있고, 중성자의 역할이 잘 작동하여 음양의 축이 안정될 때는 하늘에서 내리는 길신의 도움을 받을 수 있다. 또한 개인의 사주 작용보다 더 크게 작용하는 지구, 국가, 지역의 커다란 사건과 개인의 운명 사이에서도 중성자가 동작한다. 현대는 이러한 다양한 가설들과 더불어 양자물리학이나 초끈이론 등도 하나둘씩 입증되고 있으니 에너지의 존재가 기와 질이며, 곧 우주라는 점에서부터 우린 음양에 대한 통찰을 시작해야 한다.

1) 우주에서의 음양

음	양
달, 수성, 금성, 토성, 블랙홀, 항성, 어둠, 냉기, 음극, 음지	태양, 화성, 목성, 화이트홀, 행성, 밝음, 열기, 양극, 양지

2) 지구에서의 음양

음	양
바다, 북극, 한습지역, 약소국, 종교, 가을, 겨울, 비, 밤, 아래, 오른쪽, 짝수	육지, 남극, 난조지역, 강대국, 사상, 봄, 여름, 바람, 낮, 위, 왼쪽, 홀수

3) 생명에서의 음양

음	양
죽음, 정맥, 등, 오장, 간장, 신장, 혈액, 내장, 깃털, 아가미	생존, 동맥, 배, 육부, 폐장, 비장, 심장, 피부, 비늘, 부리

4) 사물에서의 음양

음	양
작음, 낮음, 아래, 각, 바위, 물, 소, 소금, 부드러움, 적음, 가득 참	큼, 높음, 위, 원, 나무, 불, 말, 고추, 단단함, 많음, 텅 빔

5) 인간에서의 음양

음	양
여자, 늙음, 육체, 하체, 후면, 오른쪽, 슬픔, 증오, 인내, 느림, 방어, 선행, 약자, 허약, 이성, 보수	남자, 젊음, 정신, 상체, 전면, 왼쪽, 기쁨, 사랑, 조급, 빠름, 공격, 악행, 강자, 건강, 감성, 진취

6) 심리에서의 음양

음	양
수축심리, 은폐심리, 내밀성, 내향성, 수용성, 축소, 검소, 수수함, 반작용, 냉소, 우울, 애증, 무의식, 꿈, 침묵	팽창심리, 개방심리, 실험성, 외향성, 배타성, 확대, 낭비, 화려함, 작용, 희망, 명랑, 사랑, 의식, 현실, 웅변

02 음양 심리의 3단계 분석

명리학은 음양(陰陽)과 오행(五行)의 학문이다. 다섯 가지 오행의 인식에 앞서 음양에서 1차적 성정이 나타나고 있다. 즉, 사주를 분석하는 데 있어서 무엇보다 음양의 구조에 대한 인식이 중요하다는 것이다. 사주명조는 일간을 중심으로 자신의 기본 성향을 가지고 있으므로 그에 따른 성정이 드러나고, 사주 내에서 일간 외의 글자가 가지는 음양의 비율에 따라 변화되는 심리현상을 유추할 수 있다.

사주의 음양구조를 분석하는 방법은 3단계 체계를 가진다.
1단계는 일간의 천간이 양(+)인지 음(-)인지 구분하고, 지지가 양(+)인지 음(-)인지 구분한다.
2단계는 태어난 계절을 기준으로 따뜻하고 더운 계절에 태어나면 계절적으로 양(+)이고, 차갑고 한랭한 계절에 태어나면 계절적으로 음(-)이다.
3단계는 일간을 기준으로 신강한 구조이면 힘이 강한 양(+)이고, 신약한 구조이면 힘이 약한 음(-)이다.

1) 간지의 음양 심리

천간	양(+)	甲	丙	戊	庚	壬
	음(-)	乙	丁	己	辛	癸

지지	양(+)	子	寅	辰	午	申	戌
	음(-)	丑	卯	巳	未	酉	亥

양(+) : 정신적인 면의 추구와 무의식적 남성성 표출
　　　활동적으로 외향적이며, 적극적인 동시에 실천적 행동이 앞서는 성향이다.

음(-) : 물질적인 면의 추구와 무의식적 여성성 표출
　　　수동적이며 내향적이고, 소극적인 동시에 행동보다 이론이 앞서는 성향이다.

2) 계절의 음양 심리

* 양의 천성 – 난습(暖濕), 난조(暖燥)한 구조
　　　　　　(봄, 여름에 태어나고, 木火의 수가 많음)
* 음의 천성 – 한조(寒燥), 한습(寒濕)한 구조
　　　　　　(가을, 겨울에 태어나고, 金水의 수가 많음)

양(+) : 외향적이고, 결과론적이고, 단순하고, 활동적이다.
음(-) : 사색적이고, 과정론적이고, 은밀하고, 분석적이다.

3) 강약의 음양 심리

* 신강사주 – 일간을 돕는 글자가 많고 힘이 좋은 구조는 양(+)
* 신강사주 – 일간을 돕는 글자가 적고 힘이 약한 구조는 음(-)

양(+) : 에너지 주체를 자기중심으로 활용하는 심리 소유
음(-) : 에너지 주체를 외부중심으로 활용하는 심리 소유

03 음양 천간의 기본 심리

1) 양간(陽干)의 기본 심리는 외향적이며 적극적인 동시에 행동적 성향이다.

2) 음간(陰干)의 기본 심리는 내향적이며 소극적인 동시에 이론적 성향이다.

3) 여자가 양간이면 활동적이고 성격이 강하여 타인을 포용하는 심리가 있다.

4) 남자가 음간이면 섬세하고 성격이 유연하여 사랑받고자 하는 심리가 있다.

5) 음 일간이 사주에 양이 많으면 외유내강한 심리를 소유한다.

6) 양 일간이 사주에 음이 많으면 외강내유한 심리를 소유한다.

7) 음양 일간 모두 사주에 음양간지가 고르게 분포하면 중용적 심리를 소유한다.

04 양 간지의 심리 성향

1) 긍정적 심리 성향

어떤 자원이나 활용적 가치의 자연적 형질에서 현실적으로 형상화시켜 나가려는 의지와 행동력이 강하다. 또한 결집력과 여러 작은 힘들을 밀집시켜려는 인화력이 좋고, 실험정신을 가지게 된다.

① **생리적 측면**
  내재된 욕구 증대와 긍정을 부여한 실험정신

② **심리적 측면**
  인간관계에서 주종관계의 확대와 정체성의 확인을 스스로에게 요구

③ **사회적 측면**
  사람의 가치를 최우선하며 자신의 가치를 사회화, 구조화

2) 부정적 심리 성향

인간관계, 물리적 자원의 효용성의 극대화를 추구하게 되므로 욕구 과잉 팽창으로 인한 내적 불안 심리가 정서의 불균형으로 나타나 타인을 억압하거나 불신감이 유발되며 신뢰 상실을 초래한다.

① **생리적 측면**
　욕구팽창에서 오는 정서의 불균형

② **심리적 측면**
　욕구실현 과정의 현실적 괴리에 대한 공포감 또는 적대감

③ **사회적 측면**
　자기중심적 욕구, 밖으로 드러나는 충동심리

05 음 간지의 심리 성향

1) 긍정적 심리 성향

음(-)의 생리적 기능은 양(+)의 기운을 수렴하여 숙성시키는 성장판의 역할을 하므로, 만물의 성장에 필요한 에너지원으로서 생명체 속성의 기초와 토대가 된다.

① **생리적 측면**
　종속관계의 수용과 인내를 통해 결과를 유도하는 내밀함

② **심리적 측면**
　겸손과 양보, 이타적 배려와 구도 정신으로의 포괄적 선함

③ **사회성 측면**
　공유와 공여, 협조와 희생정신, 우수한 의지력과 자생력

2) 부정적 심리 성향

수용성과 수축성을 토대로 하는 근원적 속성을 갖는다. 부정적으로는 강박적 복종심리로 인한 자기 파괴와 과도한 자기방어 증후군 심리로 인한 발작적 불안심리를 일으키며 사회생활의 부적응 요인을 실생활에서 발견하게 된다.

① **생리적 측면**
   과도한 희생으로 일어나는 상대적 박탈감과 정체성 불안심리

② **심리적 측면**
   상실감과 좌절감, 고의적 기만과 타인에 대한 적대감

③ **사회적 측면**
   비사교적 비활동성, 자기 은폐, 조직력의 상실

| 사례 | 음양 구조로 살펴보는 사주 해석 |

```
時  日  月  年

戊  己  甲  癸
辰  酉  寅  酉

(+) (-) (+) (-)
```

위 사주는 여명으로 연주는 음(-)이고 월주는 양(+)이며, 일주는 음(-)이고 시주는 양(+)으로 구성되어 있다. 그녀의 인생을 추론해 보면 초년에는 부모슬하에서 비교적 정서적이고 조용한 시절을 보냈다. 월주가 甲寅으로 양(+)이며 용신으로, 성년기에는 어린시절과는 다르게 일제치하에서도 몰래 한학을 공부하고 야학을 주도하는 등 활발하게 보냈으며, 결혼도 동료교사와 하였다. 일주는 己酉로 음(-)이다. 결혼 후 자식을 기르며 오직 남편의 뒷바라지와 자식들의 양육과 가정교육에 전념을 하였다. 시주는 戊辰으로 양(+)이며, 자신의 세력이 강해지는 시기이다. 사주의 주인공은 말년 가정사를 주도하여 도심으로 이사를 하였고 병든 남편을 뒷바라지하고, 자식들의 애경사를 주도적으로 이끌어 갔다. 또한 거주지 노인들의 대표자격으로 행정기관에서 복지혜택 등에 관련 논쟁을 통하여 타당성을 인정받은 다음, 많은 수혜금을 타내기도 한 분이다.

물론 사주의 체성과 용신, 희신의 흐름이 기준이 되겠으나, 이처럼 네 기둥별 음양만으로도 그의 활동성이 주관된다는 점을 참고하기 바란다.

06 대운의 음양 해석

대운의 간지(干支)가 양(+)이면 희신과 기신에 대한 판별 기준을 떠나 그 사주가 당면한 모든 과제나 추진하는 일들을 왕성하고 크게 벌이는 심리가 있다.

반대로 대운의 간지가 음(-)이면 그 사주가 당면한 모든 과제나 추진하는 일들을 소극적이고 축소하려는 심리가 있다.

만일 용신운으로 그것이 성공한다면 좋겠지만, 기신운으로 실패하게 된다면 의욕 상실로 나타난다. 여기서 학생, 직장인, 사업가 등 직업에 따라 해석의 차별성을 유지해야 한다.

또 대운에서 양(+) 간지를 만나면 본질을 수행하더라도 뜻을 키우고 활동이 왕성하게 나타나는 심리가 있다.

그러나 대운에서 음(-) 간지를 만나면 역시 본질을 수행하더라도 축소본능의 심리가 나타난다고 본다. 대운 지지가 子午卯酉를 만나면 극히 결과론적 문제에 접근하게 된다.

대운의 양(+)간지 – 활동 범위의 확장과 적극적 심리 발현
대운의 음(-)간지 – 활동 범위의 축소와 소극적 심리 발현

| 사례 | 홍콩 영화배우 겸 가수 고(故) 장국영 |

時	日	月	年
丁	乙	戊	丙
丑	卯	戌	申

癸	壬	辛	庚	己
卯	寅	丑	子	亥

위 사주는 乙木 일간이 바로 아래 卯木에 뿌리를 두고 있으나 계절을 얻지 못하여 실령하고, 세력을 잃고 실세하여 신약하다. 그의 어린 시절에 아버지는 연예인들의 옷을 만들어 주는 일을 했다. 그 인연으로 연예계로 진출했으며 28세 辛丑 대운에 연간의 丙과 합하며 새로운 창출이 시작되자 인기와 부를 얻게 되었다. 辛丑 대운은 음(-)간지이다. 그는 화려한 인기 뒤에 동성연애라는 비정상적인 사랑을 하고 있었다. 48세 癸卯 대운에 들자 癸未년 乙卯월(2003.4.1) 호텔에서 투신자살을 하여 세상을 놀라게 하였다. 특이한 점은 대운 癸卯, 세운 癸未, 월운 乙卯, 모두 음(-)의 운이었고, 대운과 세운의 천간 癸가 사주 내 월간의 戊를 합하며 내외적으로 기의 흐름을 변화시키자 축소와 소극적 심리발현으로 심경의 변화를 일으켰다고 본다.

07 세운의 음양 심리해석

앞에서 설명한 대운과 같은 작용이다. 단, 세운은 당년의 운(運)을 주관하므로 한시적 성향 또는 단기적 기운으로 파악하면 된다.

만일 양(+) 간지의 대운에 들어와 있는 사람이 또 양(+) 간지의 세운을 만났다면, 자신이 접한 운들은 모두 양으로서 양의 특성인 치솟는 기가 발산되어 도전과 열정의 감성을 유발할 수 있다.

이와 반대로 자신의 사주가 대체로 음(-)으로 구성되어 있다면 이런 양(+)의 운에서 발전의 기틀이 구축되고 오랜만에 꿈을 펴고 뜻을 이룰 수도 있다. 결과적으로 양의 세운에는 활동적이라는 것이다.

세운이 음(-) 간지를 만날 때는 위에서 말한 양의 간지와 반대 현상이 나타난다고 추론하면 된다. 대운과 마찬가지로 세운에서 子午卯酉를 만날 때 극히 결과론적 문제에 접근하게 된다. 아울러 辰戌丑未를 만날 때는 다양한 심리적 변화를 살펴야 한다.

　　　세운의 양(+)간지 - 활동 범위의 확장과 적극적 심리 발현
　　　세운의 음(-)간지 - 활동 범위의 축소와 소극적 심리 발현

사례   사업가(癸未년 8월 4일 사망)

```
時 日 月 年
乙 甲 壬 戊
丑 戌 戌 子

戊 丁 丙 乙 甲 癸
辰 卯 寅 丑 子 亥
```

위 사주 주인공은 현대그룹 총수였던 정주영씨의 5남으로 출생한 정몽헌이다. 연대 국문학과를 수석졸업한 뒤, 부친 정주영씨가 추진하던 대북사업을 이끌며 한국재계의 주요 인물이 되었다. 그는 2003년 8월 4일 56세의 나이로 돌연 현대사옥에서 투신자살을 하였고, 이 사건으로 대내외에 많은 사회적 파문을 일으켰다. 사주를 살펴보면 47세 丁卯 대운의 丁이 월간의 壬을 합하여 인성을 묶었고, 癸未년(2003) 세운의 癸가 연간의 戊를 합하여 사회적 변동이 암시되고 있었다. 甲 일간 대비 재성이 많은 재다신약의 명으로 많은 재물을 관리하기에는 역부족이며, 사주 전체의 오행분포가 위태로움을 주고 있다. 결국 그는 선친으로부터 많은 재물을 물려받았으나, 사주에 병(病)이 되는 재물 때문에 자살로 삶을 마감하게 되어 안타깝다. 한편 주목할 점은 그가 자살한 시기는 대운 丁卯, 세운 癸未로 모두 음(-)간지 대세운을 접하고 있었다는 점이다.

| 사례 | 무정한 대운의 여인 |

```
    時 日 月 年
    乙 甲 壬 戊
    丑 午 戌 子

  乙 丙 丁 戊 己 庚 辛
  卯 辰 巳 午 未 申 酉
```

신약에 식재가 왕한 사주이며, 대운 또한 식재의 행로에서 무분별한 탐욕으로 일관되고 있음을 주지한다. 이 사주의 특징은 위의 정몽헌씨 사주와 일지 戌土와 午火의 차이만 있다. 그러나 여자로서 대운이 역행하다 보니 대운의 길흉이 극과 극으로 달리게 된다. 정몽헌씨는 용신 대운으로 향했고, 이 사주는 기신 대운으로 향했다. 이 사람은 수없이 실패를 거듭했으며, 제대로 되는 일이 없어 빚더미 속에서 한스러운 인생을 호소하고 있는데, 이제는 모든 의욕을 잃어 죽고 싶다고 한다. 두 사람은 성별이 다르고 빈부가 다르지만 한 사람은 죽었고, 또 한 사람은 죽고 싶다는 것이 공통된 현실이다. 모두 음의 간지 대운이었다. 49세 丁巳 음(-)의 대운을 잘 견뎌냈다면 일간을 돕는 동방운으로 향하는 다음 대운은 비관스런 생각에서 벗어나서 살고 있을 것이다.

Chapter 2

YET 음양 심리테스트

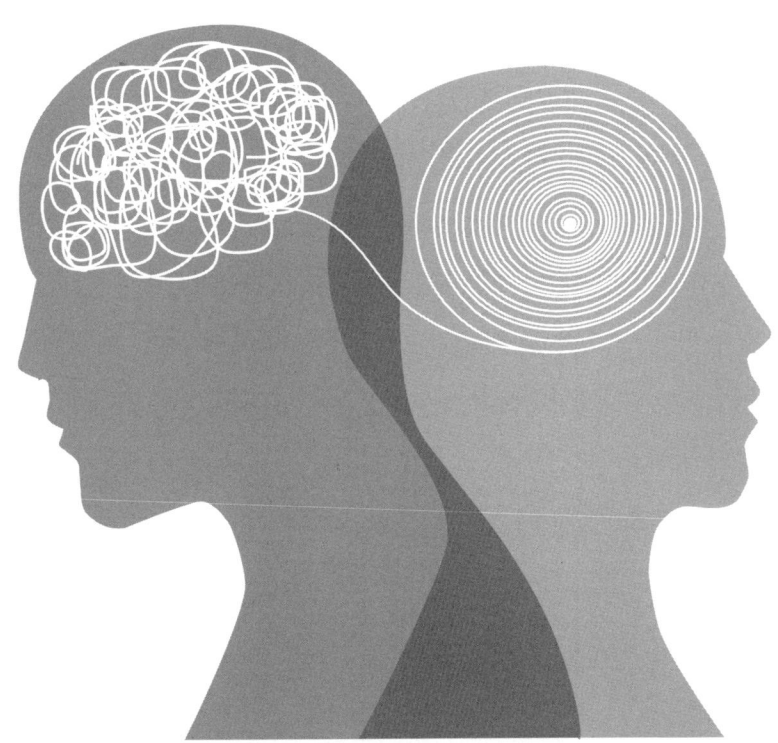

01 YET 테스트 : Yinyang Eight Type

1) YET 테스트 개요

YET 테스트는 음양 구조에 따른 심리유형을 분석하여 8가지 성격유형으로 구분한 성격테스트를 말한다. Y는 음양을 뜻하는 Yin-yang, E는 8가지를 의미하는 Eight, T는 성격유형을 뜻하는 Type의 이니셜, 머리글자이다. 출생 연월일시로 구성되는 사주를 이용하여 간편하게 8가지 타입의 성격테스트를 할 수 있는 검사 도구라고 생각하면 된다.

YET 테스트로 분류되는 8가지 유형별 성격테스트 결과는 유아기로부터 성장기에 이르기까지 알맞은 양육 방법은 물론 진로지도, 학과적성, 교육방법, 행동발달, 흥미 등에 적합하고 올바른 심성교육과 행동지침은 물론 올바른 인간관계에 대한 안내와 합리적인 직업적성 및 방향을 제시할 수 있다. 다만 사주의 종합분석이 아닌 까닭에 8가지 유형으로 분류시키는 것이 일견 단순화된 한계가 있을 수 있다.

성격테스트란 큰 범주로 볼 때 심리검사의 한 분야이다. 심리검사는 크게 지능검사, 학업검사, 진로검사, 성격검사로 나뉘는데 YET 테스트는 이 중 성격검사와 진로검사 두 가지를 모두 복합적으로 포함한다. 심리검사가 유용하게 쓰이려면 신뢰도와 타당도가 높아야 하는데, 지능검사와 진로검사는 위 두 가지 측면의 도수가 높은 반면, 성격검사는 그 신뢰도와 타당도가 그렇게 높지 않다고 보고 있다. 그 이유는 성격이라는 대상이 물리 세계에서 수치로 측정하기 사실 불가능한 것이고, 한 개인의 행동을 관찰하여 추론해 보는 것인데 이 추론이라는 과정이 신뢰도와 타당도를 높이는 데 한계를 갖는다. 그러나 YET 테스트는 개인의 환경적인 요인이나 유형의 단순화라는 한계 외에는 추론이 아닌 직접 검사라는 장점과 본인이 설문을 작성하는 과정이 없기 때문에 시간과 노력의 절약, 그리고 설문이라는 형식의 난해성과 가변성을 해결할 수 있는 간단한 검사라는 장점을 가진다.

YET 테스트와 관련된 진로, 성격검사에는 진로 성숙도검사, Holland 진로탐색검사, Strong 검사 등과 MMPI 다면적인성검사, MBTI 성격유형검사, KIPA 인성검사 등이 있지만 모두가 설문지법으로 측정이 되고 있다. 또 하나의 검사로 결과값을 얻기 어렵기 때문에, 예를 들면 성격유형을 보기 위해 MBTI 성격유형검사를 실시하고, 사회적응의 문제를 알기 위해 MMPI 다면적인성검사를 실시하게 된다. 하지만 YET 테스트는 검사 대상자의 탄생 정보만을 가지고 진행되는 성격검사 및 진로검사라고 할 수 있다.

2) YET 테스트 기준 3단계

YET 테스트의 기준이 되는 요소는 앞서 제1장에서 살펴보았던 '3단계 음양구조 분석 방법'이 사용된다. 사주에서 한 인간의 성정과 체질과 사회성에 가장 영향을 많이 주는 일간을 중심으로 간지의 음양, 태어난 월에 담겨진 계절의 음양, 일간이 가진 힘의 세기를 의미하는 강약의 음양이 3단계 기준이 된다. 이는 검사 대상자가 가지고 있는 사주 명조의 객관적인 모형을 구성하는 음양의 기본적 심리유형 분석방법이다. YET 테스트에서는 객관적 이해와 보편성을 기준으로 사주 유형의 95%에 해당하는 일반격을 이룬 사주에만 적용하며, 종격 혹은 화기격 등 특수격은 적용에서 제외하였다.

1단계 : 일간기준 간지의 음양 체성
2단계 : 기후관계 계절의 음양 체성
3단계 : 사주구성 강약의 음양 체성

구분	양(+)의 체성	음(-)의 체성
간지	정신적인 면의 추구와 일차적 남성성 표출	물질적인 면의 추구와 일차적 여성성 표출
계절	외향적, 조급함, 단순성, 활동적	사색적, 인내심, 은밀성, 분석적
강약	적극적, 자신감, 능동적, 통제력, 자만심	소극적, 위축심리, 피동적, 의지력, 방어적

판단기준 참고

간지의 음양은 甲丙戊庚壬은 양(+)이고, 乙丁己辛癸는 음(-)으로 확실하다. 하지만 기후관계 계절과 사주구성 강약에 있어서는 판단이 모호한 경우가 발생할 수 있다. 예를 들어 사주가 대체적으로 한난조습의 중화를 이루었을 경우 그 판별이 어려울 수 있는데, 이 경우에는 일간의 오행과 월지를 기준으로 한다. 또한 검사 대상자 출생 월의 계절 등을 고려하여 복합적으로 판단하여 정한다.

- 일간의 오행으로 계절 판단 :

  甲乙丙丁戊 = 양(+) / 己庚辛壬癸 = 음(-)

- 寅월생이 지지에 火국이 없고 천간에 丙丁이 없다면

  겨울의 남은 에너지가 음(-)

- 辰월생이 간지에 木火가 없고 金水가 대부분인 경우

  水의 창고이므로 음(-)

- 戌월생이 지지에 火국이 있거나 천간에 丙丁이 투출한 경우

  火의 창고이므로 양(+)

사주가 대체적으로 강약의 측면에서 중화를 이루어 그 판별이 어려운 경우에는 일간의 오행을 기준으로 한다. 또한 상생과 득령 관계 등을 복합적으로 판단하여 정한다.

- 일간의 오행으로 강약 판단 :

  甲丙戊庚壬 = 양(+) / 乙丁己辛癸 = 음(-)

- 종격의 경우 강약 판단 :

  종왕격, 종강격은 양(+)

  종재격, 종살격, 종세격은 음(-)

- 화기격의 경우 강약 판단 :

  합화한 오행이 일간의 오행으로 변한 경우 양(+)

  합화한 오행이 합하여 타 오행으로 변한 경우 음(-)

3) YET 테스트 검사 방법

위의 3단계 음양구조 분석을 통해 결정된 검사결과의 요소들은 개개인이 소유한 고유한 체질이 되고 하나의 유형, 타입을 이룬다. 총 8가지 유형으로 분류되는 타입에 직관적으로 이해하기 쉽고 한눈에 대입시켜 분석할 수 있는 적합한 과일이나 채소, 열매 등의 명칭을 부여하였으며 그 설명과 함께 패턴화하였다. 최종적으로 외향형 4타입과 내향형 4타입으로 분류되며 한 사람의 기본적인 성격과 사회성의 유형이 드러난다.

〈검사도구의 모형설정 표〉

외향형	내향형
(1) 양·양·양-배추형(외향적극형)	(5) 음·음·음-고추형(내향소심형)
(2) 양·양·음-꽈리형(외향소심형)	(6) 음·음·양-알무형(내향지속형)
(3) 양·음·양-땅콩형(외향다변형)	(7) 음·양·음-석류형(내향다변형)
(4) 양·음·음-버섯형(외향신중형)	(8) 음·양·양-알밤형(내향적극형)

02 | YET 배추형 : 외향적극형(양·양·양)

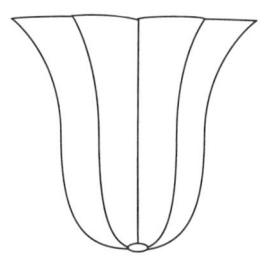
배추형은 위로 벌어지고 퍼지면서 자신을 펼쳐 보이고 드러내려는 강한 속성을 가지고 있는 한편 나름대로 부피만큼의 실속을 가득 채우고자 노력하는 외향적극형이다. 배추가 소금을 만나 삼투압 현상으로 수분을 배출하여 몸이 작아지듯 양이 강하면 음이 탄생되는 것과 같은 변역(變易)의 이치도 생각해 볼 수 있다.

1) 기본적인 성격구조

▶ 매사에 자신의 감정을 드러내는 외향적인 성격으로 명랑하고 적극적인 동시에 실천적 성향으로 목적을 쟁취하는 형이다.

▶ 화려한 분위기를 선호하나 침착하고 단순한 것을 수용하는 한편 많은 군중에서 생활하기를 좋아하며 혼자일 때는 고독을 즐긴다.

▶ 성정이 조급하여 행동이 앞서는 즉흥적인 면과 속단하는 성향이

장·단점으로 나타나며 자기 본위적인 성향으로 내면의 세밀하고 분석적인 면에서는 취약하다.

▶ 매사 된다는 긍정을 부여하고 시작하는 성격은 의외의 행운을 불러다 주기도 하나, 강한 만큼 침체의 국면을 맞아 후회를 낳게 하는 원인이 되는 경우도 있다.

▶ 자신의 생각을 대체로 옳다고 믿는 성격이고 타인의 충고에는 민감한 반응을 보이나 수렴하지 않는 성격이다.

▶ 초인적인 야성미가 잠재되어있는 면은 약자를 포용하고 배려하며 보호하는 본능적인 사랑이 아름다운 사람이다.

2) 사회성

▶ 적극적이며 목표지향을 위한 투쟁정신이 강한 리더십을 갖고 있으므로 책임감 있는 지도자나 관리자 역할에 우수하다.

▶ 명랑하고 달변가의 기질로 자신에게 역할이 주어지게 되면 분위기를 조성하고 선도하여 정해진 목표에 도달하는 수행능력이 탁월하다.

▶ 외향적이며 선동적이고 공익을 앞세워 전진하는 모습 이면에 내밀성과 치밀성이 부족하여 주변의 사소한 충고와 인간관계 등을

소홀히 하여 불만의 대상이 되므로 실리에는 약한 면이 드러날 수 있다.

▶ 열정적인 삶의 모습에서 크고 규모 있는 기획과 구상에 능동적인 스케일로 항상 중장기 발전계획과 멀리 보는 안목을 키우는 데 시간적 물질적 투자를 해야 한다.

▶ 자신이 어느 단체에 소속되어 관리자나 지도자 역할을 하지 못하게 되면 스스로 정체성에 대한 고민을 하게 되고 자기영역을 새롭게 구축하여 독립하고자 하는 성향이다.

▶ 공익을 우선함과 동시에 벤처적인 마인드와 시대의 흐름을 읽어내는 분석적인 예상능력이 우수하며 자신의 철학을 뚜렷하게 펼치는 이론과 현실주의의 복합적인 성향으로 순발력이 뛰어나다.

구분	적성군
적합	정치가, 운동선수, 기자, 군인, 기계, 행정, 관리, 분양, 개발, 경호원, 개혁가, 개척자, 생산, 건축 등 리더십과 모험심이 필요한 책임자 및 관리자나 지도자에 적합
취약	영업사원, 참모, 상담업무, 서비스업, 작가, 민원업무

3) 배추형의 모델사례

사례 축구선수 김남일

時	日	月	年
壬	戊	甲	丁
戌	午	辰	巳

위 사주는 1단계로 戊 일간이 양이며, 2단계는 봄의 계절 辰월이니 양이고, 3단계는 신강사주라 양으로 외향적극형이다.

사례 현대회장 현정은

時	日	月	年
丁	戊	戊	乙
巳	戌	寅	未

위 사주도 1단계로 戊 일간이 양이며, 2단계는 봄의 계절 寅월이니 양이고, 3단계로 신강사주라 양으로 외향적극형이다.

03 YET 꽈리형 : 외향소심형(양·양·음)

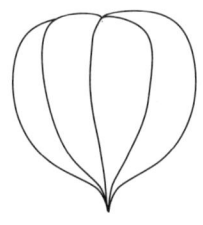
위로 더 부풀어져 싱싱하게 커지므로 아랫쪽은 상대적으로 움츠러들게 되는 속성이다. 나름대로 외적인 부피를 표출하며 무엇인가를 보여주려는 외향적 성향이다. 그러나 커진 것에 비하여 최후에는 자신을 쉽게 터뜨리고 마는 외향소심형이다.

1) 기본적인 성격구조

▶ 모든 일에 대하여 열성적이고 긍정적인 반응을 보이는 드러내는 성격이며 밝고 활동적인 면으로 시작과 분위기를 띄워나가고 목적한 바에 대하여는 강한 집착과 추진력을 가지고 이론적 검증을 한 후에 현실감 있게 실천한다.

▶ 예술적인 방면에 대한 선호도도 높으며 사람들의 심중을 읽어내는 능력도 탁월하여 매력 있는 인간관계를 이끌어내나 심도 있는 이야기로 분위기가 무거워지는 것을 매우 기피하는 형이기도 하다. 화려함 속에서 로맨틱함을 병행하여 추구하는 형이다.

▶ 확산적인 사고방식으로 독특하고 사물의 이면을 보는 안목이 뛰어난 한편 자신의 의지와는 다르게 의존적이며 내심은 여리므로 양보와 포기를 할 수 있고 경쟁에서의 저력은 약하다.

▶ 활동적이지만 생활하는 가운데 수렴하는 기질도 적당히 조화된 성격이므로 이런 점은 분위기에 휩쓸려 원하지 않는 결과로 가지 않게 하는 좋은 강점으로도 작용하나 자신의 소심한 면을 남들에게 보였다는 강박관념으로 한동안 자책하기도 한다.

▶ 타인과의 협동을 유도하는 면이 탁월하여 공존적인 지속력이 있으며 어떤 성향의 사람이나 단체든 잘 적응하고 사교성이 우수한 편이나 상대방의 충고에 자신감을 잃기도 한다.

▶ 뛰어난 순발력과 창의성은 당면한 문제 상황에 대한 신속하고도 능동적인 해결을 모색하게 하며 활동적인 과감함 뒤에는 항상 자기보호 본능이 살아있다.

2) 사회성

▶ 활발하고 활동적이며 외향적이고 대중적인 성향으로 주어진 역할에 적극적인 참여와 발전을 도모함과 동시에 소심하고 침착한 성품은 문화와 예술적인 성향의 평화적인 리더십을 보이게 한다.

▶ 추진력이 강한 이면에 차분히 살펴보는 자신만의 시간을 반드시

갖고 싶어 하며 관찰과 방법론적인 모색기간이 끝나면 한 가지 업무에 대하여 치밀하고 완성도 높은 결과를 낸다.

▶ 과감하고도 혁신적인 마인드를 가지나 불확실하고 보장되지 않은 결과에 대해서는 타협적이고 개인주의적인 모습을 보임으로써 자신의 평화에 안주하고자 한다.

▶ 활동적이고 미래지향적인 모습과 함께 현실감각과 실리를 다지는 두 가지가 공존하여 안정적인 면을 추구하는 점은 좋으나 과감한 선택으로 좋은 기회를 놓치지 않는 것도 중요하다.

▶ 공익과 개인적인 이익을 모두 취하고자 하며 인간관계가 매우 중요한 업무보다는 자신의 결정에 근거를 제공하는 이론과 학문이 투입되는 분야나 인적 자원 외에 여러 첨단 기구들이나 자료들도 활용하는 분야에 탁월하다.

▶ 타인과 나 자신의 평화로운 공존과 협조를 추구하는 마인드로서 항상 어떤 일이든 충분한 준비를 하며 업무상 다음 단계에 대한 정보를 미리 확보하여 안정을 추구하는 성격이며 이론에 강하다.

구분	적성군
적합	행정가, 예술가, 교육가, 종교가, 영업사원, 마케팅, 해결사, 컴퓨터, 언론, 소개업, 발명가, 고고학 등 온건하고 예술적이며 도전과 이론이 필요한 개성적 직업에 적합
취약	군인, 운동선수, 개혁가, 조직, 리더

3) 꽈리형의 모델사례

사례° 교황 요한 바오로 2세

時	日	月	年
丁	丙	辛	庚
酉	子	巳	申

위 사주는 1단계로 丙 일간이 양이며, 2단계는 여름의 계절 巳월이니 양이고, 3단계는 신약사주라 음으로 외향소심형이다.

사례 사상의학 이제마

時	日	月	年
庚	丙	甲	丁
寅	申	辰	酉

위 사주는 1단계로 丙 일간이 양이며, 2단계는 봄의 계절 辰월이니 양이고, 3단계는 신약사주라 음으로 외향소심형이다.

04 YET 땅콩형 : 외향다변형(양·음·양)

위로 크고 아래로 크니 상하에 자신의 목적을 두게 된다. 양 기운이 내적으로 실속있게 양분되어 성장되므로 한쪽을 잃어도 한쪽으로 살 수 있는 외향다변형이다.

1) 기본적인 성격구조

▶ 대외적으로 강력하게 목적한 바를 추진하는 기질과 리더십으로 외향적인 활동파이나 내면은 소심하고 섬세하게 분석하여 실리를 갖추고 매사 리듬을 타면서 지속적으로 자신의 영역을 확보하고자 한다.

▶ 주변이 항상 정리 정돈되어 있는 깔끔한 환경을 좋아하고 자신을 위한 연찬의 기회와 시간을 갖고 싶어한다. 생활이든 주변 사물이든 모두 일관성을 유지하기를 원하고 담백한 삶을 추구한다.

▶ 감정적인 호소나 분위기에 따른 의견절충보다는 논리적 설득에

의한 타협을 더 선호하고 이성적이나 주변의 반응과 동료와의 의견절충을 중요시하므로 자신의 생각대로 밀고 나가지 못하는 경우가 많다.

▶ 타인을 책임지는 면으로 신뢰를 받으나 이러한 이타적인 행동의 이면에는 독자적이고 이기적인 내성이 있다.

▶ 인내심이 강하고 침착하며 항시 자신감이 있는 반면 동료나 부하직원의 반발에 의한 감정의 앙금이 오래가는 특성이 있다.

▶ 어떠한 경우든 마지막까지 자신의 존재감을 느끼려 하는 심리가 잠재되어 있으므로 항상 마음속에 비장의 카드를 준비하는 본능이 있고 실제적으로도 어느 경우에서나 최후까지 저력을 과시하는 형이다.

2) 사회성

▶ 외향적이나 개인주의 성향으로 지속력 있는 파워를 발휘하는 리더이고 침착하게 중간계산하며 후반전까지 저력을 발휘하는 성향으로 사람들의 신뢰를 얻는다.

▶ 자신의 이상과 욕심보다는 이성적 판단에 근거하여 비전을 제시하면서 자신이 속한 집단을 이끌어가므로 주변 사람들에 대한 설득력이 우수하다.

▶ 심사숙고한 의견이나 계획을 제시한 후에 자신의 의견이 받아들여지지 않는 경우에는 소심하게 반응하는 단점이 있다.

▶ 인간 자원을 관리하고 각자의 능력을 활용하는 안목이 우수하므로 관리자로서 훌륭한 자질을 갖춘 리더형이다.

▶ 시간을 다투는 업무보다는 결과 중심의 업무가 적합하고 위기에 대한 순간 대처 능력이 우수하므로 이를 통하여 자신의 직무상의 고유한 영역을 확보하려 한다.

▶ 매사 수렴하여 분석을 통한 결과로 강한 리더십을 발휘하면서 행동하는 형이므로 적극적이고 외향적이며 많이 움직이고 분주하나 내면은 사색적이다.

구분	적성군
적합	교직, 정치가, 외교, 운동선수, 연구가, 프리랜서, 기업가, 사상가, 심리학, 사회진행자, 기자, 탐험가, 작가, 종교 등 직접 몸을 움직이거나 사람을 관리하는 직업에 적합
취약	영업, 마케팅, 홍보, 공동사업

3) 땅콩형의 모델사례

사례 전 대통령 노무현

時	日	月	年
丙	戊	丙	丙
辰	寅	申	戌

위 사주는 1단계로 戊 일간이 양이며, 2단계는 가을의 계절 申월이니 음이고, 3단계는 신강사주라 양으로 외향다변형이다.

사례 프로골퍼 김미현

時	日	月	年
壬	庚	辛	丙
午	午	丑	辰

위 사주는 1단계로 庚 일간이 양이며, 2단계는 겨울의 계절 丑월이니 음이고, 3단계는 신강사주라 양으로 외향다변형이다.

05 YET 버섯형 : 외향신중형(양·음·음)

위로 길게 자라 넓게 퍼지는 형이다. 기둥은 가늘고 습한 음지를 택하여 뿌리를 둔다. 양 기운을 넓은 머리로 받아 화려하지만 기둥은 음지의 영양분석을 철저히 하는 내밀성이 있다. 다소 약하여 쉽게 부러질 수 있는 외향신중형이다.

1) 기본적인 성격구조

▶ 속없이 좋은 심성이며 밝고 분위기에 잘 흡수되는 형으로 자신의 약점을 보완하고 확실한 존립을 위해 타인과의 협력을 기대하고 약간의 정치적인 면을 표출하면서 자신의 위치를 다진다.

▶ 자신의 기분을 먼저 주장하기보다는 주변의 사건이나 변화에 의하여 자신의 생활이 민감하게 반응하는 성격이며 지적이면서 화사한 분위기를 선호한다.

▶ 밝게 사람들 속에서 잘 융화되는 형으로 내재된 감성이 크며, 자신있는 방면에는 저력을 발휘하는 이면에 마음 깊은 곳에서는 주변을 살피는 의타심의 소유자다.

▶ 대외적으로 외향적인 모습이 잘 표출되나 내면은 세밀하고 소심하므로 수동적인 행동을 할 때가 많아 이 두 가지의 이질감에 갈등을 가끔 겪는다.

▶ 강해 보이나 타인과의 교류 속에서 자신의 단점을 보완하려는 성향이 강하므로 의외로 상대방의 충고에도 매우 수용적인 태도를 취한다.

▶ 자신을 잘 포장하여 의연한 자세를 보이고 싶어 하나 본성은 소심하고 신중하며 매우 현실적이다.

2) 사회성

▶ 외향적으로 보이나 내성은 소심하며 주변을 활용하는 능력과 지략이 뛰어난 참모 역할에 우수한 능력을 보이는 형이다.

▶ 타협적이고 신중한 심성으로 정보 수집에 막강한 능력을 발휘하며 이론적인 면 외에 사람들의 의견 수렴에도 관심을 보인다.

▶ 섬세한 내밀성의 소유자로 분석적인 면이 돋보이나 결론에서 취

약성이 나타나 마지막까지 일관된 모습을 유지하는 면이 약하다.
▶ 저돌적이거나 열정적이기 보다는 자신의 현재의 위치와 상황 속에서 능력을 펼쳐 보일 수 있는 창조적인 일을 선호한다.
▶ 자신의 지식과 정보를 제공하는 가운데 이러한 것들이 유용하게 활용되는 것이 자신의 사회적 위치에 대한 확보로 생각하고 안정감을 가진다.
▶ 매우 현실적이고 이론적인 바탕 위에 실리를 추구하는 형으로 치밀한 분석과 통찰력에 기초한 능력 발휘를 추구하며 특별한 포지션 보다는 항상 실리를 더 지향한다.

구분	적성군
적합	사무행정, 작가, 기획가, 연예인, 음악가, 심리학, 실험, 경영, 분석가, 간호, 광고, 비서, 상담, 저널리스트, 성직자, 판매 연구 등 감각과 창의성이 요구되는 직업
취약	오락, 정치가, 군인, 사업가

3) 버섯형의 모델사례

사례 테레사 수녀

時	日	月	年
丙	甲	甲	庚
寅	子	申	戌

위 사주는 1단계로 甲 일간이 양이며, 2단계는 가을의 계절 申월이니 음이고, 3단계는 신약사주라 음으로 외향신중형이다.

사례 가수 이미자

時	日	月	年
己	甲	丁	辛
巳	子	酉	巳

위 사주는 1단계로 甲 일간이 양이며, 2단계는 가을의 계절 酉월이니 음이고, 3단계는 신약사주라 음으로 외향신중형이다.

06 YET 고추형 : 내향소심형(음·음·음)

가늘고 길게 자라며 녹색이 짙다. 성숙 단계에 이르러 음답게 검은빛을 잠시 띠다가 태양 빛(양)을 가하면 붉은 빛으로 자신을 완성시킨다. 음이 극에 달하면 일양이 탄생하는 것과 같다. 가늘고 여리며 사색적이나 독특하고 매서운 내향소심형이다.

1) 기본적인 성격구조

▶ 극히 음성적인 성향으로 소심하고 대인관계에서 타인들의 객관적인 평가와 가치를 추종하나 내면적인 심성은 자아를 주관하는 섬세함과 강한 저력을 보인다.

▶ 엔틱한 분위기 속에서 자신만의 사색적인 분위기를 즐기고 싶어 하며 정돈되고 일관성있는 생활 가운데 안정을 추구한다.

▶ 자신의 존재감을 안정적으로 보존하기 위해 대의에 따르면서도

생각과 생활을 독립시키는 형으로 약한 심성의 이면적인 면이 있어 그 속을 다 알기 어렵다.
- ▶ 소극적이고 수용적인 자세를 바탕으로 겸손하게 행동하는 것처럼 보이나 뛰어난 적응력의 바탕 위에 자아관념에 대한 집착이 가장 강한 형이다.
- ▶ 상대방의 의견이나 생각에 대하여 허용적이고 관용적인 태도를 취하면서 타인들의 장점과 강점을 내 것으로 활용하고자 한다.
- ▶ 연약해 보이는 외면과는 달리 완벽을 추구하는 본성으로 자신의 현재의 위치와 이상과의 괴리감에 감정적인 혼란을 겪기도 한다.

2) 사회성

- ▶ 외유내강형으로 섬세하고 감성적인 내면을 다스려 의외로 강하면서 지속력 있는 사회성을 발현한다.
- ▶ 분석적이며 이성적으로 독자적인 저력을 발휘하고 시간적인 활용능력이 우수하므로 이 점을 살리는 업무에 강하다.
- ▶ 침착하고 물리적이며 사고가 깊은 반면에 자신의 의견을 상대방에게 설득력 있게 감정이입하는 능력은 부족하다.

▶ 현실 생활과 물질에 바탕을 두고 자신의 삶을 안정적으로 설계하고자 노력하면서 자신에게 주어진 모든 기회와 인적자원을 최대한 활용하고자 하는 형이다.

▶ 한 집단의 구성원으로서 업무의 경중에 관계없이 최선을 다하려 노력하며 자신을 주장하지 않으나 자기세계가 확실한 형이다.

▶ 내면적인 강한 자아감에 기초한 이타적인 태도는 인간의 심리를 읽어내는 탁월한 능력을 키우게 하여 놀라운 적응력과 함께 사회현상에 대한 남다른 직관을 갖게 한다.

구분	적성군
적합	언어, 문학, 교육, 법률, 기업, 생산, 과학자, 예술가, 사상가, 운동선수, 의료, 간호, 작가, 임상병리, 종교가, 심리, 철학, 생명공학, 실험 등 분석적이고 사색과 통찰력을 필요로 하는 직업에 적합
취약	정치가, 혁명가, 군인, 댄스

3) 고추형의 모델사례

사례 종교인

時	日	月	年
乙	己	己	辛
丑	巳	亥	卯

위 사주는 1단계로 己 일간이 음이며, 2단계는 겨울의 계절 亥월이니 음이고, 3단계는 신약사주라 음으로 내향소심형이다.

사례 변호사 황산성

時	日	月	年
丙	辛	乙	甲
申	巳	亥	申

위 사주는 1단계로 辛 일간이 음이며, 2단계는 겨울의 계절 亥월이니 음이고, 3단계는 신약사주라 음으로 내향소심형이다.

07 YET 알무형 : 내향지속형(음·음·양)

가늘고 길게 내린 몸통 아래 열매를 맺듯이 속을 두텁게 꽉 채운 모습이다. 양분을 겸허히 수용하고 받아들이며 돌출되어 나서지 않으나 결실은 알차게 이루며 오래 지속시켜 보관하는 내향지속형이다.

1) 기본적인 성격구조

▶ 음으로 수용하고 부드럽고 다정한 반면에 내밀성이 강하고 분석적이며 자신만의 목표가 설정되면 초인적인 파워를 발휘한다.

▶ 고즈넉하면서 격조 있고 감성적인 분위기를 좋아하는 반면에 실생활은 매우 실천적이고 능동적인 모습을 가지나 군중 속의 고독을 항상 감당하고 살아간다.

▶ 쉽게 자신을 드러내지 않는 성격이나 스스로의 판단이 정리되면 강한 추진력과 실천력의 저력을 발휘하는 내향지속형이다.

▶ 내면세계는 분석적 사색적인 반면에 행동은 실천적이고 저돌적

이므로 스스로가 갈등구조를 만들어 감정적인 문제를 야기 시키기도 한다.

▶ 수용적이고 긍정적으로 보이는 외면과는 달리 자신이 믿고 있는 바에 대해서는 상대방 의견보다는 자신의 판단을 더 우선시한다.

▶ 주관이 강하고 자신에 대한 내면적인 신념이 확고하므로 자신이 생각한 바를 집중하여 추진력 있게 성취해 나가면서도 주변과 부드러운 융화를 원하는 형이다.

2) 사회성

▶ 치밀하고 지속적이며 안정적인 성취과정으로 일관하므로 저력 있는 리더의 역할을 인정받고 이로 인한 결과를 실속 있게 얻는다.

▶ 부드럽고 내향적이나 목적이 정해지면 외향적으로 강하게 표출하고 능력 이외의 것을 산발적으로 수렴하여 수행함과 동시에 새로운 사업에 대해서도 확신이 있을 때에는 과감하게 도전하는 모험심도 있다.

▶ 업무 추진상 이론과 현 실정을 분석한 확신 있는 시도를 통하여 좋은 성과를 내고자 하나 다른 결과가 나오는 경우에는 심적 타격이 오래간다.

▶ 자신의 미래를 이론적 분석과 이성적 판단을 통하여 거시적으로 계획하는 완벽주의적 냉철함 속에 자기가 속한 집단과 자신의 미래를 그 사회가 인정하는 방향으로 확실하게 책임지고자 노력한다.

▶ 타인의 견해에 오픈되어 있고 많은 의견을 수렴하는 형으로 보이므로 인간관계는 좋으나 결과적으로 중요한 사안에 있어서는 자신의 결정과 확신을 더 신뢰하고 자신의 고유한 영역과 권한으로 여긴다.

▶ 감성에 호소하는 부드러운 카리스마로 집단을 이끌고자 하는 마인드를 가진 리더로서 현재의 상황만을 고려한 무모한 확장적인 프로젝트보다는 예리한 분석을 통하여 선별적인 투자와 발전을 도모한다.

구분	적성군
적합	의료, 교육, 심리, 문학, 연구개발, 정치가, 발명가, 예술가, 비평가, 언론가, 연설가 등 타인의 주목을 받거나 창의력을 바탕으로 새로운 시도가 필요한 직업에 적합
취약	서비스, 마케팅, 제조업, 종교

3) 알무형의 모델사례

사례 황우석 교수

時	日	月	年
丙	乙	壬	壬
戌	未	子	辰

위 사주는 1단계로 乙 일간이 음이며, 2단계는 겨울의 계절 子월이니 음이고, 3단계는 신강사주라 양으로 내향지속형이다.

사례 개그우먼 박경림

時	日	月	年
丙	癸	乙	戊
辰	酉	丑	午

위 사주는 1단계로 癸 일간이 음이며, 2단계는 겨울의 계절 丑월이니 음이고, 3단계는 신강사주라 양으로 내향지속형이다.

08 YET 석류형 : 내향다변형(음·양·음)

가는 꼭지에 맺힌 열매는 통통한 부피를 만들어 영양분과 양 기운을 속에 가득 채운다. 그 양분을 보호하기 위해 수축된 매듭을 하고 있다. 새콤달콤한 듯 부석한 부피로 벌어질 듯한 모습이나, 결코 쉬이 드러내지는 못하는 내향다변형이다.

1) 기본적인 성격구조

▶ 부드럽고 침착한 내향형의 성격이지만 자신의 욕구를 채우고자 하는 양성적 성격이 내재되어 편협되게 치우치기보다는 중용의 미덕을 지키는 가운데 자신의 이익을 확실하게 얻고자 한다.

▶ 밝고 유쾌한 가운데 자신의 삶이 평화롭게 유지되기를 바라는 형으로 자신이 만족할만한 평형점을 발견하게 되면 항상심을 추구하는 형이다.

▶ 분위기에 잘 융화되고 타인 속에서 자신을 안주시키는 재치와 다변적 성향으로 주어진 역할과 상황에 적응력이 좋은 반면 안 나설 듯 하나 잘 나서면서 소심하고 섬세하여 기회를 구축하는 데 양면성을 보인다.

▶ 객관적이고 보편적인 기준을 중요하게 여기며 언제나 과도하게 자신의 주장을 내세우기보다는 모두가 수긍하는 방향으로 모든 일이 흘러가 주기를 바란다.

▶ 인간관계도 복잡하게 얽히기보다 서로 부담없는 적당한 거리를 유지하기 바라고 타인과 자기 자신에 대해서도 객관적인 기준으로 바라보고 싶어 한다.

▶ 수동적으로 보이나 그런 가운데 자신의 전문 분야에 대해서만큼은 확실한 자신감과 영역권을 주장하는 본성을 표출한다.

2) 사회성

▶ 수용성이 좋고 내향적이나 표면은 능동적이며 긍정을 부여하므로 직관적 판단에 근거한 기회포착에 강하여 중간관리자로서 우수한 능력을 발휘한다.

▶ 세밀하고 외교적인 면이 탁월하며 투쟁보다는 화해의 개인적인 수단이 좋아 사회활동 시 기대 이상의 이익을 취한다.

▶ 변화에 소극적이며 주어진 환경에 대한 적응력은 좋으나 개척과 권력적인 투쟁 면에서는 한걸음 물러나서 관망하게 된다.

▶ 조용한 가운데 안착된 삶의 모습 속에서 내실 있는 자기만의 세계를 구축하는 안정의 욕구를 찾아볼 수 있으며 사회변화에 대한 관찰자로서의 놀라운 안목을 갖추고 있다.

▶ 어디서든 자신의 고유한 영역을 구축하는 형으로 전문성을 발휘할 수 있는 지적인 업무를 선호하며 주변과의 화합을 우선시한다.

▶ 사회생활 가운데 자신만의 고유한 인센티브와 주변을 활용하여 안정의 보장을 받고자 하는 마인드를 가진 형이다.

구분	적성군
적합	언론가, 행정가, 법률, 경제, 마케팅, 서비스, 기획자, 교육자, 판매, 통계, 엔지니어, 디자인, 연예인, 종교가, 심리, 철학, 화합과 조율이 필요하거나 추상화된 개념을 활용하는 직업에 적합
취약	정치가, 혁명, 개혁, 군인, 기업, 운동선수

3) 석류형의 모델사례

사례 영화배우 신성일

```
時 日 月 年
丙 乙 乙 丁
戌 未 巳 丑
```

위 사주는 1단계로 乙 일간이 음이며, 2단계는 여름의 계절 巳월이니 양이고, 3단계는 신약사주라 음으로 내향다변형이다.

사례 디자이너

```
時 日 月 年
丙 癸 丁 甲
辰 巳 卯 戌
```

위 사주는 1단계로 癸 일간이 음이며, 2단계는 봄의 계절 卯월이니 양이고, 3단계는 신약사주라 음으로 내향다변형이다.

09　YET 알밤형 : 내향적극형(음·양·양)

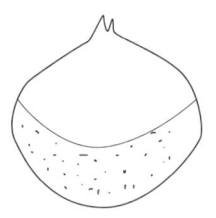

가시옷 속에서 허옇고 연약한 자신을 보호하다가 점차 양 기운을 받고 나면 단단한 밤색으로 변하고 가시 옷을 탈출하여 땅으로 뛰어내린다. 꼭지는 뾰족하고 속이 꽉 찬 것처럼 내향적이나 보기와는 다르게 적극적인 성향이다.

1) 기본적인 성격구조

▶ 표면적으로는 조용하고 부드러운 내향적인 성격이나 이면에는 끈기와 노력과 강한 리더십으로 자신의 목표를 이루며 기회가 주어지면 결단코 자신의 역량을 발휘하는 형이다.

▶ 심플하면서도 모던하게 연출된 분위기를 즐기며 사생활과 공적인 사회생활을 철저히 구별하는 성격이다.

▶ 침착한 중 생각한 바대로 지속적으로 밀고 나가 결과를 얻는 명석함이 있으나 겉으로 보여지는 것과 다르게 치밀한 부분에 오히려

취약한 면도 있다.

▶ 목표한 일에 대하여 놀라울 정도의 집중력과 가치 판단력을 발휘하여 진행시키며 무모한 도전보다는 현실적인 이득을 취한다.

▶ 자신의 생각에 더 확신을 가지므로 상대방의 의견에 대하여는 덜 개방적인 입장이나 능력 면에서는 자신과 동일시하는 동료애로서 십분 활용한다.

▶ 유약해 보이는 외적인 이미지와 달리 인내와 강한 의지로 자신의 삶을 개척해 나가는 강인한 본성을 감추고 있는 형이다.

2) 사회성

▶ 수렴성이 좋고 강한 의지를 지녔으며 내향적, 외향적인 면을 동시에 갖고 있는 양면성을 살려 발전적인 혁신을 위한 철저한 준비를 미리 갖춘 준비된 리더의 모습을 지닌다.

▶ 개인적인 실리에 밝고 타인의 말을 수렴하는 동시에 리더십과 추진력이 강한 면을 지닌다.

▶ 자기 계발에 적극적이고 준비하는 형이나 개인주의가 강하여 자신의 손실을 감수하면서 공익을 내세우지는 않는다.

▶ 다음 단계와 미래의 설계도를 미리 철저히 준비하는 내실형으로

개인적, 사회적 입장 두 가지를 항상 동시에 고려한다.

▶ 놀라운 과업수행 능력으로 결국에는 리더로 인정받게 되며 조직력을 활용한 현실적 이득창출이 있는 영역을 선호한다.

▶ 현실을 통찰하는 가운데 혁신적인 마인드를 가지고 사회 변혁을 통한 발전을 추구하는 형으로 현실에 충실한 점은 더욱 신뢰감을 구축하게 된다.

구분	적성군
적합	회계, 법률, 정치, 교육가, 생산, 건축, 연구가, 과학, 기술, 기업가, 의료, 사무직, 군인, 관리직, 전문인력의 팀워크를 활용하면서 정확도 높은 작업이 필요한 직업에 적합
취약	영업, 마케팅, 비서, 서비스, 공동사업

3) 알밤형의 모델사례

사례 전 법무장관 강금실

時	日	月	年
庚	乙	壬	丁
辰	卯	寅	酉

위 사주는 1단계로 乙 일간이 음이며, 2단계는 봄의 계절 寅월이니 양이고, 3단계는 신강사주라 양으로 내향적극형이다.

사례 고 삼성그룹 회장 이건희

時	日	月	年
辛	丁	壬	壬
丑	未	寅	午

위 사주는 1단계로 丁 일간이 음이며, 2단계는 봄의 계절 寅월이니 양이고, 3단계는 신강사주라 양으로 내향적극형이다.

Chapter 3

오행과 천간의 심리유형

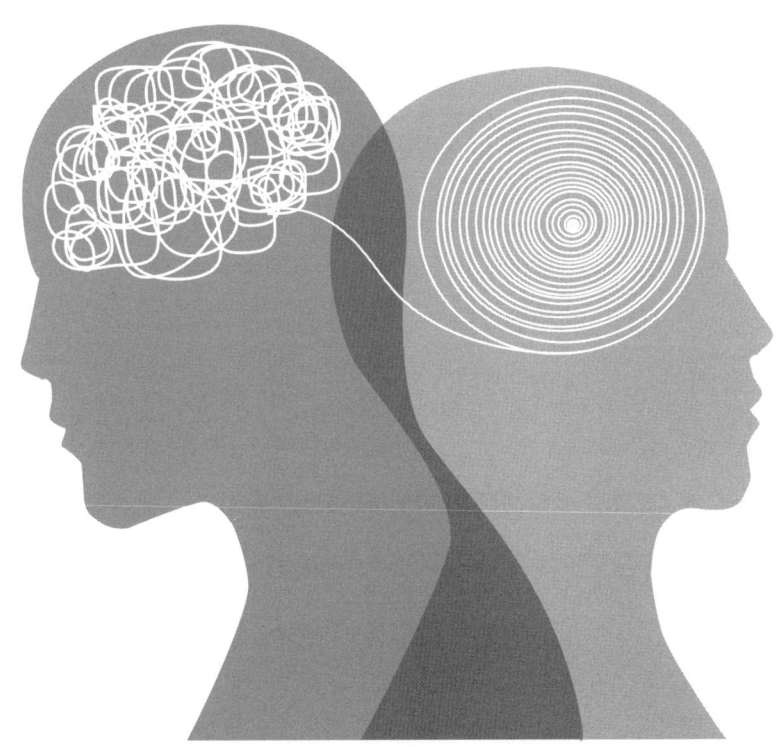

01 오행의 의미

1) 오행의 오(五)는 숫자다

　기원전 2800년 무렵 중국의 복희씨가 왕이 되어 천하를 다스리고 있을 때 하수(河水)에 용마(龍馬)가 나타났는데, 용마의 등에 마치 별이 하늘에 널려 있듯이 55개의 무늬가 별 모양과 같이 질서 있게 배열되어 있었고 복희씨가 이를 보고 따라 하도(河圖)를 만들었다. 또 복희씨는 하도에 근거하여 팔괘(八卦)를 그렸고, 이는 모두 천지를 구성하고 있는 수(數)에 대한 깨달음이었다.

　　1 : 태역생수(太易生水) - 태역에 물이 생하다.(未有氣-태역)
　　2 : 태초생화(太初生火) - 태초에 불이 생하다.(有氣未有形-태초)
　　3 : 태시생목(太始生木) - 태시에 목이 생하다.(有形未有質-태시)
　　4 : 태소생금(太素生金) - 태소에 금이 생하다.(有質未有體-태소)
　　5 : 태극생토(太極生土) - 태극에 토가 생하다.(形質已具-태극)

　① 水, 火, 木, 金, 土의 순서로 오행이 탄생하였고, 그 순서로 1, 2, 3, 4, 5라는 숫자가 배속되었고 오행이 시작된다. 이를 탄생수라고 부른

다. 탄생수에 5씩을 더하면 6, 7, 8, 9, 10이 생겨나고 이를 성장수라고 부른다. 이래로 1, 6은 水, 2, 7은 火, 3, 8은 木, 4, 9는 金 5, 10은 土에 배속된 오행의 수가 된다.

② 주역(周易)에서 천일(天一), 지이(地二), 천삼(天三), 지사(地四), 천오(天五), 지육(地六), 천칠(天七), 지팔(地八), 천구(天九), 지십(地十)이라 하였고, 하늘의 수는 합하여 25가 되고, 땅의 수는 합하여 30이 된다. 천지간의 모든 수를 합하면 55가 되어 변화를 이룬다. 하늘은 양이고 땅은 음이 되니, 홀수는 양이고 짝수는 음이 된다.

③ 오행의 수는 방위를 뜻하기도 하는데 하도(河圖)에서 1, 6은 아래에 놓여 북쪽이 되고, 2, 7은 위에 놓여 남쪽이 되고, 3, 8은 왼쪽에 놓여 동쪽이 되고, 4, 9는 오른쪽에 놓여 서쪽이 되며, 5, 10은 중앙에 놓이게 된다. 즉, 水는 북쪽이고, 火는 남쪽이고, 木은 동쪽이고, 金은 서쪽이고, 土는 중앙이 된다.

2) 오행의 행(行)은 움직임이다.

태초에 천지 간에 하나의 기만 존재하였는데 이를 태극(太極)이라 하였다. 태극이 한 번은 동(動)하여 움직이고 한 번은 정(靜)하여 멈추었으니 이로써 음(陰)과 양(陽)으로 나뉘었다. 음양은 또 한 번 더 나뉘어 태양

(⚌), 태음(⚏), 소양(⚎), 소음(⚍)이 되는데 태양은 火가 되고, 태음은 水가 되고, 소양은 木이 되고, 소음은 金이 되고, 그 사이에서 상충하며 다시 드러난 기가 土가 된다. 그리고 이 과정은 계속 반복되었다.

오행의 행(行)은 유행(流行)이라 하였고 흘러서 나아간다는 뜻이다. 5종류의 기(氣)가 봄, 여름, 가을, 겨울에 유행하여 끊김이 없다는 의미를 나타낸다. 이 5종류의 에너지는 흘러서 나아가며 천지간 삼라만상을 구성하는 요소가 되고, 사계절의 따뜻하고, 춥고, 건조하고, 습한 기후를 만들어 내기도 한다. 한편 계절에 따라 동풍, 남풍, 서풍, 북풍이 부는 것 또한 기가 행하여 흘러 움직이는 것이 드러나는 한 형태이다.

① 봄의 따뜻한 기운으로 초목을 생(生)하니 木이 자란다.
  - 동방(東方)이며 동풍(東風)이 분다.

② 여름의 뜨거운 기운으로 온갖 것이 성(盛)하니 火가 치열하다.
  - 남방(南方)이며 남풍(南風)이 분다.

③ 가을은 서늘한 기운으로 초목을 말라 죽게 하니 金이 살기가 강하다.
  - 서방(西方)이며 서풍(西風)이 분다.

④ 겨울은 차가운 기운으로 대지 위에 스며드니 水가 고이고 또 얼게 한다.

- 북방(北方)이며 북풍(北風)이 분다.
⑤ 춘하추동의 사이에 끼어 사계절의 변화를 중재하니 土는 사계절의 진퇴를 주관한다.
- 중앙(中央)이며 잡기(雜氣)라 한다.

땅의 지지 안에는 하늘 천간의 기가 머물고 감추어져, 뿌리가 되기도 하고 창고가 되기도 하는데 이를 지장간이라 부른다. 1년을 통틀어 음양으로 논하면 봄, 여름을 이루는 木, 火는 양이고, 가을, 겨울을 이루는 金, 水는 음이다. 한편 木火金水는 土에서 이루어져 다시 土로 돌아간다고 할 수 있는데, 이 모든 것이 자연의 이치이다.

02 오행의 구조

우주 내의 모든 것은 시간과 공간, 물질과 기로 활동하게 된다. 그 속에 오행이 배속되어 있으니 오행은 시간과 공간, 물질과 기로 분류할 수 있는 것이다. 그러니 지구의 만물과 생명도 우리의 인생도 육체도 결국 오행의 범주에서의 존재이며 그 오행에는 본성이 있다. 오행의 분류는 아래 도표와 같다.

1) 시간적 오행

구분	木	火	土	金	水
인생주기	영유아기, 청소년기	청년기	평생교육 기간	장년기	노년기
하루	새벽, 아침	낮	수면시간	저녁	밤

2) 공간적 오행

구분	木	火	土	金	水
국가별	동북아시아	열대지방	서북아시아	북유럽, 북미	극지방
지역별	신 조성 도시	수도	이어주는 도로	전원도시	그린벨트 지역
방송국	리허설 무대	생방송 무대	방송 중간 멘트	정리 중인 무대	구상 중인 무대

3) 물질적 오행

구분	木	火	土	金	水
식물	떡잎	꽃잎	과육	열매	씨앗
도자기	초벌구이	완성품	일상용품	골동품	박물관 소장
책	초고	인쇄	독자 대면	서재 보관	작가의 구상
기타	나무, 옷, 책상, 책	전기, 불	흙, 도자기	금속, 금반지	물, 생수

4) 사회적 오행

구분	木	火	土	金	水
국가별	개발도상국	선진국	중립국	고대국가	씨족국가
사회변화	경제도약기	문화발전기	안정기	정신문화발전기	새로운 모색기
기타	정보, 교육, 문학	광고, 빛, 사교문화	중용	개혁, 의리	지혜, 창의

5) 인간의 오행

구분	木	火	土	金	水
인생 시기별	학업의 시기	사랑의 시기	불혹의 시기	사색의 시기	지혜의 시기
심리의 구분	인자함	명랑함	허용심	신뢰감	평정심
신체	머리카락, 신경, 머리	시력, 어깨, 심장, 가슴	비, 위장, 복부, 겨드랑이	폐, 대장, 골격, 단전, 허벅지	신장, 방광, 종아리

03 오행의 심리유형

1) 木의 성정은 예로부터 인(仁)이라 하였다.
   인(仁)은 인정이고, 자애이며, 성장의 주체이다.

① 행동 지표 : 성장을 추구하며 기초의식을 바탕으로 한다.

② 사회적 지식체계 : 교육, 문화, 언론, 신문, 방송, 문자, 표시, 지시, 방향

③ 인간관계 : 리더십과 진보적 기질, 측은지심과 자애성을 가진 이기주의자

④ 목생화(木生火) : 자비와 희생적 심성이다.

⑤ 甲木(+) : 주관적, 대범, 외강내유, 담력 강함, 선도적

⑥ 乙木(-) : 감성적, 소심, 외유내강, 신경 예민, 타협적

> **사례**
>
> 예1) 리더십이 강한 남성
>
> | 時 | 日 | 月 | 年 |
> |---|---|---|---|
> | 丙 | 甲 | 甲 | 庚 |
> | 寅 | 子 | 申 | 戌 |
>
> 예2) 소심한 신경쇠약
>
> | 時 | 日 | 月 | 年 |
> |---|---|---|---|
> | 乙 | 乙 | 庚 | 丁 |
> | 酉 | 未 | 戌 | 卯 |
>
> 예1)의 사주는 甲木 일간이 申월에 실령하였다. 그러나 일지 子水와 申子 수국을 이루고 월간의 甲木이 시지의 寅에 통근하여 일간을 돕고 있으며 일간 또한 시지의 寅木에 뿌리를 둔다. 시상의 丙火가 관살을 제화시키고 있어 더욱 좋다. 사주 전체가 양으로 되어 있으며, 甲木의 특성으로 주관적이며 리더십이 강하고 대범한 성격의 호걸이다.
>
> 예2)의 사주는 乙木 일간이 음간이며 戌월에 실령하여 신약한 중, 연지의 卯木과 일지 未土의 여기가 있어 뿌리를 두었지만 신약하다. 매사에 소심하고 의지력이 약하며, 신경이 예민하여 작은 일에도 걱정이 많은 성격의 사람이다.

2) 火의 성정은 예로부터 예(禮)라 하였다.
   예(禮)는 예절이고, 예의이며, 감정의 주체이다.

① 행동 지표 : 감정의 표현이며 지적자산을 바탕으로 한다.

② 사회적 지식체계 : 어문학, 이공계, 언론, 발명, 정보, 통신, 광고, 교육

③ 인간관계 : 예의를 통한 명분과 체면 중시, 이기적인 내성과 감정적 소유자

④ 화생토(火生土) : 호기심과 탐구심, 자비의 심성이다.

⑤ 丙火(+) : 감정적, 직언, 명랑, 달변, 변화, 명분 중시

⑥ 丁火(-) : 이기적, 온화, 소심, 변화에 냉소적

사례

예1) 정치인

時	日	月	年
甲	丙	戊	己
午	戌	辰	卯

예2) 수필가

時	日	月	年
癸	丁	壬	壬
卯	卯	子	申

예1)의 사주는 丙火 일간이 戊辰월에 실령하고 식상이 왕하다. 시지 午와 일지 戌이 회합하니 화국을 이루어 일간을 돕고 있는 중, 시간의 甲木 인성부터 木生火 火生土로 상생되어 머리가 비상함을 엿볼 수 있다. 이 사주의 주인공은 3개의 고시를 모두 합격하고 변호사를 하다가 정치에 입문한 후, 국회의원과 대통령 출마 등 왕성한 활동을 하며 丙火의 달변을 유감없이 활용하였다. 그러나 관성의 부재로 큰 자리를 얻지 못하고

> 결국 자신 본연의 업무로 돌아갔다.
>
> 예2)의 사주는 丁火 일간이 壬子월에 실령하여 일지, 시지의 편인 卯木을 용신한다. 편인은 예술성과 신비적인 성향이 짙어 그는 수필가로 활동했으나, 33세의 짧은 나이로 세상을 떠났다. 음 일간의 음기가 강한 사주로, 변화에 냉소적인 면이 나타나 결국 현실적 변화가 요구되는 실정에서 丁火의 소심한 인간적 고뇌의 한계를 넘지 못했다.

3) 土의 성정은 예로부터 신(信)이라 하였다.
　　신(信)은 신용이고, 약속이며, 평화의 주체이다.

① 행동 지표 : 신용과 충성, 중용과 타협의식을 바탕으로 한다.

② 사회적 지식체계 : 사회학, 종교학, 지리학, 박물관, 사적지, 부동산학

③ 인간관계 : 신용을 중시하고 충효를 바탕으로 전후를 관망하는 자

④ 토생금(土生金) : 실리를 추구하는 중용의 심성이다.

⑤ 戊土(+) : 대의적, 중용, 신용, 대범, 응집력

⑥ 己土(-) : 구상적, 표현력, 적응 능력, 순응적

> **사례**

예1) 대통령 노무현	예2) 피아니스트 백건우
時 日 月 年 丙 戊 丙 丙 辰 寅 申 戌	時 日 月 年 戊 己 癸 丙 辰 酉 巳 戌

예1)의 사주는 戊土 일간이 申월에 실령하였으나 연, 월, 시간의 세 丙火 편인이 일지의 寅木에 장생을 두고 있어서 신강하다. 식신격으로 총명하고 편인이 왕성하여 정규교육과는 인연이 짧지만 풍부한 지식을 습득할 수 있다. 사법고시를 합격하고 판사를 거쳐 변호사로 일하다 국회의원이 되었고 대권에 성공하였다. 그는 戊土 일간이 양성적 체질로 응집력이 강한 현실성을 보여준 예다.

예2)의 사주는 己土 일간이 득령, 득세하여 신강하다. 자신은 조용한 음일간이나 사주체가 양성적이어 강한 인내심과 대담하고 대범한 속성을 내포한 것이다. 己土 일간은 순응하는 면과 표현력이 탁월한데, 위 사주는 일지 식신 酉金으로 오직 설기하는 용신으로서 예술성이 강하다는 것을 알 수 있다. 세계적인 피아니스트가 되었고, 일지에 용신을 두었기에 한때 가장 아름답고 유명한 영화배우와 결혼하였다.

4) 金의 성정은 예로부터 의(義)라 하였다.
   의(義)는 의리이고, 정의이며, 개혁의 주체이다.

① 행동 지표 : 조적이며 포용과 변혁의식을 바탕으로 한다.

② 사회적 지식체계 : 정치학, 금융계, 기계공학, 피부과, 치과, 이비인후과, 흉부외과

③ 인간관계 : 의리와 포용을 바탕으로 냉정한 외향성 속에 인정과 자만주의자

④ 금생수(金生水) : 창조적이며 이지적임과 총명을 상징한다.

⑤ 庚金(+) : 개혁적, 과감성, 주관성, 결단성, 포용, 실천력

⑥ 辛金(-) : 실리적, 냉소적, 이기적, 예민, 행동성

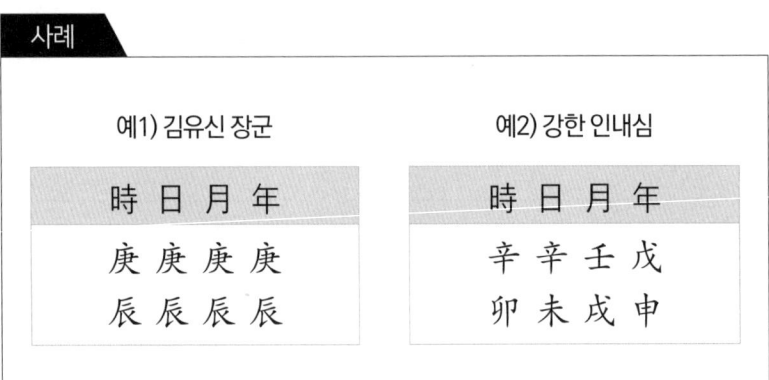

사례

예1) 김유신 장군

時	日	月	年
庚	庚	庚	庚
辰	辰	辰	辰

예2) 강한 인내심

時	日	月	年
辛	辛	壬	戊
卯	未	戌	申

예1)의 사주는 김유신 장군의 사주이다. 庚辰 일주가 양 간지인데 사주가 모두 庚辰으로 구성되어 양성적 체성이며, 庚金은 결단성을 상징하고 과감하며 실천적인 성격의 소유자이다.

예2)의 사주는 辛金 일간이 득령, 득지하여 신강하다. 인수와 편인을 두어 생각이 많고 비겁을 두어 이기적인 면이 강하다. 辛金의 실리적인 면을 볼 수 있고 또한 인내심이 강하지만, 월간의 상관이 있어서 과감하게 자신을 표현한다.

5) 水의 성정은 예로부터 지(智)라 하였다. 지(智)는 지혜이고, 지식이며, 창의의 주체이다.

① 행동 지표 : 창의성과 기획력, 책임완수의 표상을 바탕으로 한다.

② 사회적 지식체계 : 경제, 경영, 법학, 생리, 유통, 호텔학, 냉동, 교육학, 식품공학

③ 인간관계 : 진보적인 성향의 감성주의와 친화적인 자기본위가 강한 자

④ 수생목(水生木) : 창의적인 변화를 상징한다.

⑤ 壬水(+) : 기획적, 변화, 실천, 다재다능, 자기 본위적

⑥ 癸水(-) : 합리적, 집중, 총명, 변화, 평등

사례

예1) 가수 서태지
時 日 月 年
辛 壬 壬 壬
亥 辰 寅 子

예2) 변호사
時 日 月 年
乙 癸 辛 丁
卯 酉 亥 卯

예1)의 사주는 壬水 일간이 寅월에 실령하였으나 비겁으로 이루어져 신강하다. 월지 식신격으로 오직 예술계나 연구직에 어울릴 수 있다. 사주의 주인공은 가수로 데뷔하고 현란한 춤 솜씨와 화려한 음색으로 인기절정에 올라갈 수 있었는데, 壬水 일간의 실천력과 다재다능한 면을 확실히 보여준 예다. 또 水 일간이 오직 식신으로 설기하는 용신의 경우에 집중력과 끈기가 겸비되며, 예술이나 연구 계열로 성공하는 경우가 많다.

예2)의 사주는 癸水 일간이 득령, 득지하여 신강하다. 연주와 시주의 卯木 식신으로 설기하는 용신이 된다. 월지의 亥와 연지의 卯가 회합하니 목국을 이루어 식신이 유력하다. 癸水의 총명함과 집중력으로 사법시험에 합격했으며, 식신이 유력한 중 일점 관성이 없어 판, 검사로 진출하지 않고 변호사가 되었다는 점도 참고할 사항이다.

04　천간의 심리유형

　10개의 천간은 모두 '사주 주인공'의 일간으로 정해진다. 사주의 성정은 우선적으로 일간의 음양에서 나타나는 것이며, 이와 함께 오행의 속성이 병행하여 일차적으로 한 인간의 긍정적인 면과 부정적인 면을 분석하여 구분할 수 있다. 사주의 통변과 심리 및 적성 분석의 첫 번째 자료가 된다. 긍정적인 면과 부정적인 면으로 나타나는 성정을 실존 인물들의 사례를 들어 설명해 보도록 한다.

1) 甲木의 심리

구분	긍정	부정
정신 구조	사고를 관장하는 구조로서 지식체계의 인식과 직관의 정보를 연합하고 그 영역을 활용하고 사회적 실현의 기본 가치로 둔다.	사고의 실현을 중심으로 하는 사회영역에서의 목적의식은 자기영역으로의 전이성이 강하게 나타나기 때문에 의식이 비상호적이며 자기중심적 편향의 흐름을 전개한다.
현상	- 설득력과 논리성이 강하다. - 예의가 바르며 사교적이다. - 리더십이 강하고 진취적 성향이다. - 인자하고 자상하다. - 이타 정신이 강하다.	- 자기주장을 강하게 관철하려 한다. - 편협하고 비타협적이다. - 호기심이 많고 지나친 관여를 한다. - 이기적이며 독선적이다. - 스스로 이해가 안 되면 마음을 바꾸지 않는다.

사례 甲木 일간

時	日	月	年
癸	甲	癸	戊
酉	戌	丑	午

甲木 일주가 丑월에 생하고 癸水를 투출하여 인수격이다. 신약하므로 시상의 癸水 인성을 희신으로 쓰는 사주이다. 사주의 주인공은 독립심이 강하고 책임감 있게 일을 잘 처리해 나가지만, 바른말을 해서 주위에서 오해를 잘 산다. 또한 이것저것 시작은 잘하지만, 끝까지 마무리하기 어려울 때가 많은 사람이다.

2) 乙木의 심리

구분	긍정	부정
정신 구조	사고체계 목적지향의 구심점은 사회관계 중심의 대상적 실현을 지향한다. 그래서 조화와 인화, 융화라는 기본 패널의 형태를 가치 기조로 한다.	사고체계 가치구조의 대상적 요소는 인간과의 공감, 연대, 공유에 의한 감정 획득에 있으므로 감정과 감각의 세계가 작위적 인위적 현상을 보인다.
현상	- 겸손하고 예의를 잘 지킨다. - 부드럽고 섬세하다. - 아름답고 사랑스럽다. - 주변과 잘 융화한다. - 분위기 파악을 잘한다.	- 허풍이 많고 속을 알기가 어렵다. - 정치적으로 행동하고 처세술이 좋다. - 신경이 예민하여 주위의 반응에 민감하다. - 질투심이 강하며 심사가 삐딱하다. - 참을성이 없고 즉흥적이다.

사례 乙木 일간

```
時 日 月 年
甲 乙 辛 己
申 巳 未 亥
```

乙木 일간이 未月에 태어나 己土를 투출하여 재격이다. 월령용신을 도우려면 火 식상을 써야 하는데 乙木이 실령하고 세력이 약해 더욱 설기될 것이므로 상신을 취함이 마땅치 않다. 연지 亥水와 시간의 甲木 겁재를 희신한다. 사주의 주인공은 부드럽고, 섬세한 면이 많은 남자이지만, 겉으로 보이는 부분에 신경을 많이 써서 허세가 심하고, 질투심으로 친구의 애인을 아내로 맞이했다.

3) 丙火의 심리

구분	긍정	부정
정신 구조	정신구조 측면에서 원초적 에너지와 생명력과 영감을 실제 활용 범주의 영역으로 이끌며 새로운 정신력을 일으키는 역동성의 속성을 지닌다.	정신적 에너지의 과잉 활동으로 욕구와 대상적 현실과의 거리 조절이 이루어지지 않는 현상을 일으킨다.
현상	- 감동적이며 예의 바르다. - 감성적이며 명랑하다. - 추진력이 강하며 활발하다. - 친화적이며 인간적 성찰이 깊다. - 목적과 목표 의식이 강하다.	- 주장이 강하고 명분을 앞세운다. - 주변을 의식하지 않고 행동한다. - 조급하고 흥분을 잘한다. - 소유욕과 집착이 강하다. - 사치스럽고 분위기에 휩쓸린다.

사례 丙火 일간

時	日	月	年
癸	丙	己	丙
巳	申	亥	申

丙火 일주가 亥월에 실령하여 신약하니 亥 중 甲木이 희신이다. 사주의 주인공은 밝고 명랑한 성품을 지녔다. 집념이 강해서 하고자 하는 일은 끝까지 해내고야 만다. 그런 이면에 참을성이 부족하고 생각 없이 말을 하여 가끔 사람들을 난처하게 한다.

4) 丁火의 심리

구분	긍정	부정
정신 구조	정신구조 측면으로 보면 정서 중심적 사고체계로서 정서적 관계에 가치를 부여하며, 그 속에서 의미를 찾으려는 속성의 정신 범주이다.	정신구조 측면에서 정서의 비주체적 타인 지향의 의존적 관계가 나타낸다. 따라서 타인을 통한 자기 투영이 강하여 타인 속의 나를 구조화하려는 모순의 증후가 강하게 드러난다.
현상	- 부드럽고 세심하다. - 침착하며 예의 바르다. - 따뜻하고 온화한 심성을 지녔다. - 주변 환경과 조화를 잘 이룬다. - 남을 잘 배려한다.	- 주관이 약해 남의 말에 잘 흔들린다. - 의지력이 약하고 중도 포기를 한다. - 드러나지 않은 이기심이 있다. - 자기 의견을 강력히 주장하지 못한다. - 공상을 잘한다.

사례 丁火 일간

時	日	月	年
己	丁	己	乙
酉	卯	丑	巳

丁火 일주가 丑월에 생하여 식신격이고 신약하고 한습하므로 인비 木火를 용신한다. 사주의 주인공은 부드럽고 섬세한 감성의 소유자이다. 인성이 왕하여 기억력이 좋으며, 따뜻하고 온화한 심성 때문에 많은 사람과 유대 관계가 좋다. 단점은, 공상이 많고 타인에 의한 감정변화가 즉흥적으로 드러나는 점이다.

5) 戊土의 심리

구분	긍정	부정
정신구조	정신구조 측면에서 수용성과 주체성을 기조로 지구력과 자가 원동력이 강하며, 구심점으로의 지향적 패널을 지닌다.	정신구조 측면에서 정보와 인식의 수축 현상으로 자기 과보호 현상이 일어난다. 그래서 닫힌 마음의 폐쇄적 현상으로 타인과의 거리감을 조성한다.
현상	- 신용과 믿음이 있다 - 인품이 중후하고 듬직하다 - 포용력과 응집력이 강하다. - 목표한 것은 꾸준히 실행한다. - 충성심과 규칙을 잘 지킨다.	- 융통성이 부족하다. - 고집불통인 경우가 있다. - 행동이 느리고 기회 포착에 약하다. - 자만심이 강하고 과거사에 집착한다. - 지나치게 고정 관념이 강하다.

사례 戊土 일간

時	日	月	年
丙	戊	庚	丙
辰	申	寅	辰

戊土 일간이 寅月에 생하고 丙火를 투출하여 인수격이나 실령하여 신약하다. 寅木에 장생을 한 丙火 인성이 월령용신이고 寅木이 상조하니 아름답다. 사주의 주인공은 고집스럽게 고시 공부를 오랫동안 준비하고 마침내 고시에 통과했다. 가족들의 믿음을 저버리지 않았다. 다만, 다정한 면이 없고, 융통성이 부족하여 그의 여자친구는 답답함을 많이 느낀다고 말한다.

6) 己土의 심리

구분	긍정	부정
정신 구조	정신구조 측면에서 유연성과 자기 함양과 상황의 완충작용의 생리적 기능을 가진다. 상호 연계성과 사회결속력과 동질적 유대감이 우수하다.	정신구조 측면에서 욕구의 내밀성과 집약화로 인해 배타적 생리의 욕구를 지닌다.
현상	- 언변이 좋고 표현력이 뛰어나다. - 자기 주관이 강하다. - 자기 관리가 치밀하다. - 목소리가 크고 좋다. - 다정다감하고 친절하다.	- 속마음을 표현하지 못한다. - 감정변화가 심하다. - 마음의 상처를 잘 받는다. - 타인의 충고를 무시한다. - 이기적이며 욕심이 많다.

사례 己土 일간

時	日	月	年
癸	己	丙	癸
酉	丑	辰	卯

己土 일간이 辰월에 득령하고 일지 丑土 비견, 월간 丙火 인수가 있어 신강 사주이다. 癸水를 투간하여 재격이며 식신생재 구조를 가졌다. 사주의 주인공은 뛰어난 화술로 화제를 모으고, 주관도 강하여 늘 모임의 리더를 한다. 또한 자기 관리가 워낙 치밀하여 이기적인 면이 숨겨질 때가 많다.

7) 庚金의 심리

구분	긍정	부정
정신 구조	정신구조 측면에서 이성과 논리의 영역이 지배하는 구성의 판단과 분석, 통제로 귀결하는 당위적 결과물의 모든 것을 전제한다.	정신구조 측면에서 이성이 주관하는 완결성에 대한 의지로 인해 지배적이고 자기중심적인 형태의 감정 구조를 갖는다.
현상	- 결단력과 추진력이 좋다. - 스스로 결과에 책임을 진다. - 정의감이 강하며 포용력 있다. - 머리가 좋고 자긍심이 높다. - 몸이 재빠르고 부지런하다.	- 자신의 주장이 너무 강하다. - 허세가 강하며 잘난 척을 한다. - 남의 말을 잘 안 듣고 사서 고생한다. - 독선적이고 비타협적이다. - 잔인하여 살생과 자해를 한다.

사례 庚金 일간

時	日	月	年
丁	庚	庚	辛
亥	申	子	丑

庚金이 子월에 태어나 실령하였으나 득지, 득세로 신강사주가 되었다. 金水 상관격으로 머리가 비상하고, 시간의 丁火로 庚金을 단련하는 화련진금으로 귀하다. 아쉬운 것은 재성이 없으니 결과가 잘 안 이루어지는 실현의 욕구에 불만이 많은 점이 있다. 사주의 주인공은 실제 꿈이 크고 원대하며 불의를 보면 못 참는 성격의 소유자로, 서울대 법대를 졸업하고 사법고시 공부를 하였다.

8) 辛金의 심리

구분	긍정	부정
정신구조	정신구조 측면에서 집행적 의지에 상치되는 이면적 구조인 정신의 섬세성과 기교적 유미성이 두드러진다.	정신구조 측면에서 정신의 섬세성과 치밀한 관찰자의 시각으로 감정의 안정을 유지하기 어렵다. 따라서 자기감정의 실조와 타자와의 상충과 갈등을 초래한다.
현상	- 외모가 깨끗하고 아름답다. - 깊이 생각하고 침착하다. - 행동이 조심스럽고 실수를 용서하지 않는다. - 총명하고 냉철한 판단을 한다. - 논리력이 뛰어나고 언변도 좋다.	- 성격이 급하고 도전적이다. - 욕심이 많고 지기를 싫어한다. - 자존심이 강하며 양보심이 없다. - 주관적이고 냉소적이다. - 섬세하고 꼼꼼히 따지는 습성이 있다.

사례   辛金 일간

```
時 日 月 年
戊 辛 甲 癸
子 丑 寅 卯
```

辛金 일간이 寅월에 생하고 甲木을 투간하여 재격이나 일간이 신약해 재다신약 사주이다. 비겁과 인성이 필요하다. 사주의 주인공은 잘 생기고 빈틈없는 성격으로, 성실한 직장생활과 안정된 가정을 이루었다. 다만 너무 신경이 예민하고 소극적인 심성 때문에 대인관계를 힘들어하고 있다.

9) 壬水의 심리

구분	긍정	부정
정신 구조	정신구조 측면에서 감정계 영역이지만, 사물의 수용과 유연한 변용정신으로 상황에 대한 적응력과 적극성이 뛰어나다.	정신구조 측면에서 감정계 영역의 자기 발전을 도모하는 강한 성향으로 타인에 대한 지배적 자세를 취한다.
현상	- 총명하고 머리 회전이 빠르다. - 친화적이며 포용력 있다. - 스케일 크고 대범하며 마음이 넓다. - 기획력이 뛰어나다. - 실천적이고 부지런하며 활동력이 강하다.	- 나서기를 좋아하고 허세를 잘 부린다. - 참을성이 없고 변덕이 심하다. - 모사에 능하고 권모술수를 부린다. - 너무 앞서고 일을 잘 저지른다. - 시작은 잘하나 마무리를 못 한다.

사례 壬水 일간

時	日	月	年
庚	壬	丁	乙
戌	午	亥	巳

壬水 일간이 亥월에 득령하였으나 火가 강한 가운데 午戌 화국을 이루고 있어 미세하게나마 신약하다. 시간의 편인 庚金이 경발수원을 이루어 기쁘다. 이 사주의 주인공은 탁월한 계획력을 발휘하여 신속하게 일을 추진하는 스타일이다. 문제는 시작한 일에 금방 싫증을 느끼고, 또 다른 것을 계획하므로 여러 차례 사람들을 놀라게 한다. 그의 남편은 제발 한 가지에만 전념하라고 사정한다는 것이다.

10) 癸水의 심리

구분	긍정	부정
정신 구조	정신구조 측면에서 감정계 영역의 내면적 기여, 감정이입, 전이를 주관하는 심리로서 융합과 유연한 심성을 그 기조의 특성으로 한다.	정신구조 측면에서 내향적 인식형의 정신구조로, 내밀한 자기성찰과 탐색 과정을 통하여 새로운 가치를 지향하지만 결여된 외향적 접근법으로 인해 상실과 박탈감을 동시에 느낀다.
현상	- 적응력이 뛰어나다. - 합리적이며 친절하다. - 지혜롭고 재주가 많다. - 친절하고 다정다감하다. - 섬세하고 치밀하며 외유내강하다.	- 신경이 예민하고 주관적이다. - 감성적이고 차가운 면이 있다. - 의지력이 약하고 비애를 느낀다. - 이중의 마음을 갖고 있다. - 인정이 많아 배신을 잘 당한다.

사례 癸水 일간

```
時 日 月 年
丙 癸 戊 壬
辰 酉 申 子
```

癸水 일간이 득령, 득지, 득세하여 신강 사주이다. 재생관 구조이다. 사주의 주인공은 주변 환경을 별로 의식하지 않고 자기 뜻대로 행동하나 남몰래 마음의 상처를 받는다. 명랑하고 항상 낙천적인 성격이며, 어떤 상황에서도 대처 능력이 뛰어나다. 일 처리 능력이 미진하여 단점으로 나타나는 외유내강한 사람이다.

Chapter 4

한난조습에 따른 심리유형

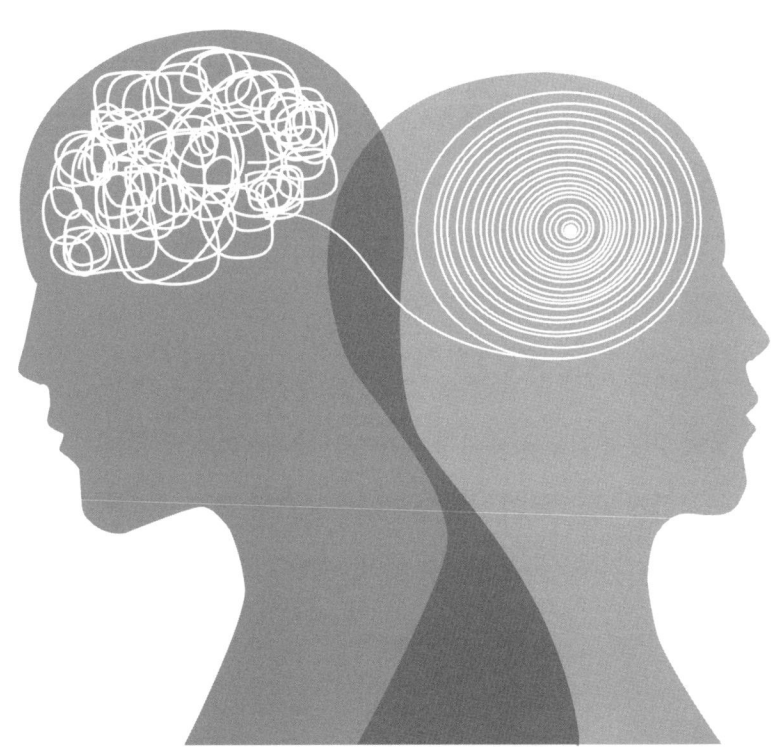

01 한(寒)·난(暖)·조(燥)·습(濕)

1) 한난조습이란?

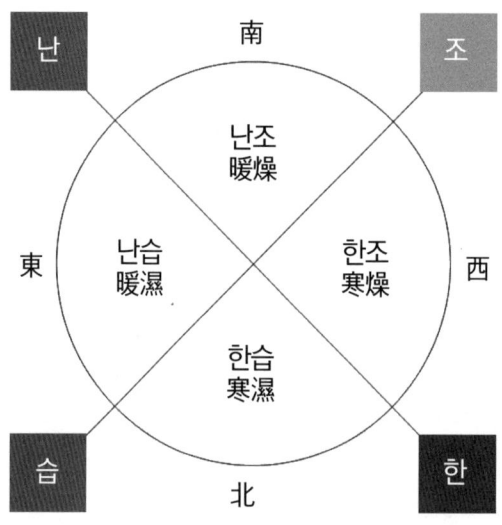

음양구조 분석에서 〈계절의 음양〉은 3단계 음양구조의 한 영역을 차지한다. 겨울의 한습한 기운은 봄에 점점 난습한 기운이 되어 만물의 출생 기운을 구성하게 되고, 봄의 난습한 기운은 여름에 점점 난조한 기운이 되어 성장하는 기운으로 변화하게 되고, 여름의 난조한 기운은

가을에 점점 한조한 기운이 되어 숙성시키는 기운이 생겨나고, 가을의 한조한 기운은 겨울에 점점 한습한 기운이 되어 만물이 소멸 응축하는 기운으로 변화하고 이를 순환 반복하게 된다.

이렇게 기후를 이루는 사계절은 木火土金水 오행이 흐르고 동작하는 자연의 이치를 품게 되는데, 그 사계절의 순행에 있어 확장하고 어그러짐을 설명하고 있는 것을 조후론이라 부른다. 예를 들어 사주가 대부분 金·水로 이루어져 있다면 서늘하고 추운 기운만 있는 것이므로 균형을 잃게 되며, 또 대부분 木··火로만 이루어져 있다면 덥고 습한 기운만 있어서 음양의 배합이 어그러진 것이다. 이럴 때는 기후의 균형을 맞추기 위해서 차가울 때는 따뜻한 오행을 보충하고, 뜨거울 때는 차가운 오행을 보충해야 하는데 이를 조후용신이라 한다. 조후용신의 원리는 우리가 살아가는 현실 속에서 개개인에게 부족한 면을 보충하고자 하는 욕구로 나타나게 되며, 이는 또 개인이 변화시킬 수 있는 환경과 노력으로 예방하거나 극복할 수도 있다.

사주를 간명함에 있어 탄생 계절로 단순화하여 봄에 태어나 습하고, 여름에 태어나 따뜻하고, 가을에 태어나 건조하고, 겨울에 태어나 차갑다는 계절의 성정을 빗대어 설명하기도 한다. 하지만 사주는 월령 외의 간지가 섞이기도 하고, 한난과 조습의 경계가 분명한 것이 아니므로 따뜻하며 습하고, 따뜻하며 건조하고, 차가우며 습하고, 차가우며 건조하는 등의 다양한 경우가 발생한다. 그래도 학습을 위해 계절의 성정을 단순화하여 정리해 보면 아래와 같다. 단, 한난조습에 따른 심리유형은 복합적 양상을 가진다는 점에 주의한다.

한(寒) : 겨울, 북방, 水

계절적 심리유형 – 행동이 느리고 반응이 오래 걸린다. 성정이 차분하다. 한 가지 일을 집중하며 지속한다. 관계를 오래 유지한다. 사유의 깊이가 깊고 이해력이 좋다. 슬퍼하거나 우울감에 빠지기 쉽다. 철학적이고 종교적 고민을 많이 한다.

난(煖) : 여름, 남방, 火

계절적 심리유형 – 행동이 빠르고 반응이 즉각적이다. 주의력이 산만하다. 한 가지에 집중하지 못하고 지속력이 떨어진다. 관계를 오래 유지하지 못한다. 쉽게 버럭 화를 내지만 단순하여 쉽게 풀린다. 열정이 많고 외부 활동을 좋아한다.

조(燥) : 가을, 서방, 金

계절적 심리유형 – 건조하고 말라 있어 마음의 변화가 적다. 남들과 섞이거나 환경에 잘 적응하지 못한다. 쉽게 마음을 열고 타인과 친해지기 어렵다. 낯가림이 심하고 비사교적이어서 소심하게 비칠 수 있다. 호불호가 분명하고 현실적이다.

습(濕) : 봄, 동방, 木

계절적 심리유형 – 젖어있고 습윤하여 마음의 변화가 심하다. 남들과 쉽게 친해지고 환경에 잘 적응한다. 다른 사람의 얘기에 쉽게 동화하여 팔랑귀 소리를 듣는다. 심리변화가 잦아 주변인에게 까칠하게 비친다. 동정심이 강하고 감정적이다.

2) 난습, 난조한 지역인의 특징

우리나라처럼 사계절이 뚜렷한 나라 사람들은 봄·여름·가을·겨울을 모두 느끼며 살아가기 때문에 지역만으로 기후 에너지의 영향을 특성화시킬 수는 없다. 하지만 세계적으로 1년 내내 사시가 온난하거나 혹은 차가운 기후를 가진 나라의 민족들은 그곳에 거주하는 자체만으로 기후의 영향을 받게 되며 그에 따른 양성적 혹은 음성적 사고체계가 드러남을 알 수 있다.

날씨가 난조하고 더운 지역의 사람들은 동적이고 실천적이며, 개방화된 생활방식을 갖는다. 주로 실외에서 타인들과의 직접적 사교에 의한 리듬을 찾아 감정과 정서를 타인 지향적으로 행복 수치를 고조시키는 대중문화가 발달하게 된다. 율동과 열광적인 탐닉 체계의 성향으로 자유분방한 테크닉을 구현하는 스포츠, 무용, 춤, 유흥, 오락 등에서 두각을 보인다. 동남아시아, 남유럽, 브라질 등이 속해있는 남아메리카, 그리고 아프리카 사람들은 스포츠에 능하고 현란한 율동과 춤을 잘 추는 것을 쉽게 알 수 있다.

3) 한조, 한습한 지역인의 특징

날씨가 한습하고 차가운 지역의 사람들은 정적이고 이론적이며, 주로 실내의 개별적인 공간에서 사색을 통한 상상력 발현을 중심으로 하는 예술성의 집약적 구성력을 갖는다. 사고력 차원에서 분석적이고 탐색적이며 내밀성으로 인하여 음악, 작곡, 그림, 집필, 분석철학, 경제이론, 물리학, 사상이론, 건축공법 등의 심층적 이론의 탄생에 영향을 끼친다. 그 예로 북서 유럽 쪽에서 사상가, 철학가, 심리학자, 음악가, 작곡가 등이 많이 배출되었으며 그들이 세계적인 유미주의 정서와 예술혼을 대표하게 되었다.

02 火가 많아 난조한 사주

심하게 뜨거운 사주 중에는 그 특징을 강하게 드러내는 화염조토(火炎燥土)한 사주가 있는데 火가 태왕하여 土가 마르고 갈라진다는 뜻이다. 무릇 땅은 습기가 있어야 씨앗이 배양되고 초목이 뿌리를 내리고 잎을 내고 꽃을 피워 열매를 맺을 수 있다. 이런 사주는 재물이 모이지 않고 부모와 배우자 운도 없으니 종교계로 귀의하는 경우가 많다고 하였다.

하지만 모든 사람이 다 그렇지는 않다. 예를 들어 조열한 사주일지라도 결혼도 잘하고, 내조도 잘 받고 잘하며, 자녀를 양육하는 부분에서도 손색이 없는 경우가 많기에 X이면 Y이다라는 식의 단식판단은 오류를 범할 수도 있다.

1) 난조한 사주의 심리구조

심리구조상 정서순환이 되지 않는 것이 특징이다. 그 때문에 호전적일 수 있고, 공생심리와 공감능력이 떨어진다.

정신분열증, 조울증 등의 신경증 증후의 원인이 잠복하고 있다. 사회성이 낮으며, 집단생활이 어렵다.

심리현상

- 동적이며 기교적인 사교성을 갖는다.
- 이기적이며 지기를 싫어한다.
- 꼼꼼히 따지고, 손해 보는 일에는 인색하다.
- 타인과의 관계 속에 있기를 원한다.
- 지구력과 협동심, 근로 의지 결여
- 자신의 감정을 은폐하며 무상심을 동경한다.
- 경쟁력, 기획력, 비현실성
- 조급함과 강박증에 사로잡힌다.
- 내면의 자아 독립심이 강하다.
- 불의에 대한 반발이 강하다.
- 부정적인 생각이 들 때 타협을 하지 않는다.

사례   불의와 타협하지 않은 故 김두한

時	日	月	年
己	辛	戊	戊
丑	丑	午	午

위 사주는 辛金 일간이 午月에 태어났고 水가 투간되지 않고 火土가 중하며 조열하다. 일지와 시지의 丑土가 조열함을 겨우 면하고 있으나 그

의 성정은 불의에 대한 반발이 강하였고, 이기적이며, 지기를 싫어한 면이 두드러진다. 그리하여 왜적의 틈에서 주먹세계를 평정하고 시대의 영웅으로 탄생하며 국회의원까지 당선되었던 인물이다. 한편 국회 내에서 오물을 뿌리는 비현실성을 보이기도 했다.

2) 난조한 사주의 건강문제

병리현상

- 기억력 쇠퇴, 정서불안, 적개심
- 신장, 방광계통, 대장, 골격, 폐기능 저하, 인후염 계통
- 혈압대사 이상(고혈압)
- 내분비계통 신진대사 이상
- 피부건조증 및 피부질환(가려움증)
- 남녀 생식기 기능 및 내분비 기능의 이상
- 높은 당도로 인한 비대, 또는 미식가인 경우엔 비만

| 사례 | 폐병 환자 |

```
時 日 月 年
丁 戊 戊 辛
巳 戌 戌 未

壬 癸 甲 乙 丙 丁
辰 巳 午 未 申 酉
```

연간 辛金이 강한 土의 기운을 설기시키는 희신이다. 그런데 신강함에도 불구하고 辛金이 火에 의해 상해를 입으므로(건조한 土가 金을 생조할 수 없기 때문에 火生土, 土生金으로 상생하지 못함) 신체가 약하고 병이 많았다. 丁酉, 丙申 대운에 사주 천간의 辛金이 대운 천간 丙丁의 직접적인 극을 받아 폐병에 걸렸다. 그러나 큰 해가 없었던 것은 대운의 지지 申酉에서 辛金이 득지했기 때문이다. 乙未, 甲午 남방 火 대운에 들자 폐병이 악화되어 피골이 상접하더니 癸巳 대운을 넘기지 못하고 결국 폐질환으로 사망했다.

3) 난조한 사주의 직업적성

- 과학계, 전자통신, 발명, 종교계, 연구직, 광고업, 기술직, 자유직업(구속을 싫어함)

- 조열한 사주는 火가 많으며, 火는 달변, 연구, 발명을 의미하므로 강사, 기술, 종교계에 종사한다.

사례   멘델의 사주

```
時 日 月 年
乙 丁 丁 壬
巳 未 未 午

甲 癸 壬 辛 庚 己 戊
寅 丑 子 亥 戌 酉 申
```

위 사주는 丁火 일간이 丁未월에 태어났고 사주가 火가 태왕한 상태이다. 연간의 壬水는 丁壬合으로 변하였다. 火土 종왕격으로 설기함을 기뻐하는 사주인데, 火土 종왕격은 불가(佛家)에 귀의하기도 하고 때에 따라서는 과학자나 발명가가 되기도 한다. 위 사주의 주인공인 멘델은 1856년부터 교회 뒤뜰에서 완두콩으로 유전에 관한 실험을 하여, 7년 뒤에 '멘델의 법칙'을 발견했다. 이후 1865년 브륀의 자연과학협회 정기 회의에서 논문 「식물의 잡종에 관한 실험」을 발표하였으나, 당시에는 학계로부터 인정과 이해를 받지 못했다. 金水 대운이 기신 작용을 하였기 때문이다.

사례 　 불가에 귀의

```
時 日 月 年
壬 戊 庚 丁
戌 午 戌 巳

癸甲乙丙丁戊己
卯辰巳午未申酉
```

위 사주는 지지가 火土로 조열함이 극을 이루고 있다. 시간에 壬水가 있으나 일점 뿌리가 없어 증발되었고, 월간 庚金으로 조후하려 하나 감당하기 어려운 형국이다. 초년 戊申 대운은 부모덕에 유복하였으나 丁未 대운에서 재산을 모두 탕진하고, 丙午 대운에 庚金이 녹으니 생사의 기로에서 간신히 몸을 추스려 불가에 귀의했다는 옛 사람의 사주이다.

사례 　 종교인이자 시인

```
時 日 月 年
辛 己 戊 戊
未 巳 午 戌

乙甲癸壬辛庚己
丑子亥戌酉申未
```

위 사주는 己土 일간이 午월에 생하고 지지에 午戌 화국을 이루니 화염 토조(火炎土燥)의 명이다. 재관(財官)이 전무하여 종왕격이며, 불교학을 전공하는 스님이 되었다. 시집을 내는 등 불가에서 작품 활동을 하며 명성을 얻은 종교인의 사주이다.

사례 | 일생 무직의 독신 여성

時	日	月	年
戊	庚	乙	丙
寅	寅	未	戌

戊	己	庚	辛	壬	癸	甲
子	丑	寅	卯	辰	巳	午

위 사주는 편인이 강하여 신강하며, 인성 혼잡과 조후균형을 이루지 못하여 사고의 유형이 갈등구조이다. 편인이 시간에 투출되어 삶에 대한 관점이 회의적인 측면으로 다소 편향되어 있고, 丙火, 寅木, 未土, 戌土 등 간지에 火가 암장된 조열 국면으로, 일간의 입장에서 관성을 수용하지 못하는 구조이기에 직업과 결혼생활, 통제, 의무를 감당하기 어려운 편향성으로 일생 무직과 독신의 자유인으로 살아갔던 여성이다.

03 水가 많아 한습한 사주

한습한 사주를 이야기할 때 많이 나오는 말이 금수한랭(金水寒冷)이다. 사주가 金과 水로만 이루어져 있으니 꽁꽁 얼어 냉기가 감도는 것을 말하는 것으로, 이런 사주에는 전혀 태양을 볼 수 없으니 나무가 자랄 수 없다. 예를 들면 생산은 하되 결과를 얻지 못하는 것과 같으므로 배우자나 자식과 인연이 없으며, 고독하고 비애에 젖거나 편협한 삶이 될 수 있다. 옛글에는 음천(陰賤)하다고 하기도 하였고 현대에도 서비스업 계열에 종사하는 사람이 많다. 하지만 이 또한 평균적으로 그런 삶의 확률이 높게 나타나는 것은 사실이지만, 가정을 잘 꾸리고, 훌륭한 작가나 심리학자 또는 의학, 종교, 철학 등의 분야에서 성공한 사람들도 발견할 수 있다.

1) 한습한 사주의 심리구조

내면지향적 사고를 많이 하고, 사물을 바라보는 관점이나 정보수집의 방법에 있어서도 사물의 이면을 살피고 내면적 접근을 취한다. 그런 까닭에 비현실적 사유를 하는 경우가 발생하고 정신적 이상향을 추구하게 된다.

심리현상

- 사색적이며 분석적이다.
- 이상세계의 신비성을 접할 수 있다.
- 직관력이나 예지력이 뛰어나다.
- 유동적이며, 한곳에 정착하기를 싫어한다.
- 변덕이 심하고 의사결정이 자주 바뀐다.
- 성공과는 상관없이 총명하다.
- 고독하고 비애에 잘 젖는다.
- 자신의 감정을 쉽게 노출한다.
- 혼자 생활하는 것을 즐기지만 외롭다.
- 권모술수에 능하다.

사례 비애스런 여인

時	日	月	年
己	丙	辛	癸
亥	辰	酉	卯

위 사주는 丙火 일간이 酉月에 태어나고 사주에 대부분 金水가 왕하여 신약하니, 연지 卯木 인성을 용신하는 한습한 사주다. 불우한 환경에서

성장하였고, 일찍 결혼했으나 30대 초반 초혼에 실패한 후 두 아이를 부양하며 살아가는 여인이다. 성정이 이중적이고 기만성이 강하며, 삶은 비탄일색이나 직관력과 예지력은 뛰어나다.

2) 한습한 사주의 건강문제

병리현상

- 우울증, 과민증세
- 사지 신경통
- 공포증, 불안의식
- 심장 기능 저하
- 근육위축증
- 시력장애
- 신체가 왜소함
- 호흡기와 기관지(알레르기, 천식)
- 신장 및 혈관, 저혈압

| 사례 | 스티븐 호킹 |

時	日	月	年
壬	辛	辛	辛
辰	酉	丑	巳

스티븐 호킹 박사는 천재적인 영국의 우주물리학자이다. 그는 근육위축증이라는 악성 질병에 시달리면서도 비상한 두뇌 작용을 현실적 과학에 활용하였는데, 한랭한 사주의 특성인 질병을 안고 있으며 총명을 바탕으로 하는 직관력이 필요한 우주의 신비를 탐구하는 면을 보였다.

3) 한습한 사주의 직업적성

- 종교계, 임상병리학, 무속인, 역학계, 간호사, 정신과, 유흥업, 서비스업 종사

- 한조한 사주는 요식업계 종사자가 많고, 비선호 직종이나 한직일 수 있으나 전문성이 높은 직종에도 많이 종사한다.

| 사례 | 한국 역학계의 두 대가 |

故 박재완 선생

時	日	月	年
丁	乙	甲	癸
亥	亥	子	卯

故 박재현 선생

時	日	月	年
己	丁	戊	乙
酉	卯	子	亥

위 두 사주는 한국 역학계에 이름을 남긴 분들이다. 똑같이 子월에 태어나 사주가 한랭한 것이 특징이다. 박재완 선생은 훌륭한 명리 저술을 남겼고, 박재현 선생은 '부산 박도사'라는 별명이 말해주듯 사주 감정에 탁월한 예지력을 발휘했다. 금수한랭(金水寒冷)한 사주로서 사색적이고 분석적인 면과 직관력이 뛰어난 점에서 공통점을 보이는 대표적 사례이다.

| 사례 | 무속인의 사주 |

時	日	月	年
己	辛	癸	壬
丑	酉	丑	寅

丁	戊	己	庚	辛	壬
未	申	酉	戌	亥	子

위 사주는 辛金 일주가 丑월에 생하고 壬癸水를 투간하여 인수격이다. 火 관성이 하나 없고 金水만 태과하니, 엄동설한에 서릿발이 중하다. 기세를 따라 종(從)한다 해도 이미 엄동설한에 꽁꽁 얼었으니 발복하기 어려워 고난을 면하기 어렵다. 대운마저 서북방으로 흘러 일찍 결혼을 했으나 남편은 객사를 하고, 신(神)을 접하여 무속인으로 살아간 사람의 사주이다. 금수한랭 사주에서는 무속인이 많은 것도 특징이다.

사례 — 한습한 사주에 한랭한 운

```
時 日 月 年
壬 癸 辛 辛
戌 丑 丑 亥

甲 乙 丙 丁 戊 己 庚
午 未 申 酉 戌 亥 子
```

위 사주는 癸水가 丑월에 태어났으며, 온통 土와 金水로 이루어져 水가 탁해져 버린 파격의 사주다. 가난한 집에서 태어나 꿈을 이루기 위해 일찍 객지로 향했으나, 불행하게도 초년부터 북방 水운을 만나 온갖 고생을 다하며 애처롭게 살다 간 인물이다.

04 한난조습에 따른 심리연구

1) 난조하거나 한습한 사주의 표준편차

앞에서 언급하였듯이, 일반적으로 화염조토(火炎燥土)하거나 금수한냉(金水寒冷)한 사주의 경우 대부분 결혼을 못 하거나 건강 등에 많은 단점이 있다고 알려져 있다. 그것은 통계적으로 나타난 수치상의 사실이기는 하지만 모두가 그렇지는 않았고, 통계적 숫자의 결과에 국한된 것이었다. 필자가 실제 임상실험을 통해 알아본 결과, 그동안 일반적인 이론에서 예시한 것을 절대적으로 믿기에는 표준편차가 조금 큰 편이다.

오행의 에너지가 한쪽으로 치우쳐진 사주도 부모의 경제적 영향이나 성장환경, 교육과 동기부여를 통한 의식의 변화, 주변 호감도에서 부여되는 자신감 등 확실한 부가적 효용성이 주어진다면 변화될 수 있다. 오행 에너지의 작용과 더불어 성장환경과 동기부여 같은 사회적 환경에 따라 정신력과 가치관 형성의 편차가 생길 수 있다고 본다. 물론 편고된 사주가 그런 환경적 영향을 받지 못했다면 극단적으로 부정적 요소가 드러날 수는 있다.

결론적으로 난조하거나 한습한 사주라고 할지라도 조후에 따른 심리유형에 있어 정도의 차이가 분명 존재한다. 한난조습을 활용한 사주 해석의 경우 주의가 필요한 이유이다.

> **사례** 환경의 효용성을 엿볼 수 있는 사주
>
> | 時 | 日 | 月 | 年 |
> |---|---|---|---|
> | 戊 | 戊 | 甲 | 丙 |
> | 午 | 午 | 午 | 戌 |
>
> 위 사주는 戊土 일간이 온통 화염에 휩싸여 있고 金水를 찾아볼 수 없다. 폭염이 치솟는 사주에서 어찌 木 관성이 살아날 수 있겠으며, 金 식신이 드러날 수 있겠는가? 그야말로 독신으로 지내거나 산속에 들어가 염불을 외워야 할 사주다. 그러나 사주의 주인공은 삼남매를 훌륭히 키워 모두 대학까지 공부시켰으며, 남편은 약대를 졸업하고 방송국 정치부 기자를 거쳐 청와대 정무 비서관과 공보부 차관까지 지낸 고위 관리직이었다. 여기서 중시할 것은, 자신의 성장환경이 훌륭했고, 남편이 사회적으로 성공함으로써 사주의 편중된 작용이 환경적 요인과 의식, 가치관의 부가적 효용성으로 인해 발현되어 드러나지 않았음을 엿볼 수 있는 사례라 할 것이다.

2) 난조하거나 한습한 사주의 이중성

　기후조건이 편중되었을 때 화염조토 사주의 직업을 종교가라 한다거나, 금수한랭 사주의 직업을 무속인이라 하는 등은 극단적 단식판단에 해당하며 지양해야 할 부분이다. 예를 들어 종교가임에도 불구하고 사업 방면에 더 능력을 발휘하기도 하고, 사업가인데도 종교가 이상으로 종교에 강한 믿음을 드러내는 사람도 있기 때문이다. 사업수완이 좋은 종교가가 자신의 교회나 성전을 크게 늘려간다거나, 식재가 발달하여 사업가로 삶을 살아가지만 식재가 火土로 편중되어 종교 성향이 강할 수도 있다.

　이것은 사주에서 나타나는 한두 가지의 특징에 따라 인생의 모든 것이 주어지고 결정되는 것은 아니라는 사유를 하게 한다. 한습한 사주가 주로 신기가 강하여 무속인이 될 운명을 타고났다고 하여도 그의 예리한 눈썰미나 감각은 물품 감별사라는 직업을 갖게 하는 경우도 보게 된다. 직업과 적성의 관계는 이처럼 이중구조를 갖추고 있으므로 주의가 필요하다. 물론 사주에서 나타나는 직업적성의 적중률이 낮다는 의미는 아니다.

　어떤 사주라도 사주 자체가 맑고 귀격일 때 더 성공할 수 있고, 사주의 방어 능력과 대처 능력이 좋거나 혹은 대운을 잘 만나도 문제없이 성공의 길을 걸을 수 있다.

　그리고 무엇보다 동기를 부여받은 환경에 따라 자신의 가정적, 교육적, 사회적 역할이 추가로 부여된다는 점을 꼭 인식해야 할 것이다.

> **사례**　부친과 함께 내과 의사
>
> ```
> 時 日 月 年
> 庚 癸 己 庚
> 申 卯 丑 子
> ```
>
> 위 사주는 癸水 일간이 丑월에 태어나고 사주에 일점 火가 없으니, 한습하여 격이 떨어진 사주이다. 이런 사주는 비관적이거나 우울감에 빠지기 쉽다고 하였고, 재성이 없으므로 가난을 면키 어렵고 가족을 부양할 능력이 없는 명이라고도 할 수 있다. 그러나 사주의 주인공은 현재 서울 시내에 있는 커다란 종합병원의 후계자이자 내과 의사이다. 그의 부친은 일찍 의사로 성공하였고 부족함 없는 경제력과 훌륭한 교육을 제공하였으며, 집안 환경의 영향으로 좋은 배필을 얻어 2차적으로 또 심리적 변화를 얻은 사람이다. 환경적 영향력이 편고한 사주의 부정적인 요인도 변화시켜 놓는다는 것을 알 수 있는 사례이다.

Chapter 5

간지합충 작용과 심리변화

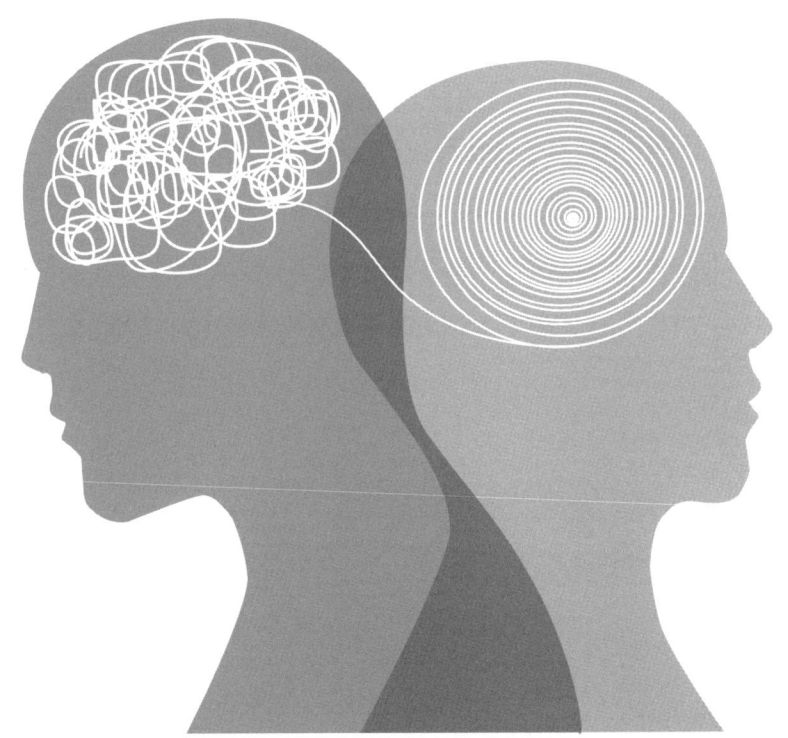

01 천간합의 원리와 작용

1) 천간합의 원리

천간(天干)을 구성하고 있는 십간에는 다섯 개의 합(合)이 있다. 그리고 천간합(天干合)의 변화를 잘 파악한다면 사주를 분석하여 답을 내리는 데 상당한 발전을 하게 된다.

일반적으로 천간의 다섯 가지 합을 모르는 사람은 없을 것이다. 하지만 천간의 합에는 합하여 변화되는 여러 가지 작용이 숨어있기 때문에 이에 따른 인생의 주기 변화에 관심을 가지고 사주를 살펴야 한다.

천간합이 일어나는 작용의 근본 원리는 간지가 모두 숫자에서 시작되었고 숫자로 표기될 수 있다는 점에서 출발한다. 이것을 범위수(範圍數)라고 부른다. 甲은 천간의 시작이므로 숫자 1이 부여되고 순서대로 천간과 숫자가 10까지 진행되며 천간의 마지막 癸에 숫자 10이 부여된다.

天干	甲	乙	丙	丁	戊	己	庚	辛	壬	癸
範圍數	1	2	3	4	5	6	7	8	9	10
數理合	홀수는 양이 되고, 짝수는 음이 되며, 하도의 수에 따르면 1,6:水 / 2,7:火 / 3,8:木 / 4,9:金 / 5,10:土의 순으로 오행수가 짝을 이루듯이 1,6에 해당하는 甲己가 합하고 2,7에 해당하는 乙庚이 합한다.									

천간합은 하도(河圖)의 수(數)가 짝을 이루듯이 해당 범위수끼리 짝을 이루며 합이 일어난다. 그 순서는 하도에서 천지가 탄생했던 순서로 수화목금토(水火木金土) 순으로 진행된다.

천간합이 다른 오행으로 변하는 원리는 오행이 십간으로 분화되기 전 하늘에 운행하던 다섯 가지 기운, 즉 오운(五運)에서 비롯된 것으로 보고 있다. 동양의 별자리 28수 중에서 각(角)과 진(軫)에 해당하는 오운이 천간합의 새로운 오행으로 변한다고 상정하였다. 각(角)과 진(軫)이란 별자리는 월장 진(辰)과 사(巳)에 속하는데 서양 별자리로는 천칭자리와 처녀자리에 해당한다. 이는 오호둔월법, 오서둔시법과도 관련이 있는데 둔법을 시전했을 경우 진(辰) 사(巳) - 각(角) 진(軫)에 올라타는 오행이 바로 천간합이 변하는 오행이 된다.

① 甲己年(日)은 戊辰, 己巳 : 辰巳 위에 戊己土이므로 甲己는 土
② 乙庚年(日)은 庚辰, 辛巳 : 辰巳 위에 庚辛金이므로 乙庚은 金
③ 丙辛年(日)은 壬辰, 癸巳 : 辰巳 위에 壬癸水이므로 丙辛은 水
④ 丁壬年(日)은 甲辰, 乙巳 : 辰巳 위에 甲己木이므로 丁壬은 木
⑤ 戊癸年(日)은 丙辰, 丁巳 : 辰巳 위에 丙丁火이므로 戊癸는 火

진사(辰巳)에 머무는 오행을 천간합의 변화 오행으로 삼는다는 상기 천간합의 원리는 『황제내경』의 〈소문편(素問篇)〉에 기록되어 있는 황제와 태사의 대화 중에서 오운(五運)에 관한 대화 내용에 근거하여 설정된 것이다. 그 내용을 간략히 살펴보면

며칠 전 태사가 설명해 준 오운(五運)이라는 것은 빙빙 돌아가는 것이라 했는데, 그것이 무엇이오? 네, 그것은 천간의 戊己를 나누며 규벽(奎璧)과 각진(角軫)을 말하는 것인데, 규벽은 천문(天文)이 되고 각진은 지호(地戶)가 됩니다. 천문(天門; 하늘을 통하는 문)은 술해(戌亥)가 되고, 지호(地戶; 땅을 출입하는 문)는 진사(辰巳)에 해당하는 것과 같습니다. 즉 하늘과 땅이 서로 통한다는 말입니다. 그러하여 음양은 모두 辰에서 시작하는 것으로, 辰의 위치에서 잘 관찰하면 다음과 같은 것을 알게 됩니다. 甲己年에는 戊己의 황색기운[土運]이 지호를 통과하여, 이런 해는 토운(土運)이라는 것을 알게 됩니다. 그러니 辰巳月에 천간으로 황색기운을 띠는 戊己가 지나가게 되어 戊辰月 己巳月이 됩니다. 乙庚年에는 흰색기운[金運]이 辰巳月을 통과하여 庚辰月 辛巳月이 되며, 丙辛年에는 흑색기운[水運]이 돌아 壬辰月 癸巳月이 되며, 丁壬年에는 청색기운[木運]이 辰巳月을 통과하니 甲辰月 乙巳月이 되며, 戊癸年에는 하늘에 적색기운[火運]을 띠게 되니 丙辰月 丁巳月이 되는 것입니다.

황제는 이렇게 다섯 가지 오운(五運)이 돌고 도는 것과 열 개의 천간(天干)이 같은 오운으로 통과하는 경우 두 개씩 짝을 이루고 있다는 이치를 깨닫게 되었다고 전해진다. 위의 내용이 고대 문헌상에 남아있는 것이므로 참고하는 것이지만 그 원리가 쉽게 이해가 되는 것은 아니다.

우리가 사는 지구상의 모든 존재와 기운의 유무 그리고 태초부터 하늘을 운행한다는 오운(五運)과 지상의 자연을 구성하는 오행(五行)의 상호작용은 인간의 사유 작용에 앞서 자연과 우주의 생성원리에 해당하기 때문이다.

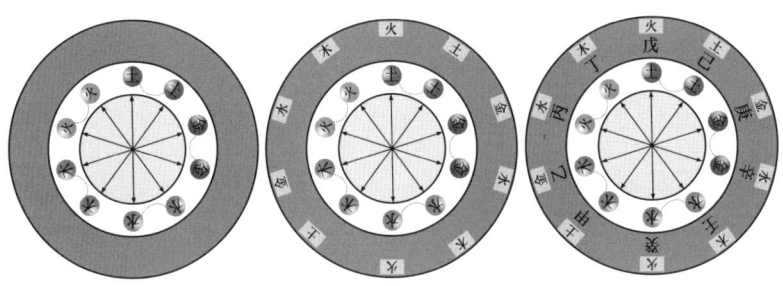

〈 오운(五運)과 천간합(天干合)의 원리 〉

2) 천간합의 작용력과 속성

- 새로운 오행이 탄생한다.
- 합하여 오행의 힘이 강해진다.
- 합하여 작용력이 묶이거나 정지된다.
- 합하여 오행의 힘이 약하거나 제거된다.

천간합의 작용력은 이처럼 나누어 볼 수 있다. 이 작용은 오행의 기를 변화, 변환, 전환시킴으로써 사주 일간의 마음을 움직이게 하며 행동으로 실천하게 하는 원인이 된다. 천간의 합(合)에서, 합이란 하나의 작용이지만 각기 탄생, 정지, 강화, 또는 새로운 변화를 꾀하는 등 다르게 나타나는 것도 알 수 있다. 이에 따라 일간의 마음과 사회적 감응, 운명의 향방이 변화, 변동된다. 움직이는 것이 오행의 기이고 이것에 따라 삶이 변한다. 이때 천간 오행이 합을 이루는 시점에서 여러 가지 변화 사안을 예측할 수 있다.

천간합의 작용에 따른 속성을 필자는 아래와 같이 다섯 가지로 정리하고 분류한다. 다음 장에서 천간합에 따른 작용력을 좀 더 집중분석해 볼 것이므로 참고하기 바란다.

〈 천간합의 속성 〉

甲己 合化 土	작용정지
乙庚 合化 金	세력강화
丙辛 合化 水	신규창출
丁壬 合化 木	방향전환
戊癸 合化 火	이동변동

02 천간충의 원리와 작용

천간의 충(沖)은 방위의 충으로 이해해야 한다. 동쪽의 양목(陽木) 甲과 서쪽의 양금(陽金) 庚이 충하고, 동쪽의 음목(陰木) 乙과 서쪽의 음금(陰金) 辛이 충한다. 남쪽의 양화(陽火) 丙과 북쪽의 양수(陽水) 壬이 충하고, 남쪽의 음화(陰火) 丁과 북쪽의 음수(陰水) 癸가 충한다.

하지만 남쪽의 丙과 서쪽의 庚은 칠살 혹은 편재의 관계이고 화극금(火剋金)이 일어나지만, 충이라고 하지는 않는다. 丁과 辛도 이처럼 극이 발생하지만, 충은 아니다. 또한, 중앙에 속하는 戊己土의 경우도 충이 일어나지 않으므로 甲戊, 乙己, 戊壬, 己癸는 극이라 할 뿐 충이라 하지 않는다.

① 甲庚, 乙辛, 丙壬, 丁癸는 沖이 된다.
② 丙庚, 丁辛은 剋은 되지만 沖은 안 된다.
③ 戊己는 中央에 위치하므로 剋은 되지만 沖은 안 된다.

충(沖)은 분열과 파괴의 성질이 있다. 크게 보면 극(剋)도 같은 작용력이 있어 분열과 파괴가 발생한다. 충은 서로가 상충(相沖)하므로 양쪽 모두가 피해를 볼 가능성이 크고, 극은 한쪽이 다른 한쪽에게 피해를 주는 구조이긴 하지만 오행의 세력 차이에 따라서 극을 하는 쪽에서도 피해가 따른다. 이런 까닭에 충과 극의 작용력 비교는 단순하지 않다. 충은 1차적으로 파괴의 속성을 띠지만, 너무 강한 세력을 만나면 반대로 유연하게 만드는 역할을 하므로 단순하게 충하니 흉하다라고 속단할 수 없다. 사주의 체성과 구조적 변화에 따라 충(沖)의 길흉 작용은 다양하게 나타나고 여러 가지 모습으로 판단해야 한다.

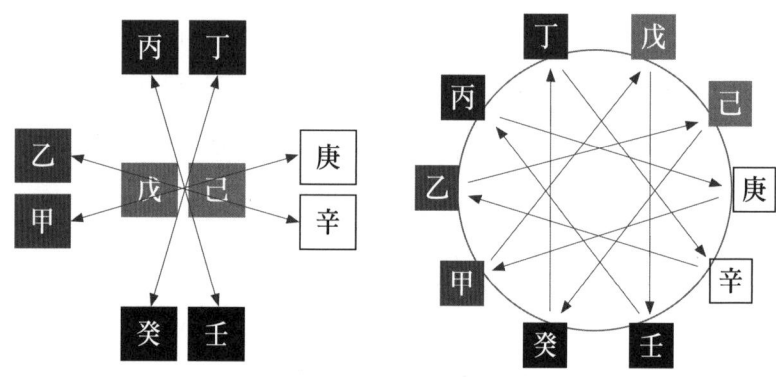

〈 천간충과 천간극 〉

03 지지합의 원리와 심리작용

지지에서 일어나는 합(合)은 천간보다 복잡하고 다양한데, 삼합(三合), 방합(方合), 육합(六合) 이렇게 3가지 종류의 지지합이 발생한다.

음(陰)과 양(陽)이 만나서 합하기도 하고, 오행과 오행간의 친화로 결속을 하기도 하고, 또 계절과 방향이 모이며 같은 기(氣)가 모이기도 한다. 화(化)는 그렇게 모이고 합(合)하여 새로운 오행으로 변화 재탄생되는 것을 말한다. 합하여 온전히 화가 되기도 하고, 화를 일부만 하는 경우도 있고, 화가 일어나지 않는 경우도 있으니 지지합에서는 화(化)의 정도에 따라 오행의 변화가 다르게 나타나므로 잘 판단하여야 한다.

1) 삼합(三合)의 심리

삼합은 사계절 속의 생지(生地), 왕지(旺地), 묘지(墓地)가 모여서 국(局)을 이루는 것을 말한다. 국이 이루어지고 그 오행이 용신이면 성공하는데 상당히 도움이 된다. 예로 丙丁 火 일간이 지지에 亥卯未 삼합(三合)으로 목국(木局)을 이루면 인수가 되므로 학자로 성공할 가능성이 높아진다. 일간에게 삼합이 관성이 되면 관국이라 하고, 식상이 되면 식신국 혹은 상관국, 재성이면 재국을 이루었다고 하는데 직업과 적성도 이들의 국(局)에 따라 선택되며 그 직업과 적성에서 성공하는 경우가 많다. 그리고 삼합을 이루며 합되는 오행을 지향하는 심리가 있다.

(1) 亥卯未 - 木局 (음의 합 - 감정 지향심리)

亥는 木의 장생지이고, 卯는 木의 왕지이며, 未는 木의 여기(餘氣)가 머무는 묘지로 이들 셋이 모여 목국(木局)을 이루니 삼합이라 한다. 서양 4원소 Water로서 감정 지향심리가 있다.

(2) 寅午戌 - 火局 (양의 합 - 열정 지향심리)

寅은 火의 장생지이고, 午는 火의 왕지이며, 戌은 火의 여기(餘氣)가 머무는 묘지로 이들 셋이 모여 화국(火局)을 이루니 삼합이라 한다. 서양 4원소 Fire로서 열정 지향심리가 있다.

(3) 巳酉丑 - 金局 (음의 합 - 물질 지향심리)

巳는 金의 장생지이고, 酉는 金의 왕지이며, 丑은 金의 여기(餘氣)가 머무는 묘지로 이들 셋이 모여 금국(金局)을 이루니 삼합이라 한다. 서양 4원소 Earth로서 물질 지향심리가 있다.

(4) 申子辰 - 水局 (양의 합 - 지성 지향심리)

申은 水의 장생지이고, 子는 水의 왕지이며, 辰은 水의 여기(餘氣)가 머무는 묘지로 이들 셋이 모여 수국(水局)을 이루니 삼합이라 한다. 서양 4원소 Air로서 지성 지향심리가 있다.

2) 방합(方合)의 심리

방합(方合)은 춘하추동의 계절을 모아놓은 것으로 단지 오행의 합으로 볼 것만은 아니다. 오행을 떠나도 그들은 같은 방위의 합이다. 즉, 오행보다는 방향의 결속력으로 대운이나 세운에서 사주의 원국과 방합을 이루게 될 때 행동심리가 발현되어 출장, 이사, 전출, 이민, 유학, 이동, 변동을 많이 하게 된다. 방합을 이룬다는 것은 새로운 방향이 제시되는 것이며 이를 사주 일간이 수용할 수 있다면 실행에 옮기게 된다.

특히 방국을 이루고난 후 다음 계절을 지향하는 심리가 있다.

① 寅卯辰 - 東方 木 : 남방 지향심리(음력 1, 2, 3월생)
② 巳午未 - 南方 火 : 서방 지향심리(음력 4, 5, 6월생)
③ 申酉戌 - 西方 金 : 북방 지향심리(음력 7, 8, 9월생)
④ 亥子丑 - 北方 水 : 동방 지향심리(음력 10, 11, 12월생)

3) 육합(六合)의 심리

육합(六合)은 1:1로 이루어지는 당사자 간의 합(合)으로 간주한다. 여기서 합하는 두 오행이 서로 생하는 생합과 서로 극하는 극합으로 나누어지며 이들의 심리는 다르게 나타난다.

생합은 공생, 화합, 확장심리가 발현되고, 극합은 타협, 행동, 조절심리가 발현되는 심리현상이다.

子丑 극합 - 化土 : 조절심리
寅亥 생합 - 化木 : 확장심리
卯戌 극합 - 化火 : 행동심리
辰酉 생합 - 化金 : 화합심리
巳申 극합 - 化水 : 타협심리
午未 생합 - 化無 : 공생심리

(1) 子丑合 - 土

子丑合은 겨울 11월과 12월로 水 왕절의 방위성이 강하여 土로 화(化)하기는 어렵다. 다만 그들에게 배속된 육친 간은 유정하다고 볼 수 있으며, 사주의 위치별로 시간과 공간적 통변을 할 수 있다. 이들은 적과의 동침을 하고 있으며, 함께 하는 동안과 결별한 후에도 공생, 공존하며 조절한다. (五星學에서 土星이 지배하는 두 공간)

(2) 寅亥合 - 木

寅亥合은 寅木을 생하는 亥水와의 합이다. 또한 水生木 상생관계로 유정하며 木이 水의 생을 받아 강해진다. 합(合)과 생(生)의 두 가지가 결속되어 최강의 팀이라고 볼 수 있다. 언제나 둘의 관계는 우호적이고, 동시에 서로의 희생을 감수하며 확장해 나간다. (五星學에서 木星이 지배하는 두 공간)

(3) 卯戌合 - 火

卯戌合은 오행으로서는 木과 土의 합이다. 木이 사(死)하는 계절의 戌土와 합이니 불협화음의 합이다. 합으로 강해지는 것은 없으며 火가 강화되기 어렵다. 단지 그들은 火의 기운과 친화를 원하는 심정과 같다. 주변 상황이 불리해지면 언제든지 상대를 배신하고 공격할 수도 있는 행동심리를 드러낸다. (五星學에서 火星이 지배하는 두 공간)

(4) 辰酉合 - 金

辰酉合은 金을 생하는 辰土와 酉金의 합이다. 土生金 상생관계로 유정하며 金이 강해진다. 합과 생을 동시에 할 수 있으니 유연하고 부드럽지만 강력한 金의 결속력을 발휘할 수 있다. 火를 설하고, 木을 기르며 또 자르고, 水를 생하니 둘은 자생력 강한 화합의 공간이다. (五星學에서 金星이 지배하는 두 공간)

(5) 巳申合 - 水

巳申合은 가을의 申金과 여름의 巳火로서 합이라 하나, 마지못해 화해하는 것과 같다. 또 火와 金으로 적대시하는 타성을 깨고 합을 통하여 새로운 이상향을 구축한다. 합으로 강해지는 것은 없으며, 다만 巳火는 申金의 성분 庚金을 잉태하고, 申金은 고향의 향수를 찾는 합이라 해도 될 것이다. 둘은 주변의 상황에 의한 유동적 타협 관계가 될 수 있다. (五星學에서 水星이 지배하는 두 공간)

(6) 午未合 - 無

午未合은 자연히 흐르는 상호관계의 합이다. 이미 합이 아니라도 火生土로 생하고 있으며, 여름의 더운 계절에서 함께 살아가고 있는 공생 관계라고 볼 수 있다. 오행이 탄생하지 않는다 해도 둘이 함께하면 어느덧 열기가 고여 들고 있어 보이지 않는 유정한 공생 관계이다. (五星學에서 日月이 지배하는 두 공간)

04 지지충의 원리와 심리작용

지지에서의 충(沖)과 극(剋)은 앞 장에서 살펴본 합(合)과 반대로 서로 충돌, 파괴, 분리 등 사주체의 근간 뿌리를 흔들어 놓는 작용을 말한다. 하지만 한편으로는 뭉쳐 있는 에너지를 분산시키고, 정체되고 막힌 기를 다시 움직이게 만들며, 새로운 발동과 동기부여가 되기도 한다. 충(沖)의 성립조건은 아래와 같다.

첫째 : 음양 상으로 음(陰)과 음(陰), 양(陽)과 양(陽)이 만날 때
둘째 : 오행 상으로 서로 극(剋)하는 관계끼리 만날 때
셋째 : 방위 상으로 남(南)과 북(北), 동(東)과 서(西)가 만날 때

子午沖 丑未沖 寅申沖 卯酉沖 辰戌沖 巳亥沖

천간충은 줄기나 가지의 충이므로 운 좋게 다시 살아날 수 있지만, 지지충은 그 뿌리를 상하게 하므로 작용이 강하고 충이 중복되면 회복되기 어렵다는 점을 감안해야 한다.

1) 지지충의 발생 위치에 따른 작용력

연지(年支), 월지(月支), 일지(日支), 시지(時支)가 서로서로 충(沖)이 일어날 수 있는데, 지지의 충은 방위 혹은 방향으로 성향을 규정하고, 충의 강약에 따라 사건의 경중과 지속력 그리고 영향력을 판단할 수 있다.

(1) 연지(年支)의 충(沖)

심리현상 : 자아의식, 도덕의식, 균형감각의 변화

정신구조 : 연지(年支)는 집단의식을 지배하는 영역으로 행동의지와 사고의식을 관장한다. 따라서 정신구조 측면의 경험축과 인식축에서 총체적 변화를 보인다.

관련사항 : 국가관, 선대 및 산소, 사회적 변화, 직장과 직위, 윗사람, 과거사

(2) 월지(月支)의 충(沖)

심리현상 : 사회 적응력과 사회 참여성의 변화

정신구조 : 월지(月支)는 의지와 의식을 지배하는 영역으로, 미래지향성과 욕망의 산출을 관장한다. 따라서 욕망 블록의 저변과 현시적 성향의 상호 대립으로 새로운 가치의 산출 또는 가치 함몰의 이중구조로 나타나는 현실 변화가 있다.

관련사항 : 대외적 관계, 직업변화, 부모형제, 거주지 이동, 직책 변화

(3) 일지(日支)의 충(沖)

심리현상 : 목표의식, 가치관의 변화

정신구조 : 일지(日支)는 무의식과 본능을 지배하는 영역으로 가치와 기호를 상징한다. 일지는 정신구조 측면의 가치와 욕망의 동기화로서 현실과 정신 만족의 수위를 조절하는 현상을 일으킨다.

관련사항 : 배우자, 건강문제, 심리변화, 참여와 현실, 상대자 심리

(4) 시지(時支)의 충(沖)

심리현상 : 동기부여에 대한 관점 해석의 변화

정신구조 : 시지(時支)는 의식이 표면화되어 드러나는 현상계를 뜻하므로, 본인의 성향과 어떤 감각과 기조를 상징한다. 정신구조 측면에서 현상계의 상황 조건을 수정하려는 의식의 전환, 보상충족 또는 대리충족의 대상물을 찾는 인센티브의 증후로서 나타난다.

관련사항 : 자녀관계, 아랫사람, 미래 계획, 희망, 비밀사항, 여행 발동

2) 지지충의 생왕묘에 따른 심리작용

(1) 생지(生地)의 충(沖)

시간적 개념이 현상으로 표면화되는 충의 영향력이나 파생력 등, 어떤 일이나 사건에 대한 과정의 문제로 처음 시작할 때의 목적이 변질되는 것으로 드러나게 된다. 원인은 진행상황의 시간적 문제이지만 결과는 공간적 실상황의 피해로 드러나게 된다.

寅申沖

- 사건 : 관재, 형액, 교통사고, 시비, 이별 등이 자주 발생한다.
- 질병 : 간장, 담, 폐장, 대장, 골절, 수족 이상 등의 발병

寅申沖의 작용은 명에서 水火의 모습에 따라 희기가 다르게 나타난다. 사주에 水가 있어 충의 결과가 유도되는 명이라면 점진적이고 지속적으로 진행되며, 사주에 火의 작용이 강하면 寅申沖은 火를 발동시키는 작용으로 충의 결과가 급속하고 돌발적인 상황으로 나타난다. 金과 木의 충은 목적을 이루기 위한 과정의 싸움과 같으며 결과 이전에 변질되는 성향이다. 또 시작은 잘하나 마무리가 약하여 유시무종(有始無終)이라 한다.

巳亥沖

- 사건 : 근심, 걱정, 배신, 지체, 화재, 낙상 등 정신적 고통이 많다.
- 질병 : 심장, 혈압, 소장, 비뇨기, 방광, 신장 등의 발병

巳亥沖은 생지이므로 아직 미완의 공간이 된다. 어떤 일이 막 완성되어 가는 시점의 상충으로 새로운 공간에 대한 수정, 변동, 변화를 일으키게 된다. 새로운 공간에서의 변화이기 때문에 충의 작용 전개가 빠르게 나타난다. 巳火의 입장에선 木과 긴밀한 관계를 유지하게 하며, 사주에 木이 없다면 巳火의 공간 점유 능력이 부족한 것에서 문제가 발생하게 되고, 木火가 왕할 때 亥水는 金의 지원이 있어야 공간을 확보하게 된다. 巳亥沖은 정신적인 문제를 잘 일으키며 이상, 꿈, 가치관 실현 등의 장애에서 오는 문제가 많다.

(2) 왕지(旺地)의 충(沖)

왕지는 공간적 개념이 강한 것으로, 현 위치나 자리를 지키기 위해 투쟁하는 모습이다. 대부분 장소나 환경에 대한 문제로 공간 이동으로 나타나고, 환경의 변화가 생긴다. 즉, 직위나 자리의 변동은 있으나 직업과 직종 자체 변화는 쉽게 나타나지 않는다.

卯酉沖

- 사건 : 인간배신, 변동, 골절사고, 친인척과 부부간의 불화가 많다.

- 질병 : 간장, 담, 폐장, 대장, 수족 이상 등의 발병

酉金에게 卯木이 일방적으로 다치는 듯하나, 사주에 습기가 많아 酉金을 설기하여 卯木을 생해주면 金이 木을 극하는 작용은 완화된다. 충을 하면 卯木이나 酉金 모두에게 피해가 있고, 火가 卯木을 보호하는 사주라면 酉金의 작용은 오히려 木生火를 기뻐할 것이다. 水에 의해 卯酉冲이 조절된다면, 충의 작용은 완화되나 습목의 피해를 벗어날 수 없는 결과도 초래할 수 있다. 왕지의 충이나 金木의 싸움으로 무르익은 상황이나 한참 진행된 상태에서 생기는 문제로 변화나 변동의 폭이 크다.

子午沖

- 사건 : 계약파기, 문서사고, 가출, 수재사고, 일신이 불안정하다.
- 질병 : 신장, 방광, 생식기, 심장, 소장, 혈압 등의 발병

완성된 공간 속에서 충이 일어난다. 환경이나 공간이 안정된 상태에서 이루어지는 충으로 서로 자신의 공간을 유지하기 위해 물러서지 않는다. 기득권을 유지하기 위해 쉽게 물러서지 않으니 한쪽의 피해가 크게 드러나게 된다. 水火의 충으로 완전한 공간의 싸움이며, 환경이나 공간에 대한 이동, 변동의 작용을 파악할 수 있다.

(3) 묘지(墓地)의 충(沖)

지지충은 방위의 충이 일어나는 것이므로 묘지 土 사이의 충은 土 본

질이 상하지는 않는다. 土의 여기와 중기에 뿌리를 두고 투간한 것이 있다면 섬세한 관찰이 필요하다. 土의 충은 겉모습보다 내부에서 이루어지는 것에 더 세심한 관심을 기울여야 한다.

辰戌沖

- 사건 : 이성고민, 토지문제, 고독, 구설, 송사 등의 시비가 따른다.
- 질병 : 비장, 위장, 신장, 피부, 생식기 등의 발병

辰土는 여기(餘氣) 乙木에 의해 방위가 규정되므로 木의 방향을 갖는다. 戌土의 여기는 辛金으로 金의 방향을 갖는다. 이것은 목방(木方)과 금방(金方)의 싸움이 표면화되고 내부적으로 水火의 싸움이 뒤따르게 된다. 다시 말하면 싸움의 겉모습은 대부분 시기에 관련된 시간의 문제가 되나, 그 원인이나 결과는 항상 水火의 문제인 공간이 된다. 辰土는 일을 벌이는 진취적인 성향을 가지며, 戌土는 현 상황을 유지하고 지키려는 보수적인 성향을 갖는다.

丑未沖

- 사건 : 형제간 불화, 사업실패, 음독, 배신 등의 구설시비가 많다.
- 질병 : 비장, 위장, 피부, 맹장, 췌장 등의 발병

丑土는 癸水의 여기에 의해 방위가 규정되니 북쪽에 위치하게 되며, 未土는 丁火로 여기를 삼게 되니 火의 방향 남쪽에 위치하게 된다. 그러

므로 丑未沖은 水火의 싸움이 표면화되어 겉모습은 공간에 대한 문제가 돌출되고, 그 원인이나 결과는 金과 木의 싸움이 되니 시간적 문제가 된다. 丑土는 오래되어 사용이 정지된 것 같은 공간으로 새롭게 고치려는 마음을 항상 갖게 되며, 未土는 막 새롭게 구성된 공간으로 이것저것 고치고 수정해야 하는 번거로움이 따라가는 성향을 갖는다.

3) 지지충의 오행에 따른 심리작용

오행 木火土金水가 사주 내에 분포하며 중화(中和), 태과(太過), 부족(不足) 등에서 나타나는 여러 가지 작용이 있는 가운데 성정을 가장 많이 드러내게 된다. 물론 거기에 십성이 대입되어 부귀빈천을 드러내는 것도 함께 작동한다. 오행이 충하며 나타날 수 있는 성정 변화는 다음과 같다.

(1) 木이 충극을 당할 때

- 구조관계 : 金이 木을 극하므로 木 에너지가 변화하고 드러나는 구조
- 성정 : 어질지 못하고 불만이 많으며 비판적이고 불안하다.
- 건강 : 간염, 담석증, 안과질환, 손과 발가락 상처가 많다.

(2) 火가 충극을 당할 때

- 구조관계 : 水가 火를 극하므로 火 에너지가 변화하고 드러나는 구조

- 성정 : 예의가 없고 화를 잘 내고, 짜증과 변덕이 심하게 나타난다.
- 건강 : 심장병, 소장질환, 고혈압, 정신질환, 우울증과 소화불량이 많다.

(3) 土가 충극을 당할 때

- 구조관계 : 木이 土를 극하므로 土 에너지가 변화하고 드러나는 구조
- 성정 : 약속과 신용을 못 지키고, 군소리와 불평이 많고 불안하고 초조하다.
- 건강 : 비장비대, 위염, 위장병, 저혈압, 피부, 입병, 타박상 등이 많다.

(4) 金이 충극을 당할 때

- 구조관계 : 火가 金을 극하므로 金 에너지가 변화하고 드러나는 구조
- 성정 : 의리를 버리거나 돌변하고, 조급하며 생각없이 과격한 행동이 앞선다.
- 건강 : 폐렴, 대장암, 식중독, 척추, 뼈, 치아, 코뼈 등 골절상이 많다.

(5) 水가 충극을 당할 때

- 구조관계 : 土가 水를 극하므로 水 에너지가 변화하고 드러나는 구조
- 성정 : 지혜를 잃고 무모한 행동을 하거나 비관적이며 이동을 많이 한다.
- 건강 : 신장, 방관, 생식기 질병, 중이염, 전염병, 근육통이 나타난다.

05 십성 충의 심리현상

1) 비겁 충의 심리

(1) 사주 내에 비겁의 충이 있을 때

심리현상 : 사회 적응력과 사회 참여성의 변화

심리작용 : 형제간 우애가 없거나 스스로 불신감을 갖게 된다. 또 자존심과 주관이 약하고 인내력이 없다. 자심감이 결여되어 눈치를 살피거나 공정성이 떨어지며, 경쟁력 또한 미력하다.

(2) 운이 와서 사주의 비겁을 충할 때

심리현상 : 주체성이나 자신감이 약화되고, 주변 상황들이 외부요소들과 대립적으로 전환되어 드러나는 징후를 보인다.

심리작용 : 형제와 사이가 나빠지고, 해외 및 군대 등 떠나는 일이 생긴다. 또는 친구, 동창, 친목회, 회사 및 단체 등에서 곤경에 처하거나 믿었던 사람의 모함에 빠지게 된다. 여자는 이성 문제가 생겨 망신당할 수도 있다. 신강할 경우 경쟁자가 떨어져 나가는 시원함도 찾아온다.

2) 식상 충의 심리

(1) 사주 내에 식상의 충이 있을 때

심리현상 :   상상력과 의사 표현의 구조인 식상의 감정 체계가 자체적으로 분열되는 상황의 심리 징후가 나타난다.

심리작용 :   서비스 정신이 없고 이기적인 타입으로, 조급하며 짜증을 잘 내고, 입맛은 둔하다. 또한 타고난 재능을 못 살리고 우왕좌왕하며 실언과 불평불만을 하는 타입이다.

(2) 운이 와서 사주의 식상을 충할 때

심리현상 :   표현의지, 생산력, 창의성 구조의 외부변화로 의욕 저하와 현실적인 부진과 슬럼프에 빠지는 징후가 나타난다.

심리작용 :   사업가는 생산이 중단되거나 매출이 중단되고 불량제품이 생산되어 손해를 본다. 학생은 공부가 잘 안 되고 사업가는 생산이 중단되거나 매출이 중단되고 불량제품이 생산되어 손해를 본다. 학생은 공부가 잘 안 되고 연구도 잘 안 되며, 여자는 낙태, 유산 등이 발생하고, 후배나 자손에게 사고, 질병, 수술 등이 발생한다.

3) 재성 충의 심리

(1) 사주 내에 재성의 충이 있을 때

심리현상 : 실현의지와 사회성의 자체적 결함으로 인한 내면적 위기감과 목표 지향성에 대한 의지를 잃어버리는 징후로 나타난다.

심리작용 : 조실부모, 부친의 허약, 부모이혼 등의 일을 겪게 된다. 또한 매사에 결과나 결론을 내지 못하고 수리 능력이 약하며, 노력하는 것에 비하여 항상 결과는 미진하게 나타난다.

(2) 운이 와서 사주의 재성을 충할 때

심리현상 : 실현 능력의 발현, 사회화를 위한 적응력, 실천 의지 등에 있어서 외부요소의 대립으로 파생되는 불안한 상황의 징후가 나타난다.

심리작용 : 재물손실, 현금 분실, 부동산 매매, 사기, 식중독 등의 흉사가 있고, 부친 우환, 부인의 사고 및 수술, 이혼 등을 당할 수 있다. 학생은 가출하거나 부친에게 불효하게 된다.

4) 관살 충의 심리

(1) 사주 내에 관살의 충이 있을 때

심리현상 : 이성적 구조체계인 관성으로 나타나는 통제와 절제, 그리고 자기성찰, 자기개발 등의 의지에 있어서 손상과 괴리 현상의 징후가 나타난다.

심리작용 : 관리와 통제 상실로 자만심이 강하고 불손하며 예의가 없다. 직위나 직책을 맡을 수 없으며 품위 있는 공직, 직장 진출은 불가능하다. 결단성이 부족하며 인품이 저급하게 된다.

(2) 운이 와서 사주의 관살을 충할 때

심리현상 : 기존의 질서와 도덕적 행동에 대한 수행 능력에 있어서 타의에 의한 우회 굴절되는 변화와 도덕적 책임회피의 징후가 나타난다.

심리작용 : 직장에서의 사표, 좌천, 권고사직, 실직, 시험낙방, 명예훼손 등이 발생하며, 자녀 문제로 인한 근심할 일이 있다. 여성은 부부 이별, 또는 남편이 사고를 당하거나 장거리 출장을 떠난다.

5) 인성 충의 심리

(1) 사주 내에 인성의 충이 있을 때

심리현상 : 사고체계를 구성하는 인성으로 나타나는 정신력, 사고력, 기억력, 이성적 판단 계통이 정신적 혼란에 빠지는 징후가 나타난다.

심리작용 : 기억력이 나쁘고 예절을 모르며, 주의가 산만하고 공손하지 못하다. 순순히 받아들이지 못하며 인내심이 없어 투쟁과 오기를 잘 부린다. 모친 건강이 흉하고, 변화와 변덕이 심하다.

(2) 운이 와서 사주의 인성을 충할 때

심리현상 : 사고체계가 외부적 변화로 발생하며 기존의 심리, 정서, 지향성, 가치 등이 일괄적으로 전환을 초래하게 되는 징후가 나타난다.

심리작용 : 시험낙방, 계약파괴, 부도, 허위문서, 명예훼손, 경고장 등의 흉사나 사고가 발생한다. 모친이 낙상 또는 병이 나거나 사망하고, 또 학생은 공부에 관심이 없어지고 공상이 많다.

천간합의 작용력 집중분석

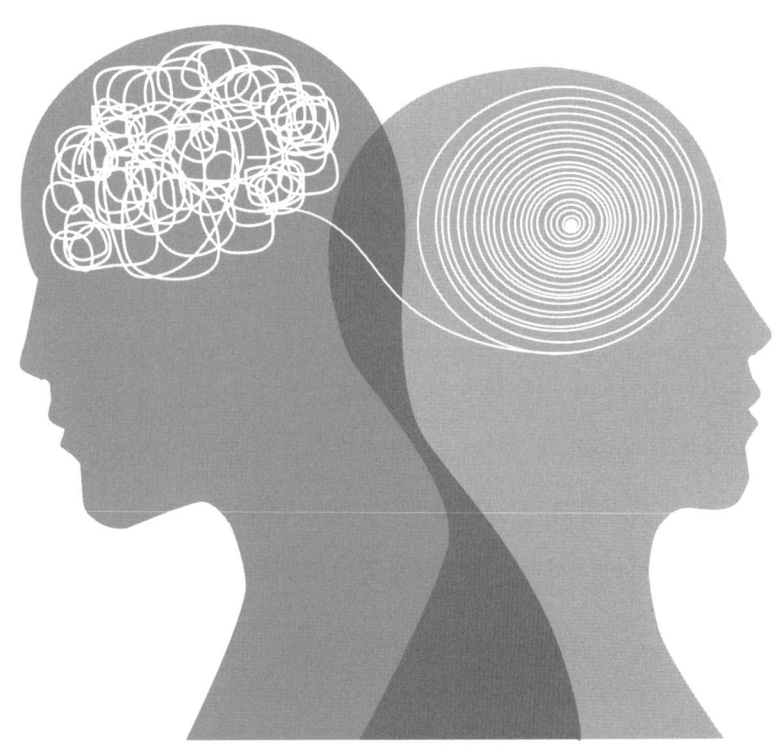

01 천간합의 속성과 원리

그동안 우리는 천간의 합(合)을 논함에 있어서 단순히 일반적이고 전통적인 특성을 대입하고 있었다. 즉 천간의 합에는 합화(合化), 합거(合去) 등의 작용이 있고, 합화로 변하는 오행을 사주의 용신에 대입하여 희기의 판단을 하였다. 또한 합거는 합되어 묶인다는 의미로 기신(忌神)이 합되어 사라지면 길하고, 희신(喜神)이 합되어 묶인다면 흉하다는 작용관계를 적용하며 인간의 심성과 사회적 관계를 다양하게 추론하였다. 그리고 지장간의 투출 여부와 관련해서는 격(格)을 설정하고 지지의 뿌리를 파악하면서 그 천간에 의한 희기의 경중을 판단할 수 있었다.

이 장에서 이야기하고자 하는 것은 천간의 오행이 합화(合化)하며 새로운 오행을 탄생시킨다는 것이 앞서 말한 전통적 논리 외에 분명히 인간 생활과 운명의 향방에 크게 작용하는 새로운 함수관계가 있을 것이라는 점에 대한 것이다. 이런 점에서 연구를 시작하였고, 천간의 합에 관해 연구하던 중 경이로운 작용력을 알게 되었는데 수많은 사람의 실제 사주를 대입하여 임상에 적용해 보니 그 적중률이 매우 높았다. 천간합의 연구 결과를 사주와 대·세운의 조합에서 추론하면, 한 인간의 삶에서 〈작용정지, 세력강화, 신규창출, 방향전환, 이동변동〉이라는 다섯 가지 상황이 발생하는 시점을 정확하게 알 수 있게 되었다.

여기서 참고할 것은 사주 내에서 합하고 있는 것은 변화로 인식하지 않으며, 일간(日干)을 중심으로 사주 내의 천간이 대운(大運)과 세운(歲運)의 천간과 만나 합할 때 이와 같은 작용이 확실하게 나타난다는 점이다. 지금부터 천간의 합화에서 나타나는 '천간합의 변화'에 대한 이치와 실제 사례를 들어 설명하도록 한다.

1) 천간합(天干合)의 속성

천간의 다섯 가지 합으로 나타나는 인생 주기의 변화는 분명 일간의 심리변화를 유발하거나 환경적 변화를 새로이 직감하고 실행하도록 하는 작용이 강해서 자신의 새로운 환경변화로 분명하게 나타나게 된다. 그러나 단지 한 가지 합에만 국한된 작용은 아닐 수 있으며, 다섯 가지 합의 작용이 복수적으로 나타나게 되는 경우도 많다. 사주를 분석하여 결론을 내리기 전에 다변하는 오행의 기와 복합적으로 나타나는 합·충의 작용까지 참고한다면 적중률은 더욱 높아진다. 한편 천간합을 이루는 천간이 사주 원국에서 어떤 십성에 해당했었느냐에 따라 천간합의 작용력이 발생하는 육친 혹은 위치가 달라진다.

〈 천간합의 속성 〉

甲己 合化 土	작용정지
乙庚 合化 金	세력강화
丙辛 合化 水	신규창출
丁壬 合化 木	방향전환
戊癸 合化 火	이동변동

　(1) 사주에서 비겁(比劫)일 경우 형제, 친구, 동창, 선후배, 협력자, 동업자, 경쟁자 등의 작용정지, 세력강화, 신규창출, 방향전환, 이동변동으로 인한 길흉으로 작용한다.

　(2) 사주에서 식상(食傷)일 경우 자녀, 후배, 경영, 연구, 생산, 마케팅, 발명, 통신, 유통, 수출, 창의력 등의 작용정지, 세력강화, 신규창출, 방향전환, 이동변동으로 인한 길흉으로 작용한다.

　(3) 사주에서 재성(財星)일 경우 처, 시모, 부친, 이성, 투자, 사업, 적금, 업무, 금융, 부동산 등의 작용정지, 세력강화, 신규창출, 방향전환, 이동변동으로 인한 길흉으로 작용한다.

　(4) 사주에서 관성(官星)일 경우 남편, 자녀, 이성, 직책, 직장, 직위,

업무, 결단성, 명예, 승진 등의 작용정지, 세력강화, 신규창출, 방향전환, 이동변동으로 인한 길흉으로 작용한다.

(5) 사주에서 인성(印星)일 경우 모친, 명예, 학업, 시험, 연구, 문서, 여행, 발명, 기획, 매매, 순발력, 기억 등의 작용정지, 세력강화, 신규창출, 방향전환, 이동변동으로 인한 길흉으로 작용한다.

2) 천간합(天干合)의 원리

(1) 甲己 合化 土 : 동방 + 중앙 = 중앙 (작용정지)

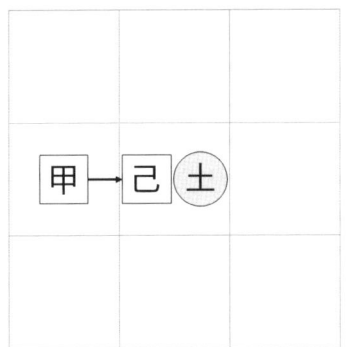

동방의 甲木이 중앙 己土와 합하여
土를 따르니 甲木은 작용이 정지된다.

(2) 乙庚 合化 金 : 동방 + 서방 = 서방 (세력강화)

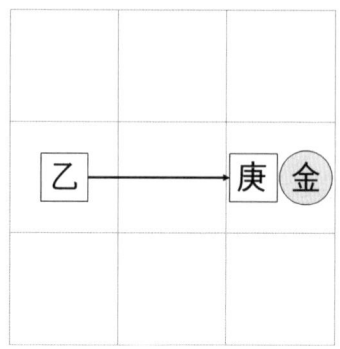

동방의 乙木을 서방의 庚金이 합하여
西金으로 바꾸니 자기 세력 강화를 의미한다.

(3) 丙辛 合化 水 : 남방 + 서방 = 북방 (신규창출)

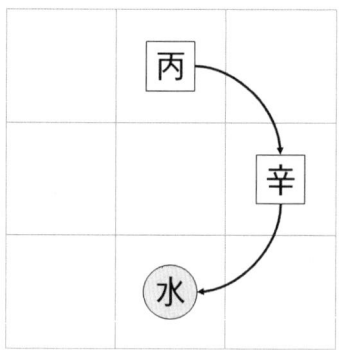

남방의 丙火가 서방의 辛金을 합하여
북방 水 지혜와 경제의 새로운 창출을 이룬다.

(4) 丁壬 合化 木 : 남방 + 북방 = 동방 (방향전환)

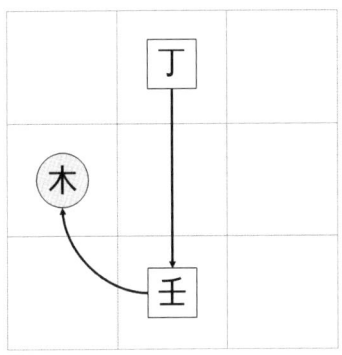

남방의 丁火를 북방의 壬水가 합하여
동방 木으로 방향을 틀어 전환시킨다.

(5) 戊癸 合化 火 : 중앙 + 북방 = 남방 (이동변동)

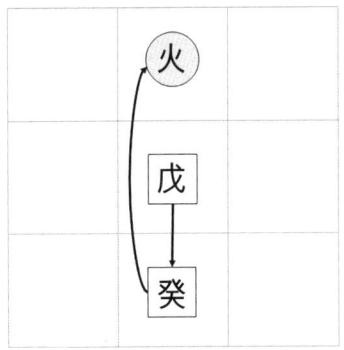

중앙의 戊土가 북방의 癸水를 합하여
반대 방향인 남방으로 이동·변동시킨다.

02 甲己合土 : 작용정지

1) 甲이 운에서 己와 合할 때

　　甲木은 동방의 木이며 己土는 중앙의 土이다. 동방과 중앙이 합화(合化)하여 土가 탄생되는 것은 甲木이 중앙으로 귀속된다는 뜻이다. 중앙은 오행의 중심으로 사계절을 주관하고 계절을 환기시켜 주는 곳이니, 모든 오행은 이곳에서 생로병사를 맞이하게 된다. 그러므로 오행이 성장하고 열매를 맺고 죽음을 맞기도 한다. 土는 묘지(墓地)와 고지(庫地)로서의 역할이 있으니 甲己合은 甲木의 임무인 성장과 인(仁)을 잃어버리고, 묘지로 향하는 것과 같다. 甲木에게 己土는 재성이니 '여자'와 '재물'이다. 甲木이 己土를 보면 흙에 뿌리를 두고 양육하여 기쁘나, 종국에는 애교 많고 아름다운 己土에게 귀의하고 싶은 것이니 관리나 직장인들이나 사업가들이 己土를 만나면 결국 甲木은 土로 변화하여 자신의 임무인 성장과 관리 및 교육과 도덕적 심리를 잃게 된다. 또한 공직자는 작은 뇌물에 눈이 멀어 커다란 신분에 흠이 생기거나, 사업가는 작은 이익에 연연하거나 망설이다 기회를 놓치는 어리석음을 겪은 다음에야 크게 후회하는 일이 발생하기도 한다. 천간합의 희기에 대한 판별은 사주의 용신과 기신의 관계에 따라 추론한다.

- 甲木 일간에게 운에서 만난 己土가 용신·희신이면 결혼, 재물, 승진, 취직, 부동산, 사업 등에 대한 성사가 이루어지고 자신의 작용이 강화되어 영역확보를 한다.

- 甲木 일간에게 운에서 만난 己土가 흉신·기신이면 만용, 물욕, 구속, 과욕, 부정, 투기, 위조, 여자관계 등에 빠져 본연의 임무를 잃게 된다. 결국 자신의 헛된 욕망과 이기심으로 주어진 위치의 작용이 정지되어 버리게 되니 망신과 후회를 낳고 마는 것이다.

사례 甲己合 대운에 이혼한 남성

```
時 日 月 年
丙 戊 甲 壬
辰 申 辰 辰

辛 庚 己 戊 丁 丙 乙
亥 戌 酉 申 未 午 巳
```

위 사주는 戊土 일간이 연지, 월지, 시지에 비견을 두어 신강하다. 일지 申金으로 설기하는 식신생재도 좋으나, 왕한 비견을 억제하는 편관 甲木도 길하다. 행운에 따라 식, 재, 관을 모두 쓸 수 있다. 그러나 이 사주의 처(妻)는 癸水로서, 지장간에 戊土가 많다는 것은 癸水에게 관이 되므로 처에게 남자가 많다는 것이다. 원국에서는 甲木이 土를 억제하여 문제가 없었으나, 己酉대운에 甲己合土가 되자 되자 부인이 외간 남자와 바람이 났다. 여러 차례 반복하다 결국 이혼하였다.

| 사례 | 아돌프 히틀러 |

```
時 日 月 年
甲 丙 戊 己
午 寅 辰 丑

壬癸甲乙丙丁
戌亥子丑寅卯
```

위 사주는 중화를 이룬 사주다. 그러나 연주, 월주에 태왕한 식상을 시간 위의 甲木으로 제압함이 좋다. 甲木을 생하는 지장간 속의 癸水는 희신이고 火는 구응이다. 그는 31세 정치에 입문하여 활동하였고, 상신 甲木의 작용이 정지될 때 전쟁을 일으키고 패전한다.

- 1933(癸酉 45세) 수상취임 : 월간의 戊土가 戊癸合(이동변동)하여 태왕한 식신이 구응신으로 바뀌는 해다.

- 1939(己卯 51세) 2차대전 발발 : 시간의 甲木 인성이 甲己合(작용정지)되어 상신의 작용이 멈추었고, 일간이 상관의 운을 만나 기신이 힘을 얻고 강해져 일을 저지르는 것이다.

- 1945(乙酉 57세) 패전 후 자살하였다.

| 사례 | 관성이 작용정지되어 결혼을 못한 여성 |

```
時 日 月 年
甲 己 壬 戊
戌 巳 戌 申

乙 丙 丁 戊 己 庚 辛
卯 辰 巳 午 未 申 酉
```

위 사주는 시간의 甲木이 정관으로, 배우자에 해당한다. 36세로 결혼을 못하여 걱정이 많은 사람으로, 하루 빨리 결혼을 하고 싶다고 한다. 그러나 25세 己未 대운은 시간의 정관이 甲己合으로 작용정지 되어 있어서 결혼을 할 수 없다. 세운에서 甲申년에는 관성의 작용이 더 보태지니 결혼 가능성이 되살아나게 된다고 본다.

2) 己가 운에서 甲과 합할 때

己土가 사주에 있고 대운, 세운에서 甲木을 만날 때는 甲木의 작용이 정지되는 것이 아니라, 반대로 밖에서 작용력을 확보하게 된다. 합의 세력이 운으로 향한다 해서 무조건 흉한 것은 아니라는 점이다. 예를 들어 己土가 사주에 있고 강한 기신이라면 운에서 오는 甲木의 세력에 의해 약화될 것이므로 사주의 주체는 오히려 편하게 될 것이고, 사주에 꼭 필요한 용신·희신이었다면 그 오행의 힘을 강탈당하는 것이므로 흉함이 나타날 것이다. 이것을 사주 내의 십성에 대입하여 추론하면 된다.

- 己土 일간에게 운에서 만난 甲木이 용신·희신이면 승진, 영전, 취직, 결혼 등 자신의 신분 상승을 도모하게 된다.

- 己土 일간에게 운에서 만난 甲木이 흉신·기신이면 승진, 구속, 건강, 삼각관계, 모사, 사기, 유혹, 채무관계 등의 흉사를 당하거나, 자신이 이와 같은 일을 저질러 자신은 물론이며 상대에게도 본분을 잊게 한다.

사례 — 甲己合된 대운에 장관에 오르다

時	日	月	年
丁	甲	己	壬
卯	戌	酉	申

丙 乙 甲 癸 壬 辛 庚
辰 卯 寅 丑 子 亥 戌

위 사주는 국회의원과 국방장관을 지낸 정호용씨 사주다. 甲木 일간이 정관격으로 신약하고, 연간의 壬水 편인, 시지에 卯木 겁재를 두고 대운이 용신 水운으로 향하여 이롭다. 육사출신으로 승승장구하여 대장으로 예편하였고, 甲寅 대운에 들자 연간 용신 壬水를 극하고 있던 己土를 합하여 작용을 정지시키니 살인상생으로 인성이 맑은 물이 되었다. 그는 1983(癸亥) 세운까지 길하여 무관출신의 꽃이라 할 수 있는 국방부장관에 오르는 영광을 안았다.

사례 식신 己土가 묶이자 납치

```
時 日 月 年
己 丁 丙 甲
酉 未 寅 午

己 庚 辛 壬 癸 甲 乙
未 申 酉 戌 亥 子 丑
```

위 사주는 丁火가 득령하고 득세하여 신강사주다. 월겁인수 겸격이라 시주 己酉가 식재로 설기하며 희신으로 작용한다. 미국 신문왕이라 불리는 윌리엄 허스트의 손녀딸 페트리샤 허스트의 사주이다. 1974(甲寅)년에 식신 己土가 합되어 작용정지되자 납치를 당했고, 己未 식상운에 석방되었다.

-1974(甲寅)년 좌익 세력들에게 납치된 뒤 강요로 도둑질과 약탈행각.

-1975(乙卯)년 유죄판결로 복역.

-1979(己未)년 2월 석방, 이후 극작가 버나드 쇼와 결혼.

03 乙庚合金 : 세력강화

1) 庚이 운에서 乙과 슴할 때

　庚金은 서방의 金이고 乙木은 동방의 木이다. 서방과 동방이 합하여 다시 서방의 金이 탄생하는 것으로 乙은 庚의 강력한 힘으로 서방에 귀속된다는 뜻이다. 庚金은 가을의 계절이고 결실을 주관하고 木을 죽게 만들며 水를 생한다. 결국 여린 乙木을 자신의 것으로 만들어 버리므로 동방에 있는 것을 자신에게 귀속시켜 세력을 강화하게 되는 이치이다. 木의 인(仁)을 자신의 것으로 활용하고 강력한 외형을 갖추고 모든 오행을 거두고 보살피려 하니 의(義)를 앞세워 다스리는 속성을 강하게 표출한다. 그러므로 庚金 입장에서는 乙木을 만나면 관심이라는 명목하에 지나친 구속을 하려고 하고, 乙木 입장에서는 관심을 빙자한 간섭을 지나치게 받게 된다.
　庚金 일간이 乙木을 만나거나 사주 천간에 있는 庚金이 대·세운에서 오는 乙木을 만날 때 이와 같은 작용력이 나타난다. 庚金에게 乙木은 정재이자 여자이다. 즉, 여자와 결혼하면 가정을 꾸려 일가를 이루니 좋고 싫고를 떠나 庚金 자신의 영역을 확보하는 것으로 볼 수 있다. 乙木의 입장에서는 잘난 庚金을 만나서 신분상승도 얻게 된다. 여린 乙木이

庚金을 따라가서 호강할 수도 있고 그 속에서 고생도 할 수 있다.

- 庚金 일간에게 운에서 만난 乙木이 용신·희신이면 결혼, 재물, 승진, 취직, 부동산, 사업 등에 대한 성사가 이루어지고 자신의 세력 강화로 영역확보를 한다.

- 庚金 일간에게 운에서 만난 乙木이 흉신·기신이면 만용, 강탈, 구속, 폭행, 강간, 투기, 망신, 사업실패, 도박 등을 하고 결국 자신의 무모한 세력을 사용하게 되어 억지와 무리수를 자행하게 되므로 흉한 꼴을 겪게 된다.

사례 여성 법무부장관

時	日	月	年
庚	乙	壬	丁
辰	卯	寅	酉

己	戊	丁	丙	乙	甲	癸
酉	申	未	午	巳	辰	卯

위 사주는 乙木 일간이 寅월 겁재, 일지에 비견 卯木을 두고 월간으로 인수 壬水의 세를 득하여 신강하다. 연간의 丁火는 丁壬合으로 활용할 수 없고 시간의 庚金 정관을 용신, 시지 辰土를 희신으로 쓴다. 그는 27세

> 乙巳대운에 이르러 시상의 庚金 관성과 대운 乙이 乙庚合을 하게 되자 관성이 세력강화를 이루어 판사로 임용되었다. 丙午 대운에는 식상이 강해지는 운으로 판사직을 사임하고 변호사로 활동했다. 이것은 火는 식상으로 官을 사용하지 못하게 되어 변호사의 길로 접어든 것이며, 또한 이시기에 관성이 되는 부군과 이혼을 한 것이다.
>
> 47세 丁未 대운에 들자 丁壬合이 풀리며 새 정부 노무현 정권에서 법무부장관으로 임명되어, 예상치 못했던 새로운 길로 방향전환을 하게 되었다. 이처럼 천간의 합은 한사람의 운명에 대한 변화로 나타나는 작용을 하고 있다.

2) 乙이 운에서 庚과 합할 때

乙木이 사주에 있고 대운, 세운에서 庚金을 만날 때는 庚金이 세력을 강화하는 것이 아니라 반대로 밖에서 작용력을 확보하게 된다. 합의 세력이 운으로 향한다 해서 무조건 흉한 것은 아니라는 점이다. 예를 들어 乙木이 사주에 있고 강한 기신이라면 운에서 오는 庚金의 세력에 의해 약화될 것이므로 사주의 주체는 오히려 편하게 되는 것이고, 사주에 꼭 필요한 용신·희신이라면 그 오행의 힘을 강탈당하는 것이므로 흉함이 나타날 것이다.

• 乙木 일간에게 운에서 만난 庚金이 용신·희신이면 승진, 영전, 취

직, 결혼 등 자신의 신분 상승을 도모하게 된다.
- 乙木 일간에게 운에서 만난 庚金이 흉신·기신이면 구속, 건강, 약탈, 분실, 납치 폭행 등과 같은 흉사와 함께 자신의 본분을 잊게 된다.

사례 때를 기다리는 남성

```
時 日 月 年
庚 癸 癸 乙
申 未 未 卯

丁 戊 己 庚 辛 壬
丑 寅 卯 辰 巳 午
```

위 사주는 癸水 일간이 未월에 실령하여 신약하다. 未 중 乙木 식신이 투간하여 식신격이나 乙庚이 합하여 격이 깨졌고, 신약하니 인수 庚申 金의 생조를 희신으로 삼는다. 이 사람은 辛巳 대운 중에 대학원을 졸업하고 여러 방면으로 진출을 모색했으나 잘 이루어지지 못했다. 그러나 29세 庚辰 대운에 연간의 乙木과 乙庚合을 하니 연주는 사회의 변동이고 庚대운은 외부의 인수로 일간을 돕는다. 2004(甲申)년에는 대운의 천간 庚金의 지지기반으로 신금이 도와서 좋은 일이 있었을 것이다.

| 사례 | 乙庚合金 칠살의 강화로 이혼 |

```
時 日 月 年
辛 乙 己 壬
巳 丑 酉 寅

乙 甲 癸 壬 辛 庚
卯 寅 丑 子 亥 戌
```

위 사주는 乙木 일간이 酉월에 생하고 辛金을 투간하여 칠살격이고, 巳酉丑 금국을 이루니 극신약한 사주가 되었다. 연간의 壬水로 칠살을 제화하고 일간을 보호하는 살중용인격(殺重用印格)이다. 水 북방 대운은 용신 인수 운이 되어 공부를 잘하였고, 이후 항공사 기장이 되었다. 丑대운 庚辰년(39세)에는 살이 강한 사주에 庚金이 또 일간을 합하여 세력을 부리니, 칠살과 다름없는 작용이 되었다. 결국 그 해에 부인이 바람나 이혼을 하였다.

04　丙辛合水 : 신규창출

1) 丙이 운에서 辛과 合할 때

　丙火는 남방의 火이며 辛金은 서방의 金이다. 남방과 서방이 합하여 水가 탄생하는 것은 양(陽)의 강한 火입장에서 재성이 되는 辛金을 합하여 水를 창출시키고 새로운 경영을 창조하는 것이다. 또한 새로이 창출된 水는 丙火에게 관성(官星)이 되므로 자신의 직위를 얻을 수 있고, 火 자체로 만물을 생존케 할 수 없으므로 재성을 투자하여 水를 구한 다음에야 비로소 수화기제(水火旣濟)를 이루는 것이라고 할 수 있다.

　그리고 丙火는 결실을 주관하는 金을 水로 변화시켜 木을 생하게 할 것이므로 자신의 출생지 근원 木을 구하게 하니, 미래에 사용할 새로운 지식과 아이디어를 구할 기약을 하는 것이다. 아울러 辛金은 丙火를 통하여 水로 변화하지만 지혜와 경영의 오행인 水를 얻은 다음 辛金 입장에서 재물이 되는 木을 양육하고 기르게 될 것이므로, 결국 金은 경영능력을 얻고 새로운 창업을 하게 될 것이다.

　천간합 중에서 火와 金이 전혀 다른 오행을 탄생시키고 있는 것은 단순히 합(合)하거나 화(化)하는 의미보다는 오행의 심리가 어떻게 흐르는가를 확인할 수 있다. 丙과 辛의 합은 새로운 창출을 의미하고 있으며,

모두에게 경제와 직위를 위한 상부상조의 약속인 것이다. 물론 합(合)하여 사라지거나 본질이 변화하여 손해를 볼 수도 있는 것이나 그것은 합(合)하는 순간이라기보다 이후의 희기에서 판단해야 하는 것이라 참작한다.

- 丙火 일간에게 운에서 만난 辛金이 용신·희신이면 결혼, 재물, 승진, 취직, 부동산, 사업 등에 대한 성사가 이루어지고 자신의 직업, 경제성에 대한 새로운 창출을 이룬다.

- 丙火 일간에게 운에서 만난 辛金이 흉신·기신이면 과욕, 부정, 속박, 이혼, 분쟁, 투기, 사치, 유혹, 부도, 술수 등으로 망신이 따르게 된다. 결국 자신의 무모한 변화를 꾀하려 하다가 예의를 못 지키고, 인색하고 추한 모습이 되고 만다.

사례   하버드 출신의 유망 사업가

時	日	月	年
丙	壬	戊	庚
午	申	子	戌

乙 甲 癸 壬 辛 庚 己
未 午 巳 辰 卯 寅 丑

위 사주는 壬水 일간이 득령, 득지하여 신강하다. 월간의 戊土 편관이 있어 결단성이 있고 시간의 편재가 수화상조(水火相照)를 이루고 있으니 그릇이 크고 귀하다. 이 사주의 주인공은 하버드대 최우수졸업 논문상을 수상하여 화제가 되었던 홍정욱씨로, 2003년에 언론사 내외경제신문을 인수하여 관심을 모았다.

- 2001(辛巳)년, 시간의 丙火 편재와 丙辛合으로 경제활동 시발점
- 2002(壬午)년, 연지 戊土와 회합(會合)하여 사회적 변화를 유발한다.
- 2003(癸未)년, 월간의 戊土와 합하여 대외적인 변동 운이다.
- 2021(辛丑)년, 시간의 丙火 편재와 丙辛合으로 비건푸드 사업으로 세계 진출

사례 재성 合으로 구설수를 겪은 남성

時	日	月	年
丙	丙	乙	癸
申	子	丑	卯

戊	己	庚	辛	壬	癸	甲
午	未	申	酉	戌	亥	子

위 사주는 丙火 일간이 丑월에 생하고 癸水를 투간해 정관격이고 신약하니 인수 木을 용신하며 관인상생한다. 木인성을 용신하는 중 연지와 월간에 용신이 있어서 초년부터 말년까지 부모덕이 많은 명이다. 그러나

정인, 편인이 혼잡하여 생각이 많고 편협한 면이 있으며, 두 가지 직업이나 행동을 할 수 있는 사람이다. 37세 辛丑대운에 丙辛合이 일어나 재성이 새로운 창출을 일으키니 다른 여인과 인연을 맺고 그것이 후일 발각되어 부부간의 불화를 겪었는데, 기신으로 인한 재성의 폐해라고 볼 수 있다.

사례 丙辛合 세운에 헌트석유회사 설립

```
時 日 月 年
辛 甲 丙 己
未 子 寅 丑

己庚辛壬癸甲乙
未申酉戌亥子丑
```

위 사주는 헌트 석유회사 재벌의 사주이다. 그는 자신의 사주에 있는 丙火와 대운의 辛金과 합하고 1936년(丙子)년 시간의 辛金과 丙辛合하자 새로운 창출이 시작되는 헌트석유회사를 설립하였다.

- 1920(庚申)년, 아소칸에서 석유매매업을 시작.
- 1930(庚午)년, 석유채굴 시작.
- 1936(丙子)년, 헌트석유회사 설립.
- 1960(庚子)년, 리비아의 유전에 투자하여 성공을 거두었고, 출판업, 화장품제조업, 피칸제조업, 건강식품 제조업에 투자해 수십억 달러의 재산을 모았다.

2) 辛이 운에서 丙과 슴할 때

辛金이 사주에 있고 대운, 세운에서 丙火를 만날 때는 위와 다르게 변화하여 새로운 창출이 일어나기는 하지만, 주체가 되는 것이 아니다. 辛金은 운에서 오는 丙火에 의해 피동적으로 움직이는 성향을 보인다. 예를 들어 강한 辛金에게 丙火가 합을 하여 관계를 맺는다면 당연히 새로운 창출로서의 기대와 관성으로서 명예와 직책을 부여받게 될 것이다.

반대로 신약한 辛金에게 丙火가 합을 하여 새로운 환경을 제공하면 고통스럽고 수용하기 어렵게 되고 관재구설이 따르고 실패하며 질병 등에 시달리게 된다. 그러니 새로운 창출로 인하여 자신의 실체를 잃게 될 수도 있다. 여기에 사주 내의 십성을 적용하여 추론할 수 있다.

- 辛金 일간에게 운에서 만난 丙火가 용신·희신이면 승진, 영전, 취직, 결혼, 새로운 변화로 자신의 새로운 경영과 명예를 얻게 된다.
- 辛金 일간에게 운에서 만난 丙火가 흉신·기신이면 구속, 건강, 폭행, 납치, 망신, 사치, 유혹, 정신이상 등과 같은 흉사와 함께 자신의 본분을 잊게 된다.

| 사례 | 丙辛合 운에 새로운 식당 개업 |

```
時 日 月 年
甲 乙 辛 己
申 巳 未 亥

甲乙丙丁戊己庚
子丑寅卯辰巳午
```

위 사주는 乙木 일간이 신약한 중 水木운이 좋고, 월간의 辛金 편관이 병(病)이다. 火土 식재대운에 하는 일 없이 전전하다가 丙寅대운에 월간 辛金과 丙辛合을 하자 새로운 창출로 식당을 개업하게 되었다.

| 사례 | 前 세계챔피온 권투선수 (홍수환) |

```
時 日 月 年
辛 庚 甲 庚
巳 辰 申 寅

辛庚己戊丁丙乙
卯寅丑子亥戌酉
```

위의 사주는 庚金 일간이 득령 득지하여 신강사주이다. 연지 寅木과 월간 申金이 충하고 천간으로는 甲木과 庚金이 싸우고 있어 극단적 결함이 노출되고 있다. 그의 직업이 권투선수였다는 것이 다행스럽다는 느낌을 주고 있는 사주구성이다. 그는 19세 丙戌 대운에 들자 세계 챔피언 결정전에서 4전 5기의 신화를 세우며 극적인 승리를 했고, 한국사에 새로운 세계 챔피언으로 탄생되었다. 대운 丙火과 사주 시간의 辛金이 丙辛합하여 새로운 창출을 한 것이다.

사례   丙辛합으로 사업을 시작한 여성

```
時 日 月 年
辛 庚 壬 丁
巳 申 子 未

戊 丁 丙 乙 甲 癸
午 巳 辰 卯 寅 丑
```

위 사주는 金水 식신격으로 머리가 좋고 용모는 여성스럽지만, 대장부와 같은 기질이 있다. 庚金이 한랭한 子월생으로 丁火로 단련시켜야 귀할 수 있는데, 안타깝게도 연간의 丁火 정관은 월간의 壬水에 합거되어 불미스럽다. 辛巳년에 겁재와 식상이 강해지고 부부궁 일지에서 巳申刑이 재차 일어나니 관살이 깨지며 남편과 이혼하였다. 이혼과 함께 35세에는 丙辰대운에 들자 시간의 겁재 辛金과 丙辛합의 새로운 창출 작용으로 전공을 살려 자동화 기계제작 사업을 창업하였다.

| 사례 | 丙辛合된 운에 고려대 설립 |

```
時 日 月 年
丙 壬 己 辛
午 子 亥 卯

壬 癸 甲 乙 丙 丁 戊
辰 巳 午 未 申 酉 戌
```

위 사주는 壬水 일간이 亥월에 득령하고 득지하여 신강하며 중화된 사주이다. 丙戌년에 연간의 辛金과 丙辛合으로 고려대를 설립하고 辛卯년에는 시간의 丙火와 丙辛合을 하자 부통령에 당선되었다. 모두 丙辛合의 작용으로 새로운 창출을 한다.

- 1946(丙戌)년, 고려대학교 설립.
- 1951(辛卯)년, 제2대 부통령 당선.

05 丁壬合木 : 방향전환

1) 壬이 운에서 丁과 合할 때

　　壬은 북방의 水이고 丁은 남방의 火이다. 이들은 남방과 북방의 정반대 방향이 합하여 남쪽도 북쪽도 아닌 동방 木을 탄생시키고 있다. 水와 火는 오행상 정반대 방향의 상극관계이지만, 합을 이루면 무엇인가 새로운 방향으로 심리상태가 변하는 것이라 할 수 있다. 알고 보면 중앙 土는 火에게 생을 받지만 水를 극하고, 서방 金은 水를 생하지만 火의 극을 받게 되어있다. 결국 서로가 타협할 수 있는 곳은 바로 극의 작용이 없는 동방의 木이 된다. 즉 水生木, 木生火로 인(仁)으로 인해 변화가 일어나는 곳이다. 壬水와 丁火가 합을 한 다음 태양이 떠오르는 동쪽으로 새로운 기틀을 만들어 낸다는 것은 새로운 방향의 제시이다. 水의 창조적 지혜와 火의 빛 밝힌 예(禮)가 만나 木의 도덕적 인(仁)을 이루는 것은 방향을 선회한 지침이 되고, 사주의 작용에 새로운 방향을 전환하는 것이 된다. 壬水가 丁火와 합하고 木으로 변화하는 것은 水가 火의 에너지를 받아 木을 키우고 木은 또 火를 향해 자라는 이치와 같고, 나무가 물을 빨아 당기고 태양을 향해 자라는 자연현상은 분명 그 작용력이 방향성을 가지고 존재하는 것을 보여주고 있다.

- 壬水 일간에게 운에서 만난 丁火가 용신·희신이면 결혼, 재물, 승진, 취직, 부동산, 사업 등에 대한 성사가 이루어지고 자신의 인생이 새로운 곳으로 방향의 전환을 한다.
- 壬水 일간에게 운에서 만난 丁火가 흉신·기신이면 만용, 욕심, 부정, 분쟁, 사기, 사치, 망신, 학업중단, 유혹을 당하거나 자신이 그런 일을 저질러 결국 자신의 무모한 아집으로 인한 폐해가 나타나고 흉한 꼴을 겪게 된다.

사례 흉운에서 인생을 바꾼 남성

時	日	月	年
甲	壬	庚	丁
辰	戌	戌	未

甲 乙 丙 丁 戊 己
辰 巳 午 未 申 酉

위 사주는 壬水 일간이 연, 월, 일, 시지에 관살이 왕하여 월간 庚金 편인으로 화살(化殺)하는 살중용인격(殺重用印格)이다. 이 사주에서 재성은 오직 유일한 의지를 하고 있는 용신 인성을 극하므로 사업과는 인연이 없다. 그러나 사주의 주인공은 의료기 유통사업에 손을 대고 크게 실패하였다. 2002년 壬午년에 지지로 기신인 火기가 강해지고 연간 丁火가 丁壬合하니 결국 그는 많은 부채와 가정을 뒤로 한 채 새로운 인생을 향해 방향을 바꾸고 말았다.

| 사례 | 前 북한 고위관리 황장엽씨 |

```
  時 日 月 年
  壬 甲 己 乙
  申 午 卯 丑

辛 壬 癸 甲 乙 丙 丁 戊
未 申 酉 戌 亥 子 丑 寅
```

함북 주을 출생, 김일성 종합대학 졸업, 1965년 김일성종합대학 총장에 임명. 1997년 72세로 북경 주재 한국총영사관에 망명을 신청, 필리핀을 거쳐 1997년 4월 서울에 도착하였다.

위 사주는 甲木 일간이 卯月 겁재를 득하고 시간 壬水가 申金에 생지를 두고 일간을 생하며 연간에 乙木이 투출하여 신강하다. 춘월의 甲木은 火를 기뻐하여 일지 상관 午火를 용하는 중, 겁재격의 신강 사주로 관과 재성을 모두 쓸 수 있어 총명함을 이용하게 되어 공산체제에서 높은 관직에까지 오르게 된다. 그러나 그의 운명은 1997(丁丑)년 시간의 壬水와 丁壬合하자 남한으로 방향전환을 하게 된다. 시간의 壬水는 말년의 일이며 인성이라 사상을 상징하므로 그의 이데올로기가 변화한 것이다.

> **사례**　　壬午年에 근무처 이동

時	日	月	年
乙	丁	癸	庚
巳	酉	未	戌

己戊丁丙乙甲
丑子亥戌酉申

위 사주는 丁火 일간이 未월에 생하고 乙木을 투출하여 인수격이고 월간의 癸水가 상신이다. 편관 癸水가 근이 약해 재성의 생을 쓰고는 있으나 직장의 변화가 잦았다. 1995(乙亥)년 사회를 주관하는 연간과 乙庚合하자 서울로 홀로 상경하였으며, 2000(庚辰)년 미래와 출장을 주관하는 시간의 乙木과 乙庚合하자 미국으로 취직을 하여 떠나게 되었다. 또한 2002(壬午)년 일간 丁火가 丁壬合하자 미국 샌프란시스코의 산호세에서 또 다른 지역으로 이동하였다.

> **사례**　　한국 최초의 여성 헌법재판관

時	日	月	年
丙	戊	壬	壬
辰	午	寅	辰

丙丁戊己庚辛
申酉戌亥子丑

> 위 사주는 戊土 일간이 寅월에 생하고 丙火를 투간해 편인격이다. 월지 寅과 일지 午가 회합하여 火 인수국이고, 월령 寅의 본기가 木 관성이라 관인상생격(官印相生格)으로 법조인이 되었다. 52세 丁酉대운에 원국의 壬水와 丁壬合으로 방향전환이 될 운이며, 더하여 2003(癸未)년은 일간 戊土가 세운의 癸水와 戊癸合으로 이동변동수가 강하게 있던 중에 한국 최초로 여성 헌법재판관에 임명되는 영예의 변화가 있었다. 이것은 천간의 합으로 운명의 주기 변동에 대한 작용을 정확히 입증하고 있다.

2) 丁이 운에서 壬과 합할 때

丁火가 사주에 있고 대운, 세운에서 壬水를 만날 때는 변화해 새로운 방향으로 전환되지만, 그 주체가 되는 것이 아니다. 丁火는 운에서 오는 壬水에 의해 피동적으로 움직이는 성향이 된다.

예를 들어 강한 丁火에게 壬水가 합을 하여 즐거워한다면 당연히 새로운 방향의 진출로서 승진의 기대와 관성으로서 명예와 직책을 부여받게 될 것이다. 반대로 신약한 丁火에게 壬水가 합을 하여 새로운 방향으로 추락시키면 파산, 퇴직 등 일신이 고통스럽고 어렵게 되며, 질병 등에 시달리게 된다. 그러니 새로운 방향 전환이 자신을 곤경에 처하게 할 수도 있다.

- 丁火 일간에게 운에서 만난 壬水가 용신·희신이면 승진, 영전, 취

직, 결혼 등 자신의 신분상승을 도모하게 된다.

- 丁火 일간에게 운에서 만난 壬水가 흉신·기신이면 구속, 건강, 약탈, 분실, 납치, 모사, 유혹, 폭행 등과 같은 흉사를 당하거나 자신이 이와 같은 일을 저질러 자신의 본분을 잊게 된다.

사례　壬午년 다시 공부를 시작한 여성

```
時 日 月 年
癸 丁 己 乙
卯 卯 丑 巳

丙 乙 甲 癸 壬 辛 庚
申 未 午 巳 辰 卯 寅
```

위 사주의 주인공은 직장생활에 충실한 남편과 두 아이를 키우며 평범한 가정주부로 생활하고 있었다. 그러나 2002(壬午)년에 우연히 교양강좌로 경기대 사회교육원에서 명리학 과정을 수강하게 되었는데, 평소 관심이 많았던 분야였기에 공부를 할수록 흥미를 느끼게 되었다. 때마침 대학원에 동양학과 '명리학 전공' 석사과정이 개설되자 곧바로 진학했는데, 그 이유는 일간 丁火와 壬午년이 丁壬合을 하게 되며 운명의 방향전환이 이뤄진 것이다.

사례 壬午년 도서관에서 대학으로 이동한 남성

```
時 日 月 年
庚 丁 丙 己
子 丑 寅 亥

庚辛壬癸甲乙
申酉戌亥子丑
```

위 사주는 丁火 일간이 丙寅월에 생하여 인수격이고 水 관성을 상신으로 삼는다. 인성이 용신이라 학문에 심취하고 서울대에서 미학박사를 학위를 받았다. 대운이 吉하지 못하여 충남지방의 도립도서관에서 계약직으로 근무하다 2002(壬午)년 천간이 丁壬合하여 인성으로 변하자 서울 이화여대 교수로 방향 전환을 하였다.

사례 丁壬合 되자 재결합한 듀엣가수

```
時 日 月 年
丁 丁 乙 戊
未 酉 丑 申

辛庚己戊丁丙
未午巳辰卯寅
```

위 사주는 「사랑을 할거야」 등을 히트 시킨 듀엣가수 '녹색지대' 구성 멤버 중 한 사람의 사주다. 녹색지대는 戊辰대운 상관운에 서로 결별하였다. 각자 활동하며 히트곡 없이 발전하지 못한 채 생활했으나, 壬午년 희신이 되는 시상 丁火와 丁壬合木이 되자 다시 손잡고 「어게인」이란 음반을 출시하며 활동을 재개하였다. 그의 대운이 용신으로 향하고 있어 많은 활동을 할 수 있을 것이다.

사례 壬午년 새로운 직장, 癸未년에 이동한 남성

時	日	月	年
丁	丁	戊	癸
未	未	午	卯

辛 壬 癸 甲 乙 丙 丁
亥 子 丑 寅 卯 辰 巳

위 사주는 丁火 일간이 午월에 생하고 조열하므로 관성 水를 쓰면 좋으나 뿌리가 없고 월겁을 대적하기엔 부족하니 식상의 설기를 용신한다. 초년부터 화운으로 향하여 대학에서 전자공학을 전공하고 직장에서 연구원으로 근무하였으나, 관성이 무력하여 자신의 자리가 오래 보장되지 못했다. 壬午년 시상의 비견과 丁壬合을 하자 잘 아는 사람과 소프트웨어 개발을 위해 합류하는 방향전환을 하였다. 그러나 癸未년 월간의 戊土와 戊癸合되자 회사의 부도로 또 이동하게 되는 운을 맞이하게 되었다.

06 戊癸合火 : 이동변동

1) 戊가 운에서 癸와 합할 때

戊土는 중앙의 土이며 癸는 북방의 水이다. 중앙과 북방이 합하여 남방 火가 탄생되는 것이다. 중앙의 戊土가 북방의 水를 합하여 정반대 방향이 되는 남방으로 이동시켜 놓는다는 것을 알 수 있다. 土는 신용을 주관하는 신으로서 자신이 일을 도모하여 북방 水의 지혜를 남방으로 옮기는 것은 지혜를 이용하여 새로운 것을 주재할 뜻이 있음을 의미하게 된다. 癸水는 戊土의 뜻을 거역하지 않고 순순히 자신을 버리고 변동을 했다고 볼 때, 자신의 한랭한 체질을 조후할 수 있는 남방이 목적지라는 것에 불만이 없다.

戊土와 癸水는 합을 하지만 오행상으로는 土剋水로 상극관계이며, 남방의 火와 癸水 역시 水剋火로 상극관계이다. 戊土는 남방이 출생지로서 어머니가 같으니 임무를 부여받아도 거역을 하지 않는다. 결국 火는 水가 있어야 생물을 존재하게 하고, 또한 수화상조(水火相照)가 이루어진다는 점을 미루어 볼 때 戊土는 남방의 지휘에 따라 임무를 충실히 이행한 것이다. 戊土와 癸水가 운에서 만나 합을 꾀할 때 운명적 심리는 이처럼 필연적으로 이동이나 변동을 원한다.

- 戊土 일간에게 운에서 만난 癸水가 용신·희신이면 결혼, 승진, 취직, 시험, 변동, 부동산, 사업, 계약 등에 대한 것이 성사되고 이동과 변동으로 인한 새로운 전기를 맞게 된다.

- 戊土 일간에게 운에서 만난 癸水가 흉신·기신이면 과욕, 부정, 강탈, 이혼, 분쟁, 투기, 관재, 이성, 부도, 도박 등의 변화로 고통과 망신이 따르며, 결국 자신의 무모한 변동을 추진하다 신용을 지키지 못하고 인색한 모습과 추한 모습으로 전락한다.

사례 癸未년 동업관계로 변동을 일으킨 여성

時	日	月	年
壬	己	戊	己
申	未	辰	亥

甲	癸	壬	辛	庚	己
戌	酉	申	未	午	巳

위 사주의 주인공은 己土 일간이 비겁이 많은 신강사주다. 시주 壬申으로 설기 생재하는 상관생재격(傷官生財格)을 이루고 있으니 매우 총명하고 수단이 좋은 명이다. 상관, 재성 용신으로 서비스업 계통에 종사하고 있다. 40세 이전에 대운이 흉하여 초혼에 실패하고 많은 어려움을 겪었다. 그러나 40세 壬申 대운에 들자 용신대운으로 사우나 관련사업에 진출하게 되었고, 현재 형편이 풀리고 있다. 여기서 癸未년의 연간 癸水와

월간 戊土 겁재가 戊癸合으로 이동과 변동을 암시하고 있다. 실제로 위 사람은 친구와 공동 투자하여 대형 사우나를 인수하게 되었다. 이처럼 사주 내의 비겁과 戊癸合이 될 경우, 동업관계로 변동이 있게 된다는 것을 알 수 있다

사례 비견 戊土가 合하자 장군 승진

```
時 日 月 年
甲 戊 戊 庚
寅 寅 寅 寅

乙 甲 癸 壬 辛 庚 己
酉 申 未 午 巳 辰 卯
```

위 사주는 戊土 일간이 지지 4개가 모두 寅木 관살이고 시간에 甲木이 투간하여 종살격(從殺格) 같으나, 일간과 월간의 비견 戊土가 寅木에 장생을 하고 있어 종살격이 되지 않는다. 그리하여 지장간 寅中 丙火로 용신하는 살중용인격(殺重用印格)이 되었다. 48세 때인 癸未 대운 戊寅년에 戊癸合化하여 火가 되자 癸水 기신이 변해서 용신 역할을 하게 되고, 未土 대운과 세운의 戊土는 희신으로 일간을 보필하게 되자 영예의 장군승진을 하였다.

| 사례 | 戊癸合으로 변동이 많아진 여성 |

```
時 日 月 年
辛 辛 壬 戊
卯 未 戌 申

丙 丁 戊 己 庚 辛
辰 巳 午 未 申 酉
```

위 사주는 연간의 인성 戊土가 2003(癸未)년 세운과 戊癸합하여 인성과 관성에 변동이 심화된다. 사주의 주인공은 癸未년 새로운 공부를 하기 위해 진학했지만 곧 휴학하였고, 이어 청소년개발원에 강의 개설을 허락받게 되어 원하던 강의 자리를 얻게 되었다. 사회적으로 변동과 변화를 여러 차례 겪게 된 것이다.

2) 癸가 운에서 戊와 합할 때

癸水가 사주에 있고 대운, 세운에서 戊土를 만날 때 그 육신의 작용이 변화하여 방향의 전환을 하지만 주체가 되는 것은 아니다. 癸水는 운에서 오는 戊土에 의해 피동적으로 움직이는 성향이 있다. 예를 들어 강한 癸水에게 戊土가 합을 한다면 당연히 새로운 이동과 변동으로 발전의 전기가 마련되는 기대와 관성으로서 명예와 직책을 부여받게 될 것이다. 그러나 반대로 신약한 癸水를 戊土가 합하여 갑자기 새로운 환경으로 이동, 변동을 시키면 신약한 癸水로서는 낯선 환경에 쉽게 적응을 못하니 육체적, 정신적, 경제적 고통이 많이 따르게 될 것이다. 그러니 이동과 변동으로 癸水는 자신의 터전을 잃고 방황하게 된다는 것을 알 수 있다. 이것을 사주 내의 십성별로 추론하면 된다.

- 癸水 일간에게 운에서 만난 戊土가 용신·희신이면 승진, 영전, 취직, 결혼 등 새로운 곳으로 진입하는 과정의 이동과 변동을 하게 되어 기쁨이 따르게 된다.
- 癸水 일간에게 운에서 만난 戊土가 흉신·기신이면 억압, 관재, 상해, 구속, 망신, 파직, 질병, 스트레스, 정신질환 등과 같은 어려움과 고통을 당하거나, 자신이 이런 일들을 저지르게 될 수 있다.

사례 戊寅년 직장과 근무처 이동한 남성

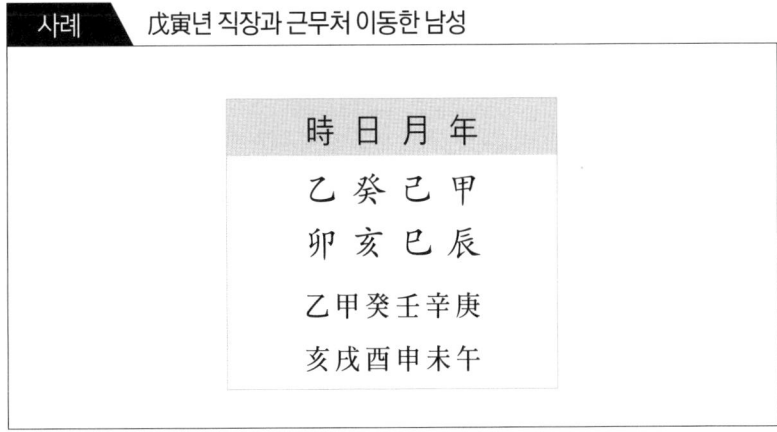

戊寅(1998)년의 戊土 정관이 일간 癸水와 戊癸합을 하게 되자 한국은행 본점에서 근무 중이다가 춘천지점으로 이동하게 되었고, 가정도 함께 이사하였다. 정관의 합으로 직장의 변동이 있게 된다. 戊寅 세운이 신약한 癸水 일간에게 기신이라 직장을 지방으로 옮기게 되었으며, 申金 용신 대운이었기에 지방으로 이동만 하게 된 것이다. 만일 대운까지 흉운에 처했다면 파직 등의 어려움을 겪게 되었을 것이다.

사례 | 戊癸합 대운에 변동이 생긴 남성

時	日	月	年
丙	癸	甲	戊
辰	亥	子	戌

辛 庚 己 戊 丁 丙 乙
未 午 巳 辰 卯 寅 丑

위 사주는 癸水 일간이 子월에 생하여 한랭하므로 丙火를 용신으로 한다. 戊辰 대운과 일간 癸水와 戊癸합의 작용이 되자, 평소 자신의 의지와 상관없이 부동산을 매매하거나 이사를 하게 되는 등 여러 가지 사안의 변동을 겪었다.

Chapter 7

편중된 오행에 따른 심리유형

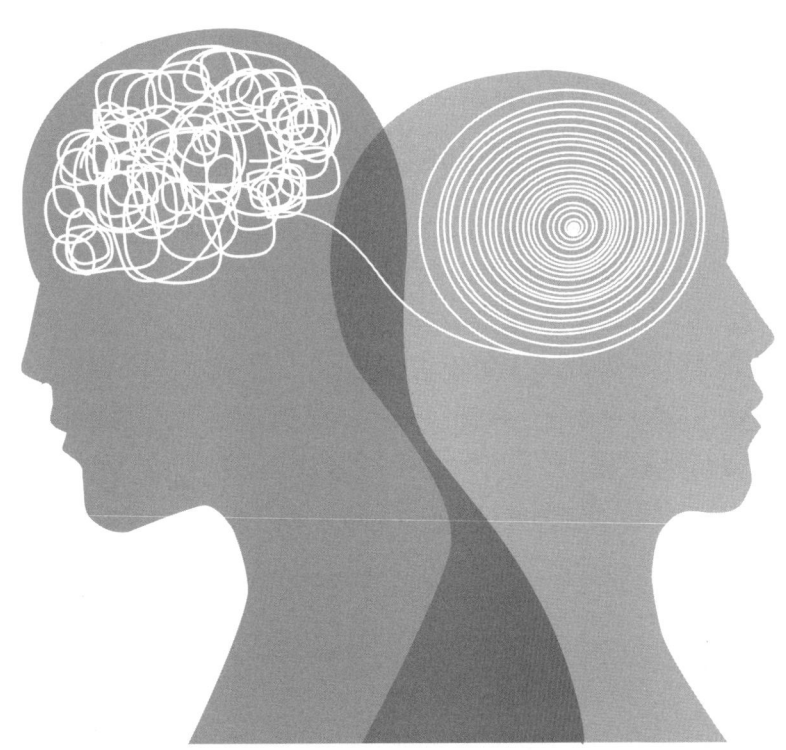

01 오행의 편중에 따른 심리현상

　오행이 편중된 사주란 사주 내에 木, 火, 土, 金, 水 중 하나가 한쪽으로 과대하게 편중되어 있어 균형을 이루지 못한 경우로, 일간을 중심으로 칭하면 신태약(身太弱), 신태강(身太强)이 될 수도 있고, 여러 가지 종격들도 오행이 편중된 것이다. 단, 진종격(眞從格), 전왕격(專旺格), 일행득기격(一行得氣格) 등은 오행의 편중으로만 심리를 논할 수는 없으므로 따로 분류하여 논한다.

　편중된 사주는 오행의 부족 또는 오행의 과다로 인하여 결국 약한 오행이 피해를 보게 되는 것을 말한다. 즉, 오행이 서로 순환과 상조의 관계를 지향하는 구조로 이루어지지 못하고 비정상적으로 분포된 것을 말한다. 따라서 서로 대치, 대립, 긴장의 구조를 이룰 때 그 결과로 피해를 보는 오행의 심리적, 병리적, 물리적 측면에서 나타날 수 있는 여러 가지 현상을 경험 혹은 확인하게 된다.

1) 편중된 金이 약한 木을 극하는 구조

심리적 증후 : 정서변화, 의식 퇴행, 사고력 저하, 집중력 저하, 사회성 변화, 직업의식 해이, 안정성 실조

병리적 증후 : 신경쇠약, 정신질환, 두뇌 질환, 정신적 피로감, 간·담 기능 저하

사례 정서적 변화가 심한 남성

時	日	月	年
己	庚	乙	庚
卯	辰	酉	申

위 사주는 庚金 일간이 酉月에 생하여 양인격이다. 신강하고 사주에 金이 왕하니 火 관성으로 제압하거나, 식신으로 설기해 주어야 하는데, 둘 다 없고 군겁쟁재하는 파격이 되었다. 辰 중에 乙木이 재성의 뿌리가 될 수 있으나 辰酉 합하여 뿌리를 잃었다. 매사 자신이 직접 확인해야만 신뢰하는 성격으로 의심이 많고, 여러 가지 일을 경험하면서도 정착을 못하다 보니 직업변화가 많았다. 또한 정서적 안정감이 없고, 신경 쇠약하여 성격이 예민한 사람이다.

2) 편중된 水가 약한 火를 극하는 구조

심리적 증후 : 위축감, 분노, 조울증, 상실감, 억압에 대한 공포, 타인 혐오증, 비현실적 도피 성향, 인화력 결핍

병리적 증후 : 순환계 실조, 혈압 이상, 시력 장애, 정신적 조울증, 심장·소장 기능 저하

사례 위축감과 조울증을 겪는 여성

時	日	月	年
丙	癸	甲	戊
辰	丑	子	申

위 사주는 癸水 일간이 子月에 생하고 지지에서 申子辰 수국을 이루어 水가 매우 강하다. 연간의 희신 戊土 정관은 상관 甲木에게 극을 당해 힘이 약하고, 시상의 丙火 재성은 뿌리를 어디 두지 못한 체 水에게 압박을 당하는 구조이다. 이 여성은 결혼 후 첫아이를 낳고 이혼하였다. 이후 매사 위축감을 느끼고 조울증을 겪으며 아이를 키우고 살아간다. 한겨울에 태어나 한랭한데 수국까지 이루니 木火가 모두 얼고 빛을 잃어버렸다.

3) 편중된 木이 약한 土를 극하는 구조

심리적 증후 : 상대적 박탈감, 과민한 불안의식으로 불신감과 회의적 성향, 정신 분열 질환

병리적 증후 : 신경성 위장질환, 알레르기성 피부질환, 근육위축 무력증, 전신 권태증, 비장·위장 기능 저하

사례 신경성 위장질환을 앓고 있는 여성

```
時 日 月 年
戊 甲 甲 丁
辰 寅 辰 卯
```

위 사주는 甲木 일간이 辰월에 생하고 戊土가 투간하여 편재격이다. 그러나 지지에 寅卯辰 방합을 이루고 월간으로 甲木이 투출하여 비겁이 태왕하다. 연간의 상관 丁火가 왕한 木 기운을 설기하여 戊土 재성을 보호해야겠지만, 지지의 辰土들이 방합으로 따라가 버리니 뿌리가 취약해 효과를 보기 어렵게 된 구조이다. 가정을 지키며 열심히 노력하고 살아왔지만 늘 과민한 불안의식에 사로잡혀 있고, 또한 신경성 위장질환 때문에 늘 약을 먹고 사는 사람이다.

4) 편중된 火가 약한 金을 극하는 구조

심리적 증후 : 정신 무력증, 대인기피증, 강박증세, 결단성 결여, 억제력 상실, 중도 포기

병리적 증후 : 신경계통, 뇌혈관 파열, 골격 이상, 호흡기 이상, 폐·대장 기능 저하

사례 　대인기피증의 남성

```
時 日 月 年
丙 丙 甲 丙
申 寅 午 午

辛 庚 己 戊 丁 丙 乙
丑 子 亥 戌 酉 申 未
```

위 사주는 丙火가 午月에 생하여 양인격이다. 더욱이 지지에 寅午 화국을 이루고, 천간에 甲 인성과 丙 겁재만이 투출하여 火가 극히 태왕한 사주이다. 초운이 조열한 乙未 대운이라 흉하니 빈천한 집안에서 태어나 불우하게 자랐다. 이후 申酉 金 대운을 만나자 자영업으로 일가를 이루었다. 그러나 戊戌 대운에 寅午戌 화국이 더 강화되면서 사업이 먼지처

럼 사라져 파산하고 말았다. 이후 대인기피증으로 사람들을 만나는 것을 기피하였고, 여러 가지 일을 전전하고 골 질환을 앓으며 고생하다가 水 대운에는 경비 일을 하며 근근이 살아가는 사람이다.

5) 편중된 土가 약한 水를 극하는 구조

심리적 증후 : 정서불안, 독단적 억압적 복종심리에 대한 경계심, 강박적 결벽증, 중심력 약화

병리적 증후 : 내분비 호르몬 이상, 위 무력증, 성기 이상, 고지혈증, 신장·방광 기능 저하

사례 정서불안과 방광이 약한 남성

時	日	月	年
乙	己	丙	戊
亥	未	辰	戌

癸 壬 辛 庚 己 戊 丁
亥 戌 酉 申 未 午 巳

위 사주는 己土 일간이 辰월에 생하고 乙木을 투간한 편관격이다. 칠살을 제복할 金 식상은 전무하고, 사주에 戊戌辰未 비겁이 주 세력을 이루고 있다. 월지의 辰土가 습토이고, 시지의 亥水가 있으니 水 기운이 조절될 것 같으나, 辰戌 충이 되고 보니 亥水로는 왕한 土를 감당할 수가 없다. 결국 비겁이 태왕해져 군겁쟁재 현상으로 가난을 면하기 어렵고 성품이 어질 수 없게 되었다. 상당히 독단적 성향이며 정서불안 증상을 보이고, 방광이 약해서 병원에 다닌다고 하였다. 대운이 金水 대운으로 향하는 것은 다행이다.

6) 약한 水가 강한 火를 억제하지 못하는 구조

심리적 증후 : 억압에 의한 우울증, 자기 과소평가, 자기혐오, 자기현시 욕구, 반발심 증대

병리적 증후 : 저혈압성 어지럼증, 과도한 소비 욕구로 해소하는 자기연민

| 사례 | 자기 과소평가를 소비 욕구로 해소 |

時 日 月 年
丁 癸 丙 丁
巳 丑 午 亥
乙 庚 辛 壬 癸 甲 乙
亥 子 丑 寅 卯 辰 巳

위 사주는 癸水 일간이 午월에 생하였고 丙火를 투간하여 재격이다. 사주에 火 재성이 심히 왕하여 水가 火를 다스리기에는 역부족인 사주이다. 결국 일간은 연지의 亥水와 일지의 丑土에 의지하며 살아가야 한다. 이런 유형의 사주를 재다신약(財多身弱)이라고 부른다. 이 사주의 주인공은 유년 시절 木火 대운을 보내며 가난한 집에서 태어나 경제적 어려움 속에서 자랐다. 그래서인지 자기를 스스로 과소평가하고 항상 자신감이 없어 보이는데 때때로 과소비를 통해 자기 존재를 확인하는 심리를 가지고 있다.

7) 약한 木이 강한 土를 억제하지 못하는 구조

심리적 증후 : 정체성 불안, 다중인격 증후, 억압에 대한 공격적 반응, 책임으로부터 도피, 폐쇄 공포 심리, 무조건적 복수심, 지구력 약화

병리적 증후 : 공동체 생활 부적응, 단체 이탈, 도덕성 결여

사례 　억압에 대한 공격적 반응의 남성

時	日	月	年
甲	戊	己	戊
寅	戌	未	午

甲 癸 壬 辛 庚 己 戊
子 亥 戌 酉 申 未 午

위 사주는 戊土가 未月에 출생하고 천간으로 戊己가 투출하였으며 일지 戌土까지 비겁이 태과한 사주다. 시상의 甲木으로 왕한 土를 다스려야 하지만 甲木을 생해주는 水는 찾아 볼 수 없고 오히려 火勢가 강하니 역부족이다. 이 사람은 자신을 무시하거나 비하하는 소리를 들으면 매우 공격적으로 변하는 성격의 소유자다. 그리고 항상 자신의 정체성에 대한 고민을 많이 하는 편이라고 한다. 다행인 것은 金水 대운으로 향하는 것이다.

8) 약한 金이 강한 木을 억제하지 못하는 구조

심리적 증후 : 과도한 신경성에 의한 의지 감소, 상대적 열등감, 자긍심 실조, 정서불안

병리적 증후 : 자기 방종, 가치관의 혼란, 정체성 불안으로 인한 방황

사례 상대적 열등감을 겪은 남성

時	日	月	年
戊	庚	甲	丁
寅	寅	辰	卯

丁 戊 己 庚 辛 壬 癸
酉 戌 亥 子 丑 寅 卯

위 사주는 庚金 일간이 辰월에 생하고 戊土를 투출하여 편인격이다. 그러나 寅卯辰 방합을 이루고 월간에 甲木이 투출하여 木 재성이 매우 강하다. 재성이 기신이므로 월령용신 戊土를 구응하기 위해서는 金 비겁이 필요하다. 그러나 일간 庚金이 홀로 비겁 하나 없으니 강한 木을 다스리기에는 역부족이다. 이 사주의 주인공은 학생 시절 의지가 약하고 상대적 열등감이 컸을 것이므로 공부에 전혀 관심이 없었고, 나아가 자기를 그냥 방종하고 정체성을 못 찾고 방황하니 친구들과도 잘 어울리지 못하였다. 초년운 또한 木 대운을 만난 것도 안타깝고, 부모의 근심이 많았다.

9) 약한 火가 강한 金를 억제하지 못하는 구조

심리적 증후 : 편애 심리, 반발심 극대, 공격적 대인관계, 조울증에서 조증 기간이 길어짐

병리적 증후 : 정신착란, 다중인격의 증후, 과대망상, 인격장애

사례 　조울증과 인격장애를 겪는 여성 예술가

時	日	月	年
己	丁	辛	戊
酉	巳	酉	戌

甲	乙	丙	丁	戊	己	庚
寅	卯	辰	巳	午	未	申

위 사주는 丁火 일간이 酉월에 생하고 辛金을 투간하여 편재격이다. 丁火 일간에 인성이 전무하고 일지 巳火에 겨우 뿌리를 두었으나 巳酉 회합으로 뿌리가 힘이 좋지도 못하다. 연주의 戊戌土는 金을 돕는 식상이고 결국 金 재성이 태과한 재다신약이다. 火 일간의 불꽃이 약하여 金을 다스리지 못하고 어두워지는 형국이다. 이 사주의 주인공은 성격이 예민하고 조울증이 나타나는 등 인격장애를 겪었지만, 다행히 20대 이후부터 희신 남방운을 만나니 자신의 의지를 높여 예술계통으로 그림을 그리고 있는 사람이다.

10) 약한 土가 강한 水를 억제하지 못하는 구조

심리적 증후 : 의존성 우울, 의식적 억압, 인격분열, 중심력 실조, 과거 집착 심리

병리적 증후 : 자기 신뢰 불신, 자기애 부족, 기억상실 증세, 보존능력 불안

사례   과거 집착 심리를 겪는 여성

時	日	月	年
壬	癸	癸	戊
子	未	亥	申

丁 戊 己 庚 辛 壬 癸
巳 午 未 申 酉 戌 亥

위 사주는 癸水 일간이 亥월에 생하고 壬水를 투간해 월겁격이다. 子시이고 申子 회합까지 하고 월간에 비견도 하나 두니 水가 태왕한 사주다. 그 외에는 戊土와 未土만 남는데 水를 다스리기에는 대운까지 서북방으로 향하여 역부족이다. 이 사주의 주인공은 결혼 후 첫아이를 낳고 이혼하였다. 이후 의존성 우울증과 과거 집착 심리 등 심리적 어려움을 많이 겪었다. 그리고 매사 자기 스스로에 대해 불신하며 삶을 힘들게 꾸려가는 사람이다. 己未 대운 이후부터는 土가 강해지고 조후도 좀 나아지니 다행이다.

02 오행의 부재에 따른 심리현상

사주 내의 오행이 조화롭게 균형을 이루어 배치되어 있다면 운에 따라서 안정된 격국으로 전환되어 갈 수 있는 대비 능력과 대체 생산력이 주어지지만, 어느 한 가지 오행이 전무한 상황에서는 조화나 균형을 잃어서 정신적 측면 또는 전반적으로 수요공급이 깨어지는 구조로 침체에 이르게 된다. 단, 대운에서 부재한 오행이 들어와 충족시켜줄 때는 새로운 사주 구조편성으로 변화를 겪는다.

1) 木의 부재에 따른 심리현상

사고와 정신을 관장하는 木의 결여는 정신적인 문제로서 불안과 우울을 동반하며, 주어진 일에 집중적으로 매진하기 어렵다. 이 때문에 산만하며, 대인관계에 두려움을 갖게 된다. 진보적 발상 또한 결여된다.

사례 木 식상이 부재한 출판사 번역파트 여성

時	日	月	年
壬	癸	己	辛
戌	亥	亥	丑

위 사주는 드러난 木은 전무하다. 단 亥水에 암장된 甲木이 있다고 하나 온통 수국을 이루고 투출된 火가 보이지 않으니, 물속에 잠긴 甲木의 실체를 느끼기는 어렵다. 이 때문에 늘 자신이 하는 일에 위기감을 느끼고 이론적으로 비판이 강하다. 이 사주의 주인공은 만성두통과 스트레스성 저혈압으로 고생하고 있다. 대학에서 독문학을 전공하였고, 독일 뮌스터대학에서 독문학 박사를 취득하고 출판사에서 일한다.

2) 火의 부재에 따른 심리현상

정열과 에너지, 표현의지의 대명사인 火의 결여로 나타나는 정신적 생산성의 저하, 그리고 비사교적이고 타인에 대한 박탈감으로 스스로 정서가 무너질 수 있다. 인간관계에서 보상심리가 이루어지지 않을 경우 적개심으로 타인을 증오하게 된다. 따라서 편협한 사고를 갖게 되고, 인화력이 상당히 결핍될 수 있다.

사례 火 재성이 부재한 고등학교 영어교사

時	日	月	年
壬	癸	壬	壬
子	卯	子	辰

위 사주는 子월에 癸水가 특히 재성 火가 전무하여 조후를 잃었다. 따라서 자신의 존재 위기감에 시달려 오다가 戊申 대운 丁丑년에 자살로 삶을 마감했다. 이 사주의 주인공은 명문대 출신의 우수한 인재였으며, 고등학교 영어교사를 한 여성이었다. 그러나 언제나 자신의 생에 대한 불안감으로 이상과 현실의 괴리 속에서 삶을 긍정적 시각으로 바라볼 수 없었던 사람이었다. 火의 부재에 따른 정신구조의 징후를 생각해 볼 수 있다.

3) 土의 부재에 따른 심리현상

중용과 수용력, 생성력의 근원인 土의 결여는 무기력과 권태를 유발시킨다. 따라서 비생산적인 일에 흥미를 갖게 되며, 획일성 또한 결여되므로 산만하고, 주체성과 의지박약으로 회의적 심리에 빠진다.

사례 土 재성이 부재한 여성 사업가

時	日	月	年
丁	甲	壬	甲
卯	子	申	午

위 사주는 甲木이 관인상생격으로 재성 土가 전무하다. 양간 甲木 일주로 자존심이 강하고 정직한 성격이나 申子 수국을 이루어 인수가 많고 火 식상을 도식하니 감정적이고 회의적 심리가 강하다. 또 자존심이 강하나 획일성과 수용력 부재의 한계가 드러나 폐쇄적인 면이 두드러진다. 결국 남편과 사별 후 자신이 운영하던 사업체를 인간관계의 결함으로 포기할 수밖에 없었다.

4) 金의 부재에 따른 심리현상

판단력, 추진력, 지성과 이성의 힘인 金의 결여 현상은 무계획적이고 사리 분별이 약화되며, 결과보다 시작 중심으로 실패 확률이 높다. 자기중심적이고 이기적인 타입으로 타인을 배려하지 않는 심리구조를 갖게 된다.

사례 | 金 인성 부재로 방황하는 여성

時	日	月	年
乙	壬	己	癸
巳	子	未	巳

위 사주는 壬水 일간이 未月에 생하고 己土를 투간하여 정관격이다. 일간이 子水를 깔고 있기는 하지만 실령하여 신약하니 인성 金의 생조가 필요한데, 巳火에 암장된 庚金은 火生土에 바쁘고 水를 생하기에는 효용성이 떨어진다. 子水와 癸水 겁재를 억부 용신으로 쓰므로 성격은 자기중심적이며 재관에 의해 통제되는 억압심리로 타인과 유연한 사교를 하지 못한다. 더구나 인성이 없는 상황이어서 지혜와 합리적인 처신이 부족하여 주변 사람들로부터 평판이 좋지 못하다.

5) 水의 부재에 따른 심리현상

 순응성과 적응 의지가 강렬하고 상황 응용력과 탐구력의 주체가 되는 水의 결여는 대처 능력, 대인관계, 위기 상황 극복 능력, 수용 정신, 이해력에 대한 모순적 심리도출로 나타나게 된다.

사례 水 재성이 부재한 축산품 수입업자

時	日	月	年
乙	戊	甲	丙
卯	午	午	午

 위 사주는 조열한 구조로서 水 재성이 하나도 없이 부재다. 木 관성은 오히려 火 인성을 더 강화시켜 관인상생하고 일간의 기운은 더 커지니 관살의 심리적 압박감을 고조시킬 뿐이다. 이 사주의 주인공은 무리한 사업구상의 전개와 확장으로 경제적 파탄이 잇따랐던 사람이다. 사회생활과 결혼생활에 순응하지 못한 채 술과 마약까지 손대고, 자신을 절제하지 못하여 결국 戊戌 대운 癸未년에 간경화로 사망하였다.

사례 　대인기피증과 우울증이 심한 여성

```
   時 日 月 年
   庚 庚 甲 甲
   辰 戌 戌 午

 丁戊己庚辛壬癸
 卯辰巳午未申酉
```

위 사주는 庚金 일간에 인성이 강한 신강사주이다. 태왕한 인비를 설기해 줄 水 기운이 꼭 필요한데, 水 식상이 없으니 재능을 발현할 수 없고, 조열한 土가 일간을 과다하게 생조하니 욕구좌절과 갈등을 겪는 상황이다. 辰土에 암장된 癸水조차 辰戌 충으로 증발했으니 水의 부재 상황에 놓였다. 이 사주의 주인공은 비사교적 대인 기피증과 그로 인한 우울증으로 긴 시간을 투병하며 지냈다. 대운이 癸酉, 壬申으로 흐르는 20대까지는 작곡을 전공하여 예술적 재능을 누릴 수 있었지만, 그 이후 水의 부재가 가중되며 대인관계 대처 능력과 위기를 극복할 힘이 부족하여 계속 좌절하는 심리를 보였다.

03 미완성의 심리현상 - 가종격

　재성이나 관살이 하나의 기운으로만 사주에 너무 강하게 드러나면 그 주체가 강한 기운을 쫓아가게 된다고 하여 종격(從格)이라고 부른다. 종격에도 종할 수 있는 완벽한 구조를 가진 진종격(眞從格)과 종함을 반대하는 한두 세력이 남아있는 가종격(假從格)으로 구분된다. 특히 가종격은 전반적인 오행의 강한 세력에 종(從)하는 격을 취하고 있는 듯 보이지만, 사주 내에서 반대 세력이 존재하여 그 오행의 견제로 장애요인이 일어난다. 이것은 종화(從化)도 아니고, 정격(正格)의 억부법을 쓸 수도 없는 상황이 되어 있어 대운과의 상호 오행관계를 따르면서 추이를 살펴야 하므로 편중된 오행에 따른 심리유형이 나타난다.

　가종격의 작용은 대운과 세운에서 방해하는 오행이 뿌리를 만나면 그 본연의 작용력이 강해지고 격국 변화도 뒤따르니 불안한 사주 구조로 운영된다. 이때 발생하는 부정적인 요소가 대·세운에서 합으로 제거되면 긍정적인 국면의 구조로 안정되기도 한다. 대운에서 지원 세력이 들어오면 사주 구조는 일시에 정격으로 전환되면서 당사자의 심리 상태, 가치관 등 모든 구조적 변환이 일어난다.

　일간의 심리는 종(從)하는 오행의 세력에 따르거나 화(化)하지 못하고 일간의 도움이 되는 인성이 있거나, 하나의 겁재가 있거나 파극되는 오행이 있으면 갈등 구조 심리가 드러나, 종(從)하는 세력에 충실할 수 없게 된다.

1) 비겁 태과의 심리현상

비겁이 태과한 사주는 관성이 억제할 수 없으므로 자신을 억압하거나 무시하면 매우 반항적인 심리가 작동한다. 아울러 자신이 신강하기 때문에 인성의 도움이나 참견을 싫어하는 심리를 보인다. 그리고 자신의 강한 비겁이 재성을 극하므로 의심이 많다. 매사 직접 눈으로 확인하는 것만을 믿는다. 그러므로 비겁이 강한 사주는 스스로 동의하고 결정할 수 있도록 기다려주거나, 약한 모습을 보이며 부탁하는 측은지심을 발동시키는 게 효과적이다.

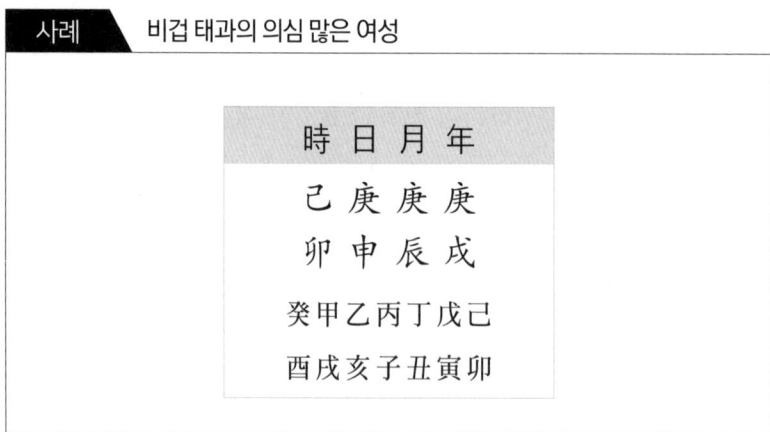

사례　비겁 태과의 의심 많은 여성

> 庚金 일간이 辰월에 생하여 인수격이고 연월간에 庚金이 나란이 투출하여 인수와 비겁이 태왕하다. 비겁을 다스릴 관성 火가 없고, 인수를 다스릴 재성 木도 시지에 卯木 하나 있으나 역부족이다. 더욱이 왕한 비겁 金을 설기하고 약한 卯木 재성을 생해줄 식상 水도 없는 비겁 태과 사주이다. 이 사주의 주인공은 연하 남자와 결혼하여 잘 살고 있었으나 문제는 스스로 의심병이 많아 정신적 고통을 겪고 있다고 하였다. 매사 의심이 많아서 남편이 외부에 있을 때 온갖 공상과 상상을 하게 된다고 하였다. 비겁이 왕하여 재를 극하면 의처증과 의부증이 심하다는 논리가 적용되는 경우이다.

2) 식상 태과의 심리현상

식상이 태과하여 이를 통제하지 못하는 사주는 먼저 말이 앞서거나 행동하고 소비하고 보는 자기 열정이 넘치는 사람이다. 깊은 생각보다는 자기 기분에 따라 말하고 행동한다. 특히 관성을 극하니 법을 무시하거나 규정을 지키지 않는 심리를 보이고, 오히려 법을 이용하여 자신의 목적을 달성하려는 직업 활동도 하게 된다. 정적인 듯하다가도 급격한 변화를 추구하는 등 감정 기복이 심하고 우울증을 잘 겪는 편이다.

| 사례 | 식상 태과의 과소비가 심한 남성 |

```
時 日 月 年
己 辛 癸 戊
亥 亥 亥 戌

庚 己 戊 丁 丙 乙 甲
午 巳 辰 卯 寅 丑 子
```

辛金 일간이 亥월에 생하고 癸水가 투출하여 식신격이다. 일지와 시지가 연이어 亥水이니 식상이 태과하다. 식상을 제어할 수 있는 인성 戊戌이 연주에 있으나 水 기운이 태왕한 것에 비하면 火 기운도 없어서 조금 부족하고, 결국 식상 태과의 심리를 드러낼 것이다. 이 사주의 주인공은 결혼하여 두 아이를 키우며 잘 살아오다가 40대 중반에 들어서 부인에게 한마디 상의도 없이 회사에 사표를 내고 아이들을 잘 부탁한다는 편지 한 장만 남기고 가출을 하였다. 이후 확인해보니 과소비가 심했고 사행성 오락에 빠져 더 이상 가정을 유지할 수 없을 만큼 곪아 있었다고 한다. 土를 극하는 木 대운을 지내며 더 심해졌던 것으로 보인다.

3) 재성 태과의 심리현상

사주에 재성이 왕하여 신약이 된 사주의 성격과 심리는 독특한 면이 드러난다. 대체로 밝고 웃고 다정다감한 면을 가지고 있으며 사람을 가리며 관계를 맺는 편이다. 그리고 자기 맘에 안 들거나 비위가 상한다 싶으면 이유 없는 심통을 부리는 고약한 성품이 있다. 이과적 성향으로 공학 계열에 많이 진출한다. 자기 돈은 소중하게 생각하여 계산적이고 손해 보는 일이 없다. 남자는 여자에 의지하고 집착하며 소심한 성격이고, 여자는 내조를 잘하고 재물에 집착하며 소심한 성격이다.

사례 | 재성 태과의 재다신약 남성

時	日	月	年
丁	戊	庚	丙
巳	申	子	申

戊土 일간이 子월에 생하고 申子 수국을 이루어 재격이다. 재성 水를 다스릴 土 비겁이 없고 재성 水를 설기할 관성 木은 없지만, 식상 庚金은 申에 뿌리를 두고 水를 도우니 재다신약이 되었다. 이 사주의 주인공은 공학을 전공했고 다정다감하고 사람을 가려서 관계를 맺지만 친한 사람에게는 매우 잘해주는 성향을 보였다. 하지만 돈 욕심이 많아서 남의 피해는 안중에 없고 자기 이익에 집착하는 이중성을 띠었다. 어디서든 자기와 안 맞으면 성깔을 부리는 고약한 성격이 있고, 처에 의지를 많이 하고 살며 소심한 성격의 소유자이다.

4) 관성 태과의 심리현상

관성이 태과한 사주가 제화되지 못하거나 종격을 이루지 못하면 행동에 문제가 있을 수 있다. 관성은 과도한 영웅심과 공명심, 자신감으로 나타나기 때문이다. 참고로 관성이 강한데 통제되지 못한 경우는 자신이 법을 준수해야 한다는 생각이 아니라 오히려 법을 집행하려고 하는 심리가 생긴다. 이는 사회의 법질서보다 자신이 정한 법으로 세상을 살아가려고 하는 현상이다. 즉 조직폭력배들이 자신들의 세계를 형성하는 것처럼 말이다. 다만 관성이 태과하여 일간이 관성에게 과도하게 억눌리게 되면 반대로 복종심리가 나타난다. 이 경우 과도한 충성심 등의 야비한 생존 관리를 하게 된다.

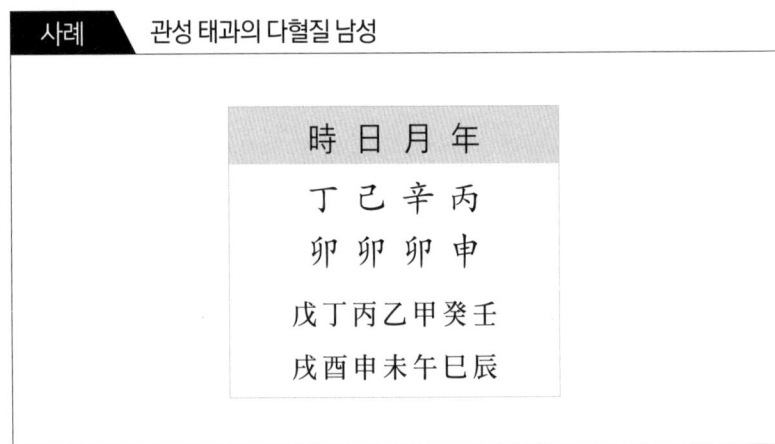

사례　관성 태과의 다혈질 남성

> 乙木 일간이 卯월에 생하여 편관격이다. 월간에 식신 辛金이 투출하였으나 연간의 丙火가 합거하여 제살할 수 없다. 시상의 丁火 편인으로 살인상생시켜야 하는데 월·일·시 모두에 木 왕지 卯木이 셋이나 놓였으니 관성은 태과하고 인성의 설기는 쉽지 않다. 이 사주의 주인공은 결혼하여 두 아이가 있었으나 이혼하였고 생을 마감할 때까지 자식과도 연락하지 않고 살았다. 다혈질 성격의 소유자로 자신이 생각하는 불의에는 참지 못하고 불같이 화를 냈으며 과도한 공명심이 있고 항상 자기 편과 남의 편을 구별하여 행동하였다. 사익을 위해서는 야비한 언행도 서슴지 않았는데 관성 태과의 어두운 면이다.

5) 인성 태과의 심리현상

인성이 태과한 사주가 재성으로 억제되지 못하면 성격적 결함이 나타날 수 있다. 인성은 일간에게만 오직 집중하지만 이것이 순수하지 못하면 강요로 느껴질 수 있기 때문이다. 이 경우 인성이 제화되지 못해 정서적 장애가 나타나는데 특히 관성을 심하게 설기하며 희생시키므로 일간의 빠른 결정력과 행동력에 장애를 일으킨다. 또 식상을 통제하여 자신감 있는 행동을 억제시키고 감성을 통제하므로 내면의 정서가 응축돼 반발심리가 작동한다.

| 사례 | 인성 태과의 심리 변화가 심한 남성 |

時	日	月	年
辛	庚	戊	辛
巳	辰	戌	丑

辛 壬 癸 甲 乙 丙 丁
卯 辰 巳 午 未 申 酉

庚金 일간이 戌월에 생하고 戊土를 투간하여 편인격이다. 인성과 겁재가 왕한데 土를 제압할 재성 木이 없고 金을 제압할 火도 부족하다. 운에서 酉가 오면 巳酉丑 금국으로 종강격이 되겠지만 木火운에는 시지의 巳와 함께 土金을 다스리는 일반격이 된다. 가종격이라고 부르는데 문제는 그러한 변화를 일간이 받아들이며 살게 되기 때문에 심리적 변화를 많이 겪는다. 이 사주의 주인공은 비교적 머리도 좋고 진로도 잘 결정한 남성이다. 결혼하여 자녀를 두었고 가정생활에 큰 문제는 없지만, 가끔 갑자기 흥분하고 아내에게 소리를 지르는 등 예측할 수 없는 행동을 보여 주변 사람을 당황하게 만들었다.

Chapter 8

십성의 긍정적·
부정적 심리

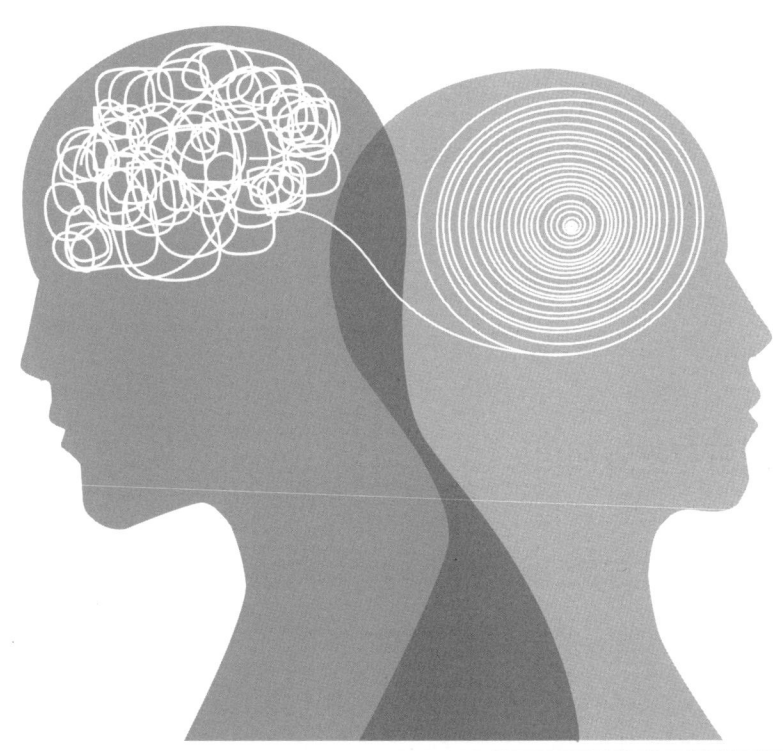

01 십성의 구조와 전통적 의미

사람은 누구나 태어나면서 인간관계를 형성한다. 가깝게는 부모, 형제를 비롯한 혈연관계부터, 친구를 비롯한 타인과의 관계들이 두루 포함된다. 세상을 살아감에 있어 자연환경을 잘 만나야 하는 것이 일차적인 요건이며, 더불어 인간적인 환경요건을 잘 타고 태어나는 것 또한 지극히 중요하다.

십성(十星)이란 사주의 다른 간지와 주체인 일간과의 관계를 나타낸 것으로 십신(十神), 육신(六神)이라고도 부르며 가족관계를 추론하므로 육친(六親)이라고도 부른다. 일간과 다른 간지와의 생극 관계, 음양의 차이를 가려 부모, 형제와 배우자, 자식 같은 혈연관계뿐만 아니라 사회적 지위와 명예, 대인관계, 지식과 기술, 권리와 의무, 의식주와 재산 등을 구분해 낼 수 있다. 십성은 일간과 오행을 가리키는 육신(六神)을 세분화한 것이기도 하다.

1) 십성의 구조와 의미

(1) 일간을 극하는 것은 관성(官星)이며 정관(正官)와 편관(偏官)을 합쳐

서 부르는 말이다. 편관(偏官)은 칠살(七殺)이라고도 한다.

(2) 일간이 극하는 것은 재성(財星)이며 정재(正財)와 편재(偏財)를 합쳐서 부르는 말이다.

(3) 일간을 생하는 것은 인성(印星)이며 정인(正印)과 편인(偏印)을 합쳐서 부르는 말이다. 정인(正印)을 인수(印綬)라고도 하며, 편인을 도식(倒食)이라고도 한다.

(4) 재관인에게는 일간과 음양이 다르면 정(正)자를 붙이고 일간과 음양이 같으면 편(偏)자를 붙인다. 재관인은 일간과 음양이 다른 것을 더 좋다 보기 때문에 좋은 것에는 정(正)자를 붙이며, 나쁜 것에는 편(偏)자를 붙인 것이다. 반대로 식신, 상관, 비견, 겁재는 일간과 음양이 같은 것이 더 좋은 작용을 하므로 정편으로 구분하지 않고 독자적인 용어를 사용했다.

(5) 십성 가운데 정관을 최고 길신으로 보았기에 정관을 극하는 십성의 명칭을 관(官)을 상하게 한다는 뜻에서 상관(傷官)이라고 하였다.

(6) 십성 가운데 편관을 가장 흉하게 보았기에 칠살(七殺)이라는 부정적인 별명이 붙었고, 포악한 칠살을 식신(食神)이 제복하므로 식신은 좋은 신(神)이라 보았다.

(7) 편인(偏印)은 포악한 칠살을 제압하는 식신을 극하는 것이므로, 밥

그릇을 엎는다는 의미에서 도식(倒食)이라는 별명을 붙이기도 하였다.

(8) 상관은 정관을 극하는 나쁜 신이고, 정인(正印)은 그런 상관을 극해서 좋은 작용이 되므로 인수(印綬)라는 좋은 별명을 붙였다.

(9) 정재는 정관을 생하는 좋은 신인데, 겁재(劫財)가 정재를 파괴하므로 재물을 겁탈한다는 의미에서 겁재라는 나쁜 이름이 붙었다.

(10) 비견(比肩)은 일간과 똑같은 음양과 오행으로 어깨를 마주 대고 화복을 같이 한다는 의미에서 좋은 이름이라 할 것이다.

2) 십성을 이용한 육친 추론

(1) 비견 : 일간과 오행이 같고 음양이 같은 것

남자 : 형제, 자매, 동창생, 친구
여자 : 형제, 자매, 시아버지, 친구, 동창생, 남편의 첩

(2) 겁재 : 일간과 오행이 같고 음양이 다른 것

남자 : 형제, 자매, 이복형제
여자 : 형제, 자매, 시아버지, 남편의 첩, 동서지간, 이복형제

(3) 식신 : 일간이 생하는 것으로 음양이 같은 것

　　남자 : 장모, 조카, 손자, 사위, 증조부

　　여자 : 딸, 아들, 증조부, 조카

(4) 상관 : 일간이 생하는 것으로 음양이 다른 것

　　남자 : 조모, 외조부, 장모

　　여자 : 아들, 딸, 조모

(5) 편재 : 일간이 극하는 것으로 음양이 같은 것

　　남자 : 부친, 첩, 애인, 형수

　　여자 : 부친, 시어머니, 백부

(6) 정재 : 일간이 극하는 것으로 음양이 다른 것

　　남자 : 처, 백부, 백모, 부친

　　여자 : 시어머니, 백부

(7) 편관 : 일간을 극하는 것으로 음양이 같은 것

　　남자 : 아들, 고조부, 매부

　　여자 : 남편, 시누이, 정부

(8) 정관 : 일간을 극하는 것으로 음양이 다른 것

    남자 : 자식, 조카, 매부

    여자 : 남편, 조모, 시숙

(9) 편인 : 일간을 생하는 것으로 음양이 같은 것

    남자 : 계모, 유모, 이모, 외숙, 조부, 장인

    여자 : 계모, 유모, 손자, 사위, 조부

(10) 정인 : 일간을 생하는 것으로 음양이 다른 것

    남자 : 모친, 장인, 이모

    여자 : 모친, 손녀

3) 십성이 용신·희신에 해당하는 경우

(1) 비겁(比劫)이 용신·희신이면 친척, 형제, 배우자, 동료, 동창생 등의 덕이 많다. 공공사업, 정당, 조합, 인권 문제, 인류학, 군·경찰, 공·관직, 공업, 단체 생활에 길하며, 독단적인 직업에서 발전한다. 자신감과 주관이 뚜렷하고, 앞장서서 행동으로 옮기는 기세가 강한 성향이다.

(2) 식상(食傷)이 용신·희신이면 자식과 후배 덕이 좋으며, 식성이 좋

고 후덕하여 인덕이 많다. 교육, 언론, 어학, 예능, 약사, 외식업, 생산, 제조, 에너지, 발명 등에서 발전한다. 부지런하고 실천적이며 희생과 봉사 정신이 배어 있어 서비스와 관용이 있는 성향이다.

(3) 재성(財星)이 용신·희신이면 처덕이 좋고 편재일 경우 부친 덕이 많으며 횡재수가 있다. 재정업무, 재무부, 은행, 금융업, 경리부, 정치, 사업가가 많다. 치밀한 계산력과 관리능력이 있으며 무슨 일이든 결과를 산출하는 실현성이 돋보이는 성향이다.

(4) 관성(官星)이 용신·희신이면 여자는 남편이 훌륭하고, 남자는 훌륭한 자손을 두게 되며 직업운이 길하다. 판사, 검사, 관공서, 정치, 행정 관료가 많다. 법을 준수하는 것이 습관화되어 있고 결단성을 갖추었으며, 윤리와 도덕 정신이 투철한 정의파 성향이다.

(5) 인성(印星)이 용신·희신이면 부모와 상사의 덕이 많고 성품이 인자하며 정직한 학자풍이다. 학문, 학자, 교사, 연구직, 공무원, 행정직 등에 종사한다. 전통의 계승을 중시하고 예의 바르며, 모든 일을 문서화하여 실수가 적고 이론에 입각한 행동을 하는 성향이다.

02 비견의 긍정적 심리와 부정적 심리

1) 비견의 긍정적 심리

- 자존심이 강하고 성취욕과 추진력이 강하다.
- 독립적인 행동이 투철하다.
- 매사 자신감 있고 주관이 뚜렷하며 사리사욕이 없다.
- 사사로운 일과 불의와는 타협하기 싫어한다.
- 주어진 일에 대하여 책임을 완수한다.
- 입바른 말을 잘하고 아부하는 것을 싫어한다.
- 작은 고통을 잘 감수하고 인내심이 강하다.
- 어려운 환경에 처해도 실의에 빠지지 않고 재생능력을 발휘한다.

| 사례 | 비견 장점의 여성 사주 |

```
時 日 月 年
辛 戊 壬 戊
酉 寅 戌 戌

戊丁丙乙甲癸
辰卯寅丑子亥
```

위 사주는 비견이 강한 사주로, 성격이 부드럽고 온화한 중 어떠한 힘든 일이 있어도 굴복하지 않는 주관적인 성격의 소유자이다. 경쟁심이 강하고 항상 긍정적으로 행동하며, 매사에 추진력이 강하다. 이 사주의 주인공은 재성 용신으로 주방 인테리어 사업을 운영하는 사람이다. 항상 창조적인 면을 발휘하며 노력하지만, 금전적인 면에 굴곡이 많은 것은 자아실현의 욕구가 강하여 나타나는 단점이다.

2) 비견의 부정적 심리

- 자존심이 강하여 시비와 투쟁을 참지 못하는 면이 많다.
- 간섭을 매우 싫어하며 주위로부터의 충고나 권유를 무시한다.
- 여자 사주에 비견, 겁재가 많으면 시어머니에게 공손하지 못하다.
- 천간에 비견이 많으면 남의 비밀을 공개하고 시비를 일삼는다.
- 매사에 걱정, 근심이 많고 감정의 기복이 심하다.

- 사주에 정관, 편관이 없으면 나쁜 언행을 절제하지 못한다.
- 참을성이 없고 조급하여 즉흥적이고 실수를 잘한다.
- 의심이 많아서 자신이 직접 하는 일 외에는 잘 믿지 않는 성격이다.
- 남녀 모두 비견, 겁재가 많으면 자기중심적이며 고집이 세다.

| 사례 | 비견 단점의 여성 사주 |

時	日	月	年
辛	辛	辛	甲
卯	酉	未	辰

乙	丙	丁	戊	己	庚
丑	寅	卯	辰	巳	午

위 사주는 일지에 통근하고 비견이 태과한데 비견을 다스려줄 관성이 전혀 없다. 자기 위주의 강한 성격으로, 이기적이어서 항상 시어머니와 불화가 끊이지 않던 중 결국 분가하였다. 이 사주의 주인공은 평소 간섭을 싫어하고, 작은 시비에도 투쟁을 서슴지 않는 사람이다. 비겁이 태과하면 안정의 욕구에 대한 불만과 실현성의 부재로, 졸렬하며 이기적이고 팽배된 불만을 표출하게 된다.

03 겁재의 긍정적 심리와 부정적 심리

1) 겁재의 긍정적 심리

- 강한 사람에게는 강하고 약한 사람에게는 측은지심이 있다.
- 신약사주에 길성이면 의학계, 기자 등 사업으로 성공한다.
- 겁재는 자존심이 강하며 성취욕과 추진력이 강하다.
- 앞장서서 행동하기를 좋아하고 독립적인 행동이 투철하다.
- 주관이 뚜렷하며 사리사욕이 없고, 불의와 타협하기 싫어한다.
- 주어진 일에 대하여 최대한 책임을 완수하려 한다.
- 바른말을 잘하고 아부하는 것을 싫어하는 성격이다.
- 직무에 최선을 다하고 타인과 경쟁력이 강한 성향이다.

| 사례 | 겁재 장점의 여성 사주 |

```
時 日 月 年
庚 戊 乙 癸
申 申 丑 丑

辛 庚 己 戊 丁 丙
未 午 巳 辰 卯 寅
```

위 사주는 戊土 일간이 丑월에 생하였으나 한습한 계절로 金水가 많고 신약하다. 겁재의 부조를 활용하면서 조후를 위한 火운을 기다린다. 사주의 주인공은 주관이 뚜렷하고 마음이 바르며, 직업에 대한 집착 또한 강하고 성실하다. 대운이 火土운으로 흐르면서 남편과 친구, 형제, 부모의 덕이 많다. 한편 남한테 지는 것은 매우 싫어하는 성격이다. 겁재가 억부 용신이므로 자아욕구가 주는 자신감과 성취하고자 하는 실현성이 고무적인 성향으로 나타난다.

2) 겁재의 부정적 심리

- 자존심이 강하므로 타인을 쉽게 무시하는 경향이 있다.
- 질투심이 많고 교만하여 불손한 성향이 짙다.
- 투쟁심이 강하며 한편으로 투기와 요행을 바란다.
- 이중인격자 기질이 다분하고 도벽성이 강하다.

- 불평과 불만을 스스로 불러와 배우자를 억압한다.
- 비견과 비슷한 성질로 부모, 형제, 친구 간에 불화가 많다.
- 겁재는 도벽의 기질이 강하며 비열하고 음흉하다.
- 겁재격은 수염이 거칠고 눈이 크고 돌출해 보이며 덩치가 크다.
- 겁재격이 충형파되면 성격이 난폭하고 건달이 된다.
- 남을 시기하고 질투하며 방해하는 것을 좋아한다.

사례 　겁재 단점의 남성 사주

```
時 日 月 年
戊 戊 辛 己
午 戌 未 亥

乙 丙 丁 戊 己 庚
丑 寅 卯 辰 巳 午
```

위 사주는 戊土 일간으로 외형적인 성격은 착하지만, 속내가 이기적이고 자기 위주이며 타인을 무시한다. 월지 겁재에 비견이 태과한 군겁쟁재(君劫爭財)의 명으로 도벽성이 강하고 재물에 욕심이 지나쳐서 대기업의 과장 자리를 박차고 나와 사업을 하였다. 그러나 결국 재산을 모두 탕진하고 사기죄로 형무소에 복역한 사람으로 형제간에도 채무 관계로 원수처럼 지내게 되었다. 겁재가 왕할 때 관성이 없다면 안정의 욕망이 무산되어 잠재의식에서 도덕성이 결여될 수 있다.

04 식신의 긍정적 심리와 부정적 심리

1) 식신의 긍정적 심리

- 식신격의 사람은 예절과 겸손을 알고 온화하다.
- 사람들에게 인기가 많고 인간관계도 원만하다.
- 성격이 관대하고 예의범절이 바르며 서비스 정신이 좋다.
- 도량이 넓으며, 문예와 기예에 능하고 식도락가이다.
- 처세술이 능통하고 대인관계가 원만하고 마무리가 깔끔하다.
- 허영과 이상보다는 현실적인 면을 추구한다.
- 과감한 결단력보다는 주변과의 화합을 도모한다.
- 총명하며 박학다식하고 연구심이 많아 창조적이다.
- 대인관계가 원만하여 주변과의 협조가 탁월하다.
- 연구직에서 능력을 발휘하며 발명가의 적성을 갖는다.
- 식신격이 잘 갖춰지면 성격이 관대하고 후덕하다.
- 여자가 식신이 있으면 직장생활 또는 자유직종이라도 일을 한다.

| 사례 | 식신 장점의 남성 사주 |

```
時 日 月 年
丙 甲 辛 壬
寅 子 亥 辰

戊丁丙乙甲癸壬
午巳辰卯寅丑子
```

위 사주는 甲木 일간이 亥月에 생하고 인수 水가 왕한데 시상의 丙火 식신으로 목화통명(木火通明)되니 아름답다. 항상 예의가 바르고 자신의 미래를 위해 연구하는 총명하고 인품이 좋은 사람으로서 현직 영어 교사로 재직하고 있으며 미래 대학교수를 목표로 대학원 박사과정을 마쳤다. 이 사주의 식신은 사주 체성의 전반적인 조후도 병행하므로 미래의 삶과 환경에 대한 끊임없는 친화성의 에너지가 된다.

2) 식신의 부정적 심리

- 식신과 상관이 혼잡하고 태과하면 성격이 괴팍하다.
- 앞서기를 좋아하고, 잘 나서는 성향이 있다.
- 소비가 심하고 멋을 부리며 허례허식이 많다.
- 이론과 말이 앞서고 행동과 실천은 잘 안 된다.
- 바른말을 잘하고 잘난 체하며 허풍이 심하다.

- 수입을 계산하지 않고 쓰고 보는 형이며 싫증을 잘 느낀다.
- 일은 잘 벌이지만 인내심이 부족하고 마무리를 못 한다.
- 식욕이 좋고 부지런하지만, 절제를 못 하여 허무하다.
- 여명에 식신이 태왕하면 정조가 없고 화류계에 종사한다.
- 화려하고 변덕이 심하며 기분 내키는 대로 언행한다.
- 식신이 많고 편관을 극하면 결단성이 없고 무능하다.
- 식상이 혼잡되면 뜻은 커도 실천이 어렵고, 쉽게 만족할 줄 모른다.

사례	식신 단점의 남성 사주

時	日	月	年
辛	壬	甲	辛
亥	寅	寅	丑

戊	己	庚	辛	壬	癸
申	酉	戌	亥	子	丑

위 사주는 壬水 일간이 甲寅월에 생하여 식신격이다. 신약한데 식신이 과다하여 매사 생각하는 것이 허황되고 현실성이 없다. 또한 결단성과 주체성이 없어서 자주적이지 못하고 항상 타인의 분위기에 휩쓸려 풍류를 즐기고 여색을 좋아하는 사람이다. 다만 기술은 있고 사람의 심성은 좋아서 일감은 늘 제공되는데 저축은 못 하고 그럭저럭 살아간다. 식신이 태과하면 친화력의 과다 소용으로 관성을 극하니 안정의 욕구가 파괴되며, 이는 준법과 도덕성 해이로 나타나 허황된 삶이 되는 것이다.

05 상관의 긍정적 심리와 부정적 심리

1) 상관의 긍정적 심리

- 총명하고 영리하여 다방면으로 능력을 인정받는다.
- 자존심이 강하고 승부욕이 매우 강하며 부지런하다.
- 임기응변이 좋아 무슨 일이든 감당해낼 수 있는 능력이 있다.
- 획기적인 아이디어를 잘 창출해낸다.
- 논리적이며 지적이고 세련된 멋쟁이다.
- 예지 능력이 탁월하고 총명하며 박학다식하다.
- 언변이 뛰어나 상대방을 말로 잘 설득한다.
- 지지의 상관은 총명하고 창의력과 생산 능력이 좋다.
- 발명가, 연예계 및 예술가가 많다.
- 사교성이 좋아서 대인관계에 능력을 발휘한다.
- 처세술과 설득력이 뛰어나 업무처리에 능숙하다.

사례 　상관 장점의 남성 사주

```
時 日 月 年
甲 癸 甲 乙
寅 酉 申 酉
戊 己 庚 辛 壬 癸
寅 卯 辰 巳 午 未
```

위 사주는 癸水 일간이 申월에 태어나 인수격이며 신강하니 甲木 상관을 용신으로 쓴다. 모든 일에 부지런하고 적극적이며 활동적인 사람으로, 언변이 뛰어나 상대방을 말로 잘 설득하는 장점을 갖추었다. 사주의 주인공은 논리적이고 획기적인 아이디어 창출로 인정받는 모 광고회사의 간부이다. 상관은 지적자산으로 대중과의 사교적 교류에서 그 효용가치가 발현되므로 친화적 욕구가 팽배하여 있다.

2) 상관의 부정적 심리

- 총명하고 재주는 뛰어나나 온화하지 않고 거만 불손하다.
- 비밀을 간직하지 못하거나, 다른 사람의 자존심을 상하게 한다.
- 이해타산이 빠르며 목적 달성을 위해 빠르게 행동한다.
- 다른 사람의 능력을 무시하거나 인정하지 않는 성격이 강하다.
- 화려한 것을 좋아하고 시비를 가리는 것을 좋아한다.
- 말이 많고 불평불만을 참지 못하는 성격이다.

- 자신의 감정을 모두 표현해야 직성이 풀린다.

- 화려하며 요사스럽고 변덕스럽다.

- 강자에게는 강하고 약자에게는 동정심을 유발한다.

- 허영심이 많고 사치와 낭비벽이 많다.

- 천간의 상관은 무례하고 오만 불순한 기질이 많다.

- 신약한 사주에 상관격은 말이 많고 입이 가볍다.

- 상관격이거나 상관이 많으면 이중인격자가 많다.

사례 　상관 단점의 여성 사주

時	日	月	年
辛	丙	己	癸
卯	戌	未	巳

乙	甲	癸	壬	辛	庚
丑	子	亥	戌	酉	申

위 사주는 丙火 일간이 未월에 생하고 己土를 투간하여 상관격이다. 시지의 卯木 인수로 상관을 제압해야 하는데 재극인을 받아 상신 인수가 힘이 약하다. 특히 未월이라 조열한 환경의 사주이다. 사주의 주인공은 매사 거짓말을 잘하며 약속을 지킬 줄 모르며, 변덕스럽고, 허영심과 낭비벽으로 인해 재산을 탕진하고 유흥에 심취하여 가정을 등한시하다 결국 자식을 두고 남편에게 이혼당한 여자다. 식상 태과로 인하여 친화력이 과다 소용되고 관성을 극하게 되니 안정의 욕구가 파괴되어 나타나며, 이는 곧 법과 도덕성 해이로 나타나 허황된 삶이 되는 것이다.

06 편재의 긍정적 심리와 부정적 심리

1) 편재의 긍정적 심리

- 편재는 재물에 대해서 아이디어와 요령이 좋다.
- 재물을 관리하는 능력이 뛰어나 큰돈을 유용하는 재능이 있다.
- 다른 사람에게 도움받는 것을 싫어한다.
- 계산이 빠르며 돈 버는 기술이 탁월하다.
- 요령이 많은 재주꾼이며 개척 정신이 뛰어나다.
- 신강 사주에 재가 강하면 성품이 곧고 인정이 많다.
- 파산했다가도 즉시 재기하는 능력과 용기를 지녔다.
- 사주 체성이 좋으면 인정이 많아 자선사업을 잘한다.
- 작은 일에 신용을 잘 지켜 큰일에 이용한다.
- 기회, 심리, 형세를 응용하여 돈을 번다.
- 생활 습관에 있어서 잠자는 시간이 보통 사람과 다르다.

| 사례 | 편재 장점의 여성 사주 |

```
時 日 月 年
乙 壬 辛 庚
巳 寅 巳 子

乙 丙 丁 戊 己 庚
亥 子 丑 寅 卯 辰
```

위 사주는 壬水 일간이 巳월에 태어나 편재격으로 신약하나 활동적이고, 유동적 기질이 강해 통솔력이 탁월하고 투기를 좋아하며, 계산이 빠르고 사업수완이 비범하다. 흉운에 다소 어려움을 겪었으나 丁丑 대운에 이르자 원국 편재가 탁월한 수완을 발휘하여 다단계 사업을 통해 번창하고 있는 사람이다. 재성은 물질적 충족과 원하는 욕심의 결과를 낳게 해주는 실현성으로, 용신이 뚜렷할 경우 신약의 명이라 할지라도 운에 따라 좋은 결과를 얻는다.

2) 편재의 부정적 심리

- 가무와 풍류를 즐기며 즉흥적으로 일을 처리하는 기질이 많다.
- 통이 크고 일확천금을 노리는 기질이 강하다.
- 편재격의 사업가는 악의 없는 거짓말을 종종 한다.
- 신왕하고 재가 왕하면 낙천적인 기질로 풍류를 즐긴다.

- 재물에 대한 집착심이 강하나, 때에 따라서는 돈을 경시한다.
- 민첩한 성격과 재능은 있으나 지구력이 없다.
- 자유롭고 개방적이며 작은 일에 구애받지 않는 성격이다.
- 남을 도와주기를 좋아하지만, 그것은 기분에 의해 좌우된다.
- 언어가 낙천적이며 과장되고 경솔한 면도 있어 사기성이 있다.
- 타인의 아첨을 좋아하고 대범한 척 인색하지 않은 티를 낸다.
- 대체로 말주변이 좋고 허풍과 큰소리를 잘 친다.

사례 | 편재 단점의 남성 사주

時	日	月	年
丙	丙	己	庚
申	寅	卯	寅

乙 甲 癸 壬 辛 庚
酉 申 未 午 巳 辰

위 사주는 丙火 일간이 卯월에 태어나 인수격이고, 인성이 태과한 신강 사주라서 庚申金 편재를 용신으로 쓴다. 비겁이 많아서 형제도 많은데 7남매 중 장남으로 태어났다. 또 슬하에 1남 3녀를 둔 사람으로 시지 申金 편재를 용신으로 쓰나 욕심이 과하고 성질이 별나서 사람을 못 믿으며, 한탕주의로 전국을 혼자서 누비고 다니는 실속 없는 사람이다. 인비가 많으면 실현의 욕구불만이 팽배해지므로 그 욕구를 채우기 위해 무모한 행동을 하는 2차적 부작용이 표출되는 것이다.

07 정재의 긍정적 심리와 부정적 심리

1) 정재의 긍정적 심리

- 정확하고 성실하며 실수를 용납하지 않는다.
- 거짓말을 싫어하고 고지식한 성품을 지녔다.
- 성실하므로 의식주에 대한 걱정이 없다.
- 직장생활에 충실하고 시간 약속을 어기는 법이 없다.
- 부당한 재물이나 노력한 대가 이상의 재물은 원하지 않는다.
- 검소한 저축 생활로 주변 사람들로부터 존경을 받는다.
- 통솔력이 좋고 경영 능력이 좋아 이익 창출을 잘한다.
- 기획력이 있고 업무수행 능력이 안정적이다.
- 천성이 꼼꼼하고 치밀하여 실언과 실수를 하지 않는다.
- 숫자에 정확성이 있어 경리, 기획, 회계업무 등에 능하다.
- 정재가 있으면 단정하고 신용이 있고, 검소하고 신중하다.

| 사례 | 정재 장점의 남성 사주 |

```
時 日 月 年
己 己 壬 己
巳 卯 申 亥

乙 丙 丁 戊 己 庚 辛
丑 寅 卯 辰 巳 午 未
```

위 사주는 己土 일간이 상관생재를 이룬 격이다. 신약의 명이나 대운이 용신 火운으로 향하자 탁월한 경영 능력을 보이며 안정적 이익 창출을 꾀한 사람으로 섬유 사업으로 수십억의 재산을 축적했다. 평소 거짓과 투쟁을 싫어하는 성격으로 대인관계가 아주 원만하다. 상관생재로 안정적인 친화적 욕구와 실현의 욕구가 충족된 예이다.

2) 정재의 부정적 심리

- 남명의 신약 사주에 재성이 태왕하면 단명하게 된다.
- 정재가 뿌리 없이 천간에만 있으면 부자가 못 된다.
- 비겁이 많고 재성이 약하면 가난하고 천할 수 있다.
- 재성이 辰戌丑未 고(庫)에 있으면 돈 쓸 줄을 모른다.
- 정재가 태왕하면 주관과 결단성이 없다.
- 재다신약 사주는 처가 실권을 쥐고 있어 공처가가 된다.

- 이해득실은 빠르나 최종 결론을 내리는 적기를 놓친다.

- 고지식하여 원리원칙을 고수하고 융통성이 없다.

- 너무 정확한 계산으로 인심이 박하고 인색하다.

- 양보심이 적고 자신의 실리에 집착하여 큰 것을 놓친다.

사례   정재 단점의 남성 사주

```
時 日 月 年
甲 甲 丁 己
子 午 丑 亥

辛 壬 癸 甲 乙 丙
未 申 酉 戌 亥 子
```

위 사주는 甲木 일간이 丑월에 태어나고 己土가 투간하여 정재격이다. 평소 마음은 어질고 착한 모습이나 실상은 매우 고지식하고 소심한 성격으로, 늘 이해득실만 생각하다가 모든 일에 결과를 못 내고 포기하는 습성으로 자주 직업을 변경한 사람이다. 丁火 상관이 투출하여 총명할 것 같으나 子午 충으로 뿌리를 잃어 단점이 드러나는 예이다. 식상 친화적 욕구의 결함은 이렇게 활동의 제약을 초래한다는 것을 알 수 있다.

08 편관의 긍정적 심리와 부정적 심리

1) 편관의 긍정적 심리

- 책임감이 강하며 조직 생활에 적합하다.
- 강한 의협심으로 강자에게서 약자를 보호하는 기질이 있다.
- 권위적이고 총명하며 결단성이 뛰어나다.
- 자신의 감정 표현을 분명히 하고, 담백한 면이 있다.
- 편관은 개척 정신과 모험심, 의협심이 있다.
- 편관에 겁재가 있으면 위엄 있고 당당한 면모가 있다.
- 무관으로 성공하거나 명성을 얻는 자가 많다.
- 편관이 용신이면 승진의 행운이 따른다.
- 편관이 시간에 있으면 성격이 곧고 의지를 관철하는 성격이다.

| 사례 | 편관 장점의 남성 사주 |

```
時 日 月 年
丙 庚 戊 辛
子 辰 戌 丑
壬癸甲乙丙丁
辰巳午未申酉
```

위 사주는 庚金 일간이 신강하여 시상 편관을 용신한다. 양 일간의 편관 격으로 권위적이며, 불의를 보고 참지 못하는 성품으로 말보다 행동으로 보여주는 카리스마를 지닌다. 이 사주의 주인공은 공학을 전공한 장교 출신으로 컨테이너를 제작하는 중국합작회사 간부로, 현재 해외 파견근무를 하고 있는 사람이다. 관성은 사주가 신강할 경우 나타나는 자아 과욕을 억제하는 안정적 요소를 부여하여, 결과에 승복하고 사리 판단을 명료하게 해주는 담백한 결단성을 제공한다.

2) 편관의 부정적 심리

- 타협을 싫어하고 투쟁심과 진보적 기질이 강하다.
- 상대방을 은근히 무시하고 멸시하는 기질이 있다.
- 다른 사람에게 부탁하는 것을 싫어하며 성질이 급하다.
- 권모술수에 능하고 목적 달성을 위해 수단과 방법을 안 가린다.

- 이론과 타협보다는 먼저 행동으로 해결하려 한다.
- 조급하고 한쪽으로 치우쳐 시비가 잦고 형액을 당한다.
- 편관의 속성은 난폭하고 깡패의 기질이 있다.
- 고집이 세고 타협을 모르고 반항을 잘한다.
- 타인의 사건에 끼어들어 구설을 자처한다.
- 권모술수에 능하고 위선과 허풍이 강하다.
- 나서기를 좋아하고 거드름을 잘 피운다.
- 신약 사주에 편관이 강하면 도둑의 근성이 있다.
- 신강 사주에 편관이 약하면 무능하고 게으르다.
- 일지 편관이면 똑똑하나 고집이 세다.

사례   편관 단점의 여성 사주

時	日	月	年
甲	癸	己	癸
寅	丑	未	丑

乙	甲	癸	壬	辛	庚
丑	子	亥	戌	酉	申

위 사주는 癸水 일간이 未월에 태어나 己土를 투간하여 편관격이다. 시상 甲木을 용신하여 제살하고 비견 癸水로 甲木을 생조하는 상관제살격이다. 그러나 안타깝게도 壬戌 대운은 관살이 더욱 가중되고 丑戌未 삼

형까지 더해지니, 이성 문제와 카드 연체로 관재구설의 위기에 처하게 된다. 지나치게 관성이 강할 경우 자신감과 정직성을 주관하는 자아 욕구를 파괴하므로, 일간은 오히려 법과 도리를 지키는 중용을 잃게 된다. 곧 자존심을 지킬 수 없다는 강박심리가 탈피라는 부작용으로 나타나 더 반항적이 되는 것이다.

09 정관의 긍정적 심리와 부정적 심리

1) 정관의 긍정적 심리

- 품위와 인격이 잘 갖추어져 있고, 자비와 도덕심이 강하다.
- 명예와 질서를 존중하고 공정한 일 처리로 타인의 모범이 된다.
- 모든 일에 모범적이고 비리를 척결하는 청렴결백한 성격이다.
- 도덕과 윤리 의식이 투철하고 준법정신을 중요시한다.
- 명예, 충성, 공익정신, 공명심을 추구하니 군자의 상이다.
- 교만하지 않고 중간에서 조정을 잘하는 중용의 정신이 있다.
- 책임감이 강하고 조직에서 상사를 잘 모신다.
- 인품이 수려하고 귀한 용모와 중후한 성품의 소유자다.

| 사례 | 정관 장점의 남성 사주 |

```
時 日 月 年
壬 丁 庚 辛
寅 亥 寅 丑

甲乙丙丁戊己
申酉戌亥子丑
```

위 사주는 丁火 일간이 寅월에 생하여 인수격이고, 시간의 壬水 정관을 상신으로 쓴다. 정직하고 고귀한 성품에 준법정신과 자존심이 강하며, 원리원칙을 중시하는 한편 대인관계가 원만하다. 이 사주의 주인공은 일찍 모친과 인연이 끊기고 계모 슬하에서 성장했으나 丁亥 대운이고 26세 되는 해에 사법시험에 합격하여 판사가 되었다. 인수격으로 신강한 일간에게 정관은 올바른 통제와 통솔력을 고취시키므로 안정의 욕구를 배양하게 한다.

2) 정관의 부정적 심리

- 정관은 자존심이 강하고 지나치게 원리원칙대로 한다.
- 자존심이 강하여 관용과 이해가 부족하다.
- 정확한 자기 관리로 주변 사람들이 피곤할 수 있다.
- 정관이 태과하면 성정이 편협하며 무능하다.

- 정관격에 신약하면 성공이 따르지 않게 된다.
- 융통성이 부족하여 큰일에 방해가 된다.
- 수단이 없어서 한 가지 일에만 집중한다.
- 소심하고 옹졸하며 변화에 취약한 성격이다.
- 환경에 적응 능력이 부족하여 갈등을 많이 겪는다.
- 자신이 하는 일을 인정받지 못하면 심히 고민에 빠진다.

사례 | 정관 단점의 남성 사주

時	日	月	年
庚	癸	戊	己
申	未	辰	亥

壬 癸 甲 乙 丙 丁
戌 亥 子 丑 寅 卯

위 사주는 정관격이 신약하여 시상의 庚金 인성을 용신한다. 장교 출신으로 자동차 판매사업을 하였으나 성정이 곧고, 정직하며, 너무 고지식하여 융통성 없는 자기 스타일로 사업을 하다가 재산을 모두 탕진하였다. 식상과 재성이 투출하지 않았으니 대인관계에 친화력이 없고, 결과를 내는 실현성이 결여되는 부작용이 나타난 것이다.

10. 편인의 긍정적 심리와 부정적 심리

1) 편인의 긍정적 심리

- 재치 있고, 순간 발상과 임기응변이 탁월하다.
- 기회 포착을 잘하며 예·체능에서 탁월한 능력을 발휘한다.
- 종교에 심취하고 신앙심이 두텁다.
- 밝고 명랑하며 기분파로 분위기를 잘 맞춘다.
- 자신이 원하는 일에는 매우 적극적이다.
- 융통성이 많고 희생과 배려심이 강하다.
- 자신보다 남을 위해 헌신하는 일에 앞장서는 성격이다.
- 주어진 기회가 있으면 적극적으로 활용한다.
- 다재다능하여 어느 곳에서도 잘 화합한다.
- 두 가지 직업을 잘 소화하는 능력이 있다.

| 사례 | 편인 장점의 여성 사주 |

```
時 日 月 年
戊 丙 辛 辛
戌 寅 丑 丑

戊 丁 丙 乙 甲 癸 壬
申 未 午 巳 辰 卯 寅
```

위 사주는 丙火 일간이 丑월에 생하여 상관격이고, 신약하니 일지 寅木 편인을 상신으로 쓴다. 편인은 순발력과 재치가 있으며 또한 종교성이 강하며 예술과 명리학에도 능통하였다. 사주의 주인공은 대학교에서 명리학을 전공하였고, 학문이 크게 발전하고 있었던 사람이다. 대운이 木火운으로 향하여 용신이 힘을 얻고, 원국의 상관생재가 원활해지니 친화력이 두드러지고 실현의 욕구가 충족되는 결과가 예견된다.

2) 편인의 부정적 심리

- 매사에 기회주의적이며 자기 것만 챙기는 성향이 있다.
- 사치와 허례허식이 강하고 고독하며 외로운 성격이다.
- 불평불만이나 의심이 많아서 인간관계가 불안하다.
- 시작은 적극적이나 마무리가 미흡하여 매사가 용두사미이다.
- 계략을 잘 꾸미지만 초지일관하지 못한다.

- 신경이 예민하고 남의 탓을 잘하는 성격이다.
- 솔직하지 못하고 비밀이 많고 숨기는 것이 많다.
- 나서기를 좋아하고 남의 일에 참견을 잘한다.
- 눈치가 빠르고 위선적이며 임기응변에 능하다.
- 부부 관계에 불화가 많고 변태성 욕구가 있다.
- 괴상한 망상과 행동으로 망신이 따르는 경우가 있다.
- 즉흥적인 일을 벌이고 유종의 미를 거두지 못한다.
- 상대방을 교묘히 농락, 희롱하는 기질이 있다.
- 스스로 오버하여 자기 꾀에 빠져 화를 당한다.

사례 | 편인 단점의 남성 사주

```
時 日 月 年
己 丙 丙 己
亥 子 寅 亥

庚 辛 壬 癸 甲 乙
申 酉 戌 亥 子 丑
```

위 사주는 丙火 일간이 寅월에 생하여 득령하였고 편인의 체상을 가진다. 지지로 관살이 태과하고, 연간과 시간으로 상관 己土가 뿌리도 없이 상관견관하여 남의 일에 말참견을 잘한다. 또 귀가 얇아서 남의 말만 듣고 매사 두서없이 조급하게 일을 벌이지만 금방 싫증 내는 성격으로 늘 유종의 미를 거두지 못하여 많은 재산을 탕진하였다. 현재는 일정한 직업도 없이 잡신에 홀려서 도인 행세를 하고 다니는 사람이다. 재성이 없는 명이 지지에 식상의 뿌리까지 없으면 실현성이 결여되는데 명리학을 미리 접하고 대안을 미리 준비했더라면 재산을 지킬 수 있지 않았을까 하는 아쉬움이 남는다.

11 정인의 긍정적 심리와 부정적 심리

1) 정인의 긍정적 심리

- 학문과 재능 및 인의를 존중하는 성격으로 인정이 많다.
- 종교적인 자비심과 봉사 정신이 많은 사람이다.
- 전통과 명예를 지키려는 선비 기질이 강하고 보수적인 성격이다.
- 어머니와 같이 편안하고 지혜로우며 단정하다.
- 박학다식하며 성품이 인자하고, 마음이 너그럽고 사려가 깊다.
- 생각이 깊고 총명하며, 윗사람을 섬길 줄 안다.
- 정직하며 예의가 바르고 효성이 강하다.
- 인품이 중후하고 군자지도의 형이다.
- 사리가 밝고 신의를 소중히 하며 밝은 성격으로 잘 웃는다.
- 학문에 재능을 발휘하고 자존심이 강하며 명분을 중시한다.

| 사례 | 정인 장점의 남성 사주 |

```
時 日 月 年
丙 己 癸 丙
寅 亥 巳 寅

庚 己 戊 丁 丙 乙 甲
子 亥 戌 酉 申 未 午
```

위 사주는 己土 일간이 巳월에 생하고 丙火를 투간하여 정인격이다. 완고하면서도 고결한 성품과 인품을 두루 갖추었고, 항상 자신의 주변을 청빈하게 하였으며 재물보다는 명예를 추구하면서 학문을 가까이 한 인물이다. 이 사주의 주인공은 박정희 대통령 시절 경제수석 보좌관을 역임한 사람이다. 인성은 일간에게 근본적인 생명의 줄기로서 모든 에너지의 원천적 공급처이며, 과거와 현실을 보는 논리적 의식이 탁월하다.

2) 정인의 부정적 심리

- 정인격은 구두쇠이며 이기주의적인 성향이 많다.
- 인성이 태과하면 자존심과 고집이 세다.
- 가치관의 혼란과 쓸데없는 생각으로 머릿속이 항상 복잡하다.
- 재물에 대해 인색해지기 쉽고, 이기적인 면이 강하다.

- 자신의 실력을 너무 믿고 외골수적인 편협한 생각을 한다.
- 매사에 계획과 설계는 좋으나 실천력이 약하고 행동이 느리다.
- 정직하나 매사에 고지식하며, 융통성이 부족하다.
- 인수가 태과하면 재물에 인색하고 이기적이다.
- 인수가 태과하면 나태하고 게으르며 의존적이다.
- 신약한 사주에 인수가 없으면 기억력이 약하다.
- 신강한 사주에 인수가 없으면 끈기가 없고 조급하다.
- 인수가 많으면 예술적 재능과 글재주가 있지만 큰 복은 없다.
- 인수가 많으면 마마보이 기질이 많다.

사례 정인 단점의 남성 사주

```
時 日 月 年
甲 丁 戊 乙
辰 亥 寅 丑

辛 壬 癸 甲 乙 丙 丁
未 申 酉 戌 亥 子 丑
```

위 사주는 丁火 일간이 寅월에 생하고 甲木 투간하여 정인격이다. 그런데 월간에 戊土 상관도 투간하니 상관격도 되어 겸격이고 인극상 구조이다. 언행이 방자하며 제멋대로 일을 처리하고, 매우 이기적이다. 재물에 인색하여 자신의 것은 적은 돈이라도 끝까지 받아내고야 만다. 이 사

> 주의 주인공은 청년 시절 교사 생활을 하다가 6·25전쟁 때 월남했는데, 너무 고지식하고 융통성이 부족한 것은 정인격에서 드러나고, 亥 중 壬水 정관도 지나친 안정의 욕구로 나타나 고정관념을 더 강화했다.

Chapter 9

십성의 강약에 따른 심리와 대응

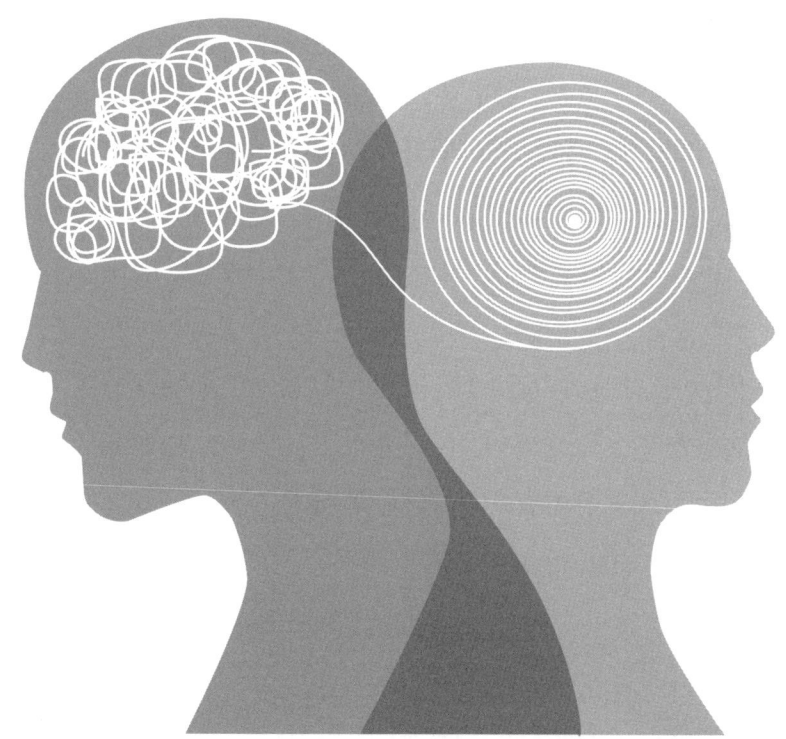

01 십성의 강약에 따른 증후군

　십성의 강약에 따른 증후군이란, 사주에서 지나치게 강한 혹은 지나치게 약한 오행이 어떤 십성에 해당하는지에 따라 이차적으로 드러나는 심리적 결함을 말한다. 사주에서 대체로 중화를 못 이루거나 편고된 오행의 강약은 그 정도의 차이에 따라 다르겠지만 분명하게 성격, 행동, 습관으로 나타나게 된다. 즉, 사회생활과 인간관계, 학업, 이성, 직업, 적성, 사업, 성패 등의 여러 가지 형태로 부정적 성향을 드러낸다. 또는 일정하게 잠재되어 있다가 대운 및 세운과의 연동 작용으로 길흉으로 나타나 영향을 미치게 된다.

　사주 분석을 통하여 이런 결함으로 나타나는 것을 정확히 파악할 수 있다면, 한 사람의 단점을 훌륭하게 보완할 수 있다. 십성을 대입한 오행의 과부족에 따라 상대성으로 나타날 수 있는 증후군을 분석하여 거기에 적합한 양육, 교육, 인간관계, 직업적성에 대한 대안과 방안을 제시할 수 있으니, 한 사람의 행복을 구현할 수 있는 인간 정보를 제공할 수 있는 것이다. 아울러 청소년에게 알맞은 교육 방법과 인간관계와 직업적성을 제공할 수 있고, 중년의 어른들도 이미 잘못된 자신의 습관과 부적합한 직업으로 실패했을 때는 여기에서 제시하는 대응방법으로 이를테면 의식개선이 이루어질 수 있다.

사주를 살펴서 운명을 개선하는 것은 곧 인생을 조언하고 심리를 치료하는 것과 같으므로 공부하는 사람은 여기에 중점을 두고 익혀 사람들에게 조금이나마 바른길로 안내하는 명리학자의 본분을 지킬 수 있다면 좋겠다.

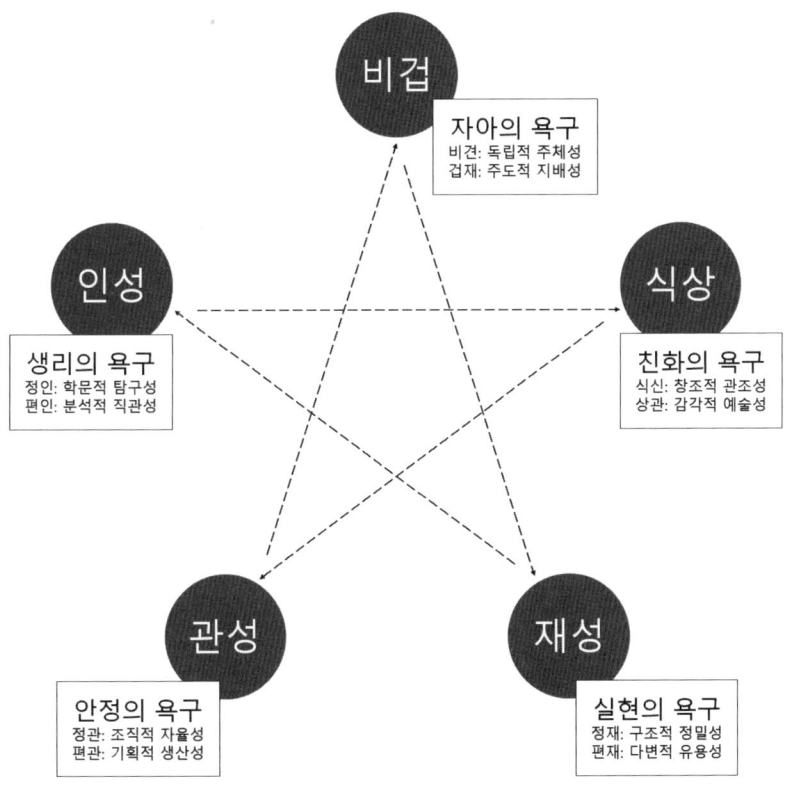

02. 비겁의 강약에 따른 심리와 대응

비겁의 특징적 구조는 동질성과 경쟁성의 에너지를 근원으로 한다. 따라서 모든 구도에서 일차적으로 힘의 지배적 관계 또는 자기중심적 관계를 형성하려는 생리를 지닌다. 비겁의 생리는 갈등과 긴장을 생태적 조건으로 전제하게 된다. 그러므로 긍정적 구도에서는 무엇이든 이룰 수 있는 가동성을 지니고, 부정적으로는 쟁탈과 악순환, 박탈 또는 공격성으로 발현된다. 비겁 주변 십성의 상호 교감과 상응에 따라 분석은 다양하게 전개된다.

1) 비겁의 강약에 따른 심리

(1) 비겁이 약할 때

원초적 의지, 독자적 생존 의지의 취약으로 부여된 의무를 수행하려는 의욕 또한 약하다. 따라서 적극성과 의지의 실행력이 낮고, 현실에 대한 회의적 심리구조를 나타낸다.

- 인내심이 약하고 소극적이며 복종적이다.
- 관살에 대항할 능력이 약하여 피해의식이 강하다.
- 겁이 많고 자신감이 부족하여 의존적인 성향이 강하다.
- 비굴하고 비겁한 면이 있으며 기회주의에 강하다.
- 아부를 잘하고 비밀과 약속을 지키지 못하여 신용이 없다.

(2) 비겁이 강할 때

부여된 의무보다 개인적 욕망 실현을 생존 수단으로 한다. 따라서 타인과의 경쟁적 갈등을 이루는 심리구조이다.

- 재성을 극하므로 우월 의식이 잠재되어 있다.
- 독립심이 강하고 자기 위주로 생각하며, 이기적이다.
- 매사 혼자 결정하고 모두 경쟁상대로 의식하기에 외롭고 고독하다.
- 고독하고 슬픈 속내를 갖고 있으나 표현하지 않으려 한다.
- 너무 자신감이 넘쳐 자만하게 행동하다 어려움을 겪는다.

2) 비겁의 강약에 따른 증후군

(1) 비겁이 약할 때

자생력이 약한 구조이다. 환경과 지배 세력에 대한 불안과 미래 불안성으로 현실로부터 도피하려는 형태의 강박성 심리 현상을 보인다.

- 주관성 결여
- 인내력 약화
- 소극적 행동
- 우유부단한 심성

(2) 비겁이 강할 때

독자적이고 경쟁성이 강한 심리로서 안정된 환경보다 모험과 감행의 의지를 보인다. 무모한 실천력으로 갈등을 빚는 인간관계를 이룬다.

- 자만심 팽배
- 재물 경시
- 독단적 행동
- 과잉 통제력

3) 심리적 증후군에 대한 대응책

(1) 부모의 바른 양육 태도

비겁이 약할 때

- 강한 자긍심과 할 수 있는 기회 또는 특기 계발을 위한 기회를 제공해 주어야 한다.
- 긍정적인 마음가짐과 자신감을 길러주도록 한다.
- 자신이 하는 일에 대한 책임을 지고, 결과물을 만들도록 격려한다.
- 친구들과 잘 어울리도록 도움을 주고 공동의식을 부여한다.

비겁이 강할 때

- 자기의 주관적 사고에 의하기 때문에 외부 통제나 관여에 반발한다.
- 개성을 존중하는 범주에서의 유연한 독려로 진행한다.
- 되는 일과 안 되는 일에 대하여 분명한 선을 지킨다.
- 장점을 살리며 타협하고 양보하는 심성을 길러준다.
- 지나친 통제보다 칭찬하고 배려하여 인간애를 심어 준다.

(2) 바른 교육방법

비겁이 약할 때

- 주입식 교육보다 객관적인 전개 방식의 시청각적 교육으로 접근한다.
- 스스로 상황에 몰입할 수 있도록 유도한다.
- 이론보다 행동과 결과를 우선하는 현장학습과 체험학습을 우선적으로 한다.
- 영웅전, 성공 전기 등의 서적을 많이 읽게 한다.
- 약속을 지키도록 유도하며 함께하는 교육체계가 좋다.

비겁이 강할 때

- 하고자 하는 일부터 먼저 하도록 관용성을 보인다.
- 감정과 욕구의 순환을 돕는 방법으로 유도한다.
- 이해력과 포용력을 기를 수 있는 교육환경을 제공한다.
- 박애 정신을 실천하도록 노력하며, 역사와 전통문화에 관한 교양 교육이 필요하다.
- 개인의 특기를 장점으로 살릴 수 있는 교육이 도움이 된다.

(3) 인간관계 대응

비겁이 약할 때

- 스스로 소외상황 또는 특정인과의 편향적 교우관계를 갖는다.
- 가족적 분위기에서 자긍심을 일깨워 주도록 한다.
- 많은 사람과 의형제를 맺고 협력하는 것을 생활화한다.
- 독단적 언행을 피하고 대중의 다수 의견에 동참한다.
- 지킬 수 있는 약속과 지키지 못할 약속을 분명하게 한다.

비겁이 강할 때

- 독자적이고 경쟁심이 강하여 상호화합보다 자기중심적 독자 체계를 추구한다.
- 맴버십, 팀워크를 강조, 함양시키는 것이 필요하다.
- 상대를 무시하지 말고 관용과 이해로 남을 포용하도록 한다.
- 자존심을 앞세우지 말고 충고나 충언을 귀담아 듣는다.
- 강한 상대를 적대시하지 말고 남도 나를 이해하고 있다는 마음가짐을 가지는 것이 좋다.

(4) 직업적성 대응

비겁이 약할 때

- 자생력과 지구력 약하기 때문에 조직체계에 종사하도록 한다.
- 관리직, 책임자, 사업, 경호 등은 불리하다.
- 기술직, 역사, 지리, 의학계, 동업, 대리점 등이 좋다.
- 개인 사업보다 직장생활이나 위탁관리직이 최선이다.

비겁이 강할 때

- 지배적 성향이 강하기 때문에 독자적 영역을 구축할 수 있는 전문성을 갖도록 한다.
- 동업, 관공직, 서비스, 명령체계는 부적합하다.
- 기자, 대리점, 의학, 기술, 관리, 스포츠, 경영 등이 좋다.
- 개인적인 공간에서 주관적으로 개척하는 직업이 적합하다.

03 식상의 강약에 따른 심리와 대응

식상은 재능의 이미지 체계, 즉 감성과 감정의 순환 장치로서 내면의 잠재된 감정 영역의 욕구, 가치, 갈등, 상상, 현시성, 호의 등이 표현 욕구의 다양한 모드를 통해 전환 표출시키는 정신의 한 기능을 뜻한다. 따라서 심리적 지원에 있어서 식상 주변의 십성 상호 교감과 상응 조건에 따라 심리작용을 추적하고 변용하여 활용한다.

1) 식상의 강약에 따른 심리

(1) 식상이 약할 때

감정순환의 호환이 이루어지지 않으므로 정서불안정, 자폐증, 우울증 등으로 자기 감정 은폐에 이른다.

- 희생과 양보심이 결여되어 있어서 이기적인 성향이 강하다.
- 진보적이지 못하고 현실감이 부족하여 능력 발휘가 안 된다.
- 표현력이 부족하며 대인관계가 원만하지 못한 경우가 많다.

- 선심에 약하여 결국 타인들에게 배려와 사랑을 못 받는다.
- 도식될 우려가 커서 항상 앞서지 못하는 경우가 많다.

(2) 식상이 강할 때

감정 체계의 상승구조로서 감정의 노출 수위가 높아지고 대리 충족 욕구가 강해진다. 강한 욕구불만과 이로 인한 욕구좌절의 상관관계가 심해진다.

- 일간이 극설되므로 정신적 허무감이 급속히 찾아든다.
- 감정변화가 심하고 항상 말이 앞서며, 허풍이 세다.
- 관성을 극하므로 구속을 싫어하고 자유분방하다.
- 사교성은 좋으나 약속을 지키기 어려워 사기 가능성이 다분히 있게 된다.
- 자기가 감당하지 못할 언행을 서슴없이 내뱉고 후회하게 된다.
- 외모에 신경을 많이 쓰고, 세련된 멋쟁이다.
- 속이 허무하여 외롭고 슬픈 마음이 많이 생긴다.
- 타인을 비방하거나 자신이 인정받고 싶은 욕망이 강하다.
- 스스로 자화자찬하는 것이 습관처럼 되어있다.

2) 식상의 강약에 따른 증후군

(1) 식상이 약할 때

자신을 과소평가하고 심리적 자기 비하에 빠진다. 이로 인해 상대적 박탈감이 수반되고, 따라서 자신의 정체성 위기에 직면하게 될 수 있다.

- 비합리적 성향
- 소극적 행동
- 불만과 변명
- 희생심 결여

(2) 식상이 강할 때

과도한 자기 투사와 다중적 자기 노출로 인한 정서 혼란이 따른다. 따라서 통제력 약화가 뒤따르며, 궤도에서 벗어난 생활로 이어진다.

- 과대망상증
- 충동과 반항적 언행
- 거짓과 위선
- 신중성 결핍

3) 심리적 증후군에 대한 대응책

(1) 부모의 바른 양육 태도

식상이 약할 때

- 표현력, 타인과의 친화하는 방법을 지도한다.
- 취미와 기호 개발을 함양하고 본인의 지향하는 세계를 발견하도록 메시지를 준다.
- 자유로운 표현을 할 수 있도록 자신감을 길러준다.
- 불만을 표출하는 것을 막지 말고 합리적으로 대응하는 방법을 길러준다.
- 지나친 통제와 규범에 얽매이지 않도록 하는 환경이 좋다.

식상이 강할 때

- 내면을 응시할 수 있는 사고력과 감정의 다양성의 체계를 지향하도록 유도한다.
- 감정이입과 감정전이가 심해 부적절한 표현이 잦을 수 있다.
- 바른 자세와 예의를 지키는 습관을 길러준다.
- 적절한 통제가 필요하며, 어른들의 말을 끝까지 듣게 한다.
- 문제를 구체적으로 설명하여 타당한 결과를 인정하도록 돕는다.

(2) 바른 교육방법

식상이 약할 때

- 자기 괴리감과 표현의 억압으로 인한 내면의 심리적 손상이 일어난다.
- 부모가 학습과 교육적 동기 개발에 적극적으로 동참한다.
- 사회봉사, 심리철학이 깃든 교양서를 읽게 한다.
- 신뢰를 바탕으로 자존심을 지켜주며, 긍정적인 생각을 하도록 한다.
- 도덕과 윤리에 바탕을 둔 전인교육이 합리적이다.

식상이 강할 때

- 호기심과 자기중심적 개발에 열중하므로 자기만족도 향상에 전력을 다한다.
- 공동체의 삶에서 이탈하게 될 수 있다.
- 자격증을 갖추도록 노력하며 끊임없이 이론 습득에 주력한다.
- 타고난 적성과 개성을 살려서 특기를 갖도록 교육한다.
- 훌륭한 위인전기, 다큐멘터리, 전통 계승 등에 관한 서적을 읽게 한다.

(3) 인간관계 대응

식상이 약할 때

- 철저한 자기중심적이다. 관점의 다각도로 넓혀서 삶을 바라보는 혜안을 갖도록 한다.
- 약한 자에게 관용과 용서를 베풀고, 남을 이해 할 수 있도록 한다.
- 자기 의사를 명확하게 표현하고, 합리적인 결과는 수용한다.
- 상대에게 얻고자 한다면 먼저 자신이 양보할 수 있어야 한다.

식상이 강할 때

- 자유로운 정신구조에서 자기개발을 최대한 이루려 하고 있다.
- 타인과의 동질감을 유지하며 화합을 도모하도록 유도한다.
- 자기 통제력을 발휘하여 충동적이지 않도록 한다.
- 말을 앞세우지 말고 실천을 통해 신뢰를 얻도록 한다.
- 타인의 단점을 지적하기보다 장점을 우선 칭찬하도록 한다.

(4) 직업적성 대응

식상이 약할 때

- 재능과 소양을 크게 드러내기 어려우므로 수평구조의 업종에 종사하도록 한다.
- 서비스, 사회복지, 연구직, 교육학 등은 부적합하다.
- 직장생활, 인류학, 역사, 고고학, 경호, 관공직 등에 적합하다.
- 전통을 지키고 법을 준수하는 계통에 적합하다.

식상이 강할 때

- 자유로운 개성과 창의성을 중시하므로 독자적 영역을 키워주도록 한다.
- 법조계, 직장생활, 경호, 조직생활 등에는 부적합하다.
- 기술, 마케팅, 예능, 서비스, 디자인 등이 적합하다.
- 자격증을 소유한 자유 전문직 등에 적합하다.

04 재성의 강약에 따른 심리와 대응

　재성의 생태적 심리적 특성은 자신의 능력을 사회화시키며 인정받으려고 하는 욕구가 강하다는 것이다. 따라서 재성은 구현하고자 하는 욕구실현의 일차적 자기 반사이며, 사회적 가치로 전환할 수 있는 잠재적 역량의 공급원이다. 자신이 이루려는 일과 이룰 수 없는 일의 한계를 규정하고 목적지향을 조정할 수 있다. 한편, 재성 주변 십성의 동태에 따라 관찰의 포인트는 달라진다.

1) 재성의 강약에 따른 심리

(1) 재성이 약할 때

　주어진 상황에서 환경 또는 여건을 개발하거나 활용하지 못하며, 스스로 자기열등감에 자학한다. 진행 과정 중에 도태되는 경우를 초래한다.

- 관리능력이 약하며, 결과를 창출하기 어렵다.
- 자신의 영역확보에 대한 불만이 가중되어 매사가 불만스럽다.

- 실현의 욕구가 충족되지 않으므로 모든 일에 자신감을 상실하게 된다.
- 관성이 약할 경우, 직장이나 공직에서 어려움을 겪게 된다.
- 부친이나 배우자의 덕이 약하며, 따라서 인덕이 약하다고 본다.
- 자신이 노력하는 것에 비하여 항상 얻는 결과가 미진하다.

(2) 재성이 강할 때

상황개선과 일을 진행시키는 과정에서 결과에 몰입하는 승부 근성 때문에 실패 또는 스스로 파국을 맞이할 가능성이 상존한다.

- 소유욕이 강하고 욕심이 앞서 무모하게 일을 벌이게 된다.
- 성격이 괴팍하고 이기적이며 의지력이 약하다.
- 일시적으로 득재를 하여도 재물을 지키기 어렵다.
- 항상 성실한 노력으로 결과를 얻지 못하고 허황된 꿈을 꾼다.
- 여자들에게 호의적이고, 절개를 지키지 못하는 성향이다.
- 재성이 강하면 인성이 파괴되어 배운 것을 사용하기 어렵다.
- 항상 돈을 버는 것에 힘들다 하고 불평과 불만이 많다.

2) 재성의 강약에 따른 증후군

(1) 재성이 약할 때

자기 상실감으로 인한 위기 극복 능력이 약하며, 이루지 못할 것이라는 미래 불확실성 때문에 현실과의 괴리 심리에 빠진다.

- 비현실적 에너지 소모
- 불만족 팽배
- 환경적응능력 취약
- 결과 부진

(2) 재성이 강할 때

무엇이든 '이룰 수 있다'와 '이루어 내야 한다'는 자기 확신과 강박적 관념의 대립으로 가치 혼란과 정신적 가치 혼란에 이를 수 있다.

- 물질만능주의
- 과도한 이기심
- 무위도식
- 적극성 결여

3) 심리적 증후군에 대한 대응책

(1) 부모의 바른 양육태도

재성이 약할 때

- 환경에 적응하며 목표 의식을 가지고 자신을 강화시켜 나간다.
- 인내와 조화로운 사고를 유도한다.
- 다양한 환경과 공간에 적응할 수 있는 적응 능력을 키워준다.
- 어려서부터 과정과 결과를 스스로 확인할 수 있도록 양육한다.
- 수리와 계산능력 배양에 중점을 둔 놀이를 제공한다.

재성이 강할 때

- 욕구 통제와 자율성을 기르도록 유도한다.
- 스스로 절제하고 실천할 수 있는 심성을 키워준다.
- 모친의 따뜻한 배려와 관심이 함께 한다는 신뢰감을 심어준다.
- 욕심을 분산시키도록, 같이 소유하는 환경과 습관을 만들어 준다.

(2) 바른 교육방법

재성이 약할 때

- 학습능률의 함양을 위해 그룹 지도와 공동활동 참여도를 높이고 주의력을 강화한다.
- 지속적이며 계획성 있는 생활과 학습이 필요하다.
- 작은 결과에 칭찬하고, 노력의 결과를 인정할 수 있도록 한다.
- 결과에 집착하지 않도록 하며, 일에 대한 명확한 이해와 실현 가능성을 부여한다.

재성이 강할 때

- 성취도의 분야를 보다 지적 욕구 실현의 차원으로 상승시키도록 지도한다.
- 책을 많이 읽고 자격증을 갖추는 과정을 중요시한다.
- 결과보다는 과정을 중요시하는 지도가 필요하다.
- 수리 능력이 우수한 장점을 이용하여 교육한다.

(3) 인간관계

재성이 약할 때

- 자발적이며 적극적인 인간관계를 지향하도록 다양한 인적 체험을 유도한다.
- 양보심을 배양하고 작은 것에 집착하지 않도록 한다.
- 공간의 활용을 넓게 하고, 주어진 기회는 반드시 활용한다.
- 성실한 언행으로 대인관계를 유지하고 신용을 얻도록 한다.

재성이 강할 때

- 산만하고 다양한 결과물에 집착하게 되므로, 과정에 소홀해지게 된다.
- 자기 경영에 철저하도록 유의하고 조직적인 관계를 지향하도록 한다.
- 검소한 생활을 하고 말보다 실천이 앞서는 모범적인 태도를 보인다.
- 시간관념을 철저히 하고 약속을 잘 지켜야 한다.
- 절제된 공간과 시간을 반드시 활용하도록 한다.

(4) 직업적성

재성이 약할 때

- 실행력, 편성력, 기획력이 약하기 때문에 단순한 조직 생활에 적합하다.
- 경영, 사업, 투기, 무역, 사업, 등 관리업무에는 부적합하다.
- 직장 및 기술이나 공동사업, 위탁관리 등 단조로운 직업이 좋다.
- 디자인, 종교, 무역, 부동산, 유통업, 세무사, 회계사 등이 적합하다.

재성이 강할 때

- 구성력, 배치 감각, 다변적 감각성을 발휘한다.
- 독자적이며 주도적인 능력을 발휘할 수 있는 분야를 선택한다.
- 아이디어 사업, 전문기술, 연구직, 교육 등에는 부적합하다.
- 경제, 사업, 경영, 금융, 증권, 재정, 스포츠 등에 적합하다.
- 음식점, 투자업, 유흥업, 임대업, 의학, 정치 등이 적합하다.

| 05 | 관성의 강약에 따른 심리와 대응 |

관성의 생태적 구조는 축적된 정신 환경과 기술적 능력이 배양된 바탕에 기초하고 경험하고 실증된 현실구조의 제반 조건을 크게 공적화시킴으로써, 외내적으로 상승하고자 하는 공적 지향형의 욕구이다. 따라서 관성 주변 십성의 동향을 깊이 관찰한다.

1) 관성의 강약에 따른 심리

(1) 관성이 약할 때

자신에 대한 통제와 자발적 의지가 부족하므로, 소극적으로 내향화된다. 따라서 실행과 책임, 의무 등에 대한 거부반응으로서 일탈 심리를 보이게 된다.

- 책임감이 부족하고 주관이 분명하지 못하다.
- 법과 질서를 무시하거나 잘 지키지 않는다.
- 안정적이지 못하며 자신의 위치를 지키기 어렵다.

- 불평불만이 많고 인내심이 없으며 옹졸하다.
- 스스로 절제를 못하며 통제력이 부족하다.
- 자만심이 표출되고 행동이나 자세가 불량하다.
- 정직하지 못하고 이기적이며 모사에 능하다.

(2) 관성이 강할 때

자율적 의지보다 강박적 구속심리에 의해 도전적이거나, 감정 은폐의 이중적이며 자학적인 심리상태에 이른다.

- 자신감이 결여되고 기가 약하여 주춤거리게 된다.
- 불평을 강하게 노출하며, 기존 질서에 대항하는 성향이 있다.
- 강박관념이 강하여 부정적이고 소극적이다.
- 흑백을 가리려는 심성이 강하여 시비가 잦다.
- 항상 피해의식에 사로잡혀있으며 양보할 줄 모른다.
- 형제나 동료에게 경쟁심을 갖고 의심하며 경계한다.
- 법과 질서를 꺼리므로 결국 죄를 스스로 범한다.

2) 관성의 강약에 따른 증후군

(1) 관성이 약할 때

자율적 통제의 부재에서 오는 감정의 방만 또는 주관적 감정에 몰입하게 되는 증후로 나타난다.

- 결단성 부족
- 준법성 결여
- 절제력 부족
- 자만심 팽배

(2) 관성이 강할 때

외부 강제성과 내면적 수용거부의 불균형 상태에 의해 심리적 괴리감이 조성된다. 따라서 비현실적 성향이 드러나며, 불확실성에 시달리고 다른 사물에 대한 집착 때문에 일종의 마니아 증후를 나타낸다.

- 분별력 결여
- 불평불만 팽배
- 성급하고 반항적
- 피해의식과 불신

3) 심리적 증후군에 대한 대응책

(1) 부모의 바른 양육태도

관성이 약할 때

- 자율적 의지를 길러주기 위한 사물에 대한 관찰력를 키운다.
- 자기성찰을 위한 내면적 공감대 형성으로의 인성개발을 도모한다.
- 다소 절제된 환경과 습관으로 양육한다.
- 시작한 것은 스스로 마무리하도록 도와준다.
- 조용한 음악과 아늑한 환경을 제공한다.

관성이 강할 때

- 의무, 요구, 명령, 지배에 대해 과민한 반응과 분노를 일으킨다.
- 스트레스로부터 수용력을 향상하기 위한 사색과 철학적 마인드를 키운다.
- 이해와 양보심을 가지고 공동생활에 잘 어울릴 수 있도록 양육한다.
- 강박심을 주지 않도록 하고, 용기를 주어 격려하고 관용을 베풀어 준다.
- 강요하지 말고 자발적인 행동이 습관화 되도록 한다.

(2) 바른 교육방법

관성이 약할 때

- 하고자 하는 욕구의 근원을 찾아 주어 의미를 부여하고 고무시킨다.
- 욕구의 생산력을 일으킬 때 비로소 자발적인 유인책 현상에서 동적인 힘을 얻는다.
- 삼국지 등의 무협지를 읽게 하여 영웅심을 길러준다.
- 행동에 절도가 있도록 하며 인내심을 길러준다.
- 질서와 법을 지키는 도덕교육에 관심을 두게 한다.

관성이 강할 때

- 관용으로 조율하며, 스스로 무엇을 하고자 하는가에 대한 자의식을 일깨워 준다.
- 방법적으로는 점진적 자기실현 능력향상법을 활용한다.
- 안정감을 제공하고, 자극을 피하도록 한다.
- 선의의 경쟁을 유도하고 서정적인 시집 등을 읽게 한다.
- 피해의식을 갖지 않도록 하고, 칭찬을 많이 하도록 한다.

(3) 인간관계

관성이 약할 때

- 인간관계의 공감대를 얻기 위한 재능과 기질적 잠재력을 이용한다.
- 교우관계를 확장할 수 있도록 주선한다.
- 책임감이 강한 언행을 피하도록 한다.
- 친화적인 관계를 유지하고 믿음을 주는 것이 바람직하다.
- 약속할 때 문서로 남겨서 반드시 확인한다.

관성이 강할 때

- 합리적이며 이성적인 인간관계를 구성한다.
- 일과 소속 분야 또는 기호가 같은 부류와 연결라인을 갖도록 유도한다.
- 너무 자기 생각을 앞세워 억압되거나 공포 분위기가 되지 않도록 한다.
- 지나친 책임감에 사로잡히지 말고, 예의 바르게 받아들이는 자세가 우선이다.
- 부드러운 모습으로 많은 사람과 대화하도록 노력한다.

(4) 직업적성

관성이 약할 때

- 통제 수용력과 의무감이 약하기 때문에 개인적 성취도가 높은 분야로 유도한다.
- 공무원, 관공직, 별정직, 통제관리직은 부적합하다.
- 기술, 종교, 교육, 서비스, 영업 등에 적합하다.
- 의사, 약사, 언론, 작가, 조각가, 강사, 컨설팅, 요리사 등이 적합하다.

관성이 강할 때

- 통제와 규제에 의한 규범성과 자치성이 강한 영역에서 일하도록 한다.
- 연구직, 경제, 로비스트, 상담, 교육, 연구 등에는 부적합하다.
- 군인, 경찰, 법관, 경호원, 정치, 군무원 교도관 등에 적합하다.
- 법행정, 공무원, 회사원, 외교관, 재정, 국회 등의 업무가 좋다.

06 인성의 강약에 따른 심리와 대응

인성이 너무 많거나 반대로 취약한 경우, 인성의 근원적 욕구의 생태적 기능을 관찰하고 파악하는 것이 중요하다. 사람의 특징 중에서 정신적 능력, 유전적 요소, 정보수집과 활용성, 인식체계의 탄력성, 지적 유인책으로의 전환 등을 대표한다. 따라서 경험과 인식적 모든 대상과의 연계 작용을 보다 강화하는 지적 교감을 원칙으로 한다. 이런 까닭에 독려와 고무적 표현, 따뜻한 배려로 바라보는 마음이 필요하다. 인성 주변의 십성 상호 교감과 상응 조건에 따라 심리작용을 추적하고 변용하여 활용한다.

1) 인성의 강약에 따른 심리

(1) 인성이 약할 때

자발적 동기부여, 사물이나 일에 대한 관찰력 약화로 집중력 저하가 온다. 따라서 인내와 지구력 저하가 수반되면서 조직 생활과 인간관계에 수동적이고, 삶에 대해 안일한 사고유형의 심리구조를 가진다.

- 기억력이 약하여 과거의 약속을 쉽게 잊어버린다.
- 공부하여도 사회생활에서는 응용하지 못하는 경우가 일어난다.
- 위계질서를 따르지 않고 옛것에 대한 불신이 많다.
- 기획력이 부족하고 스스로에 대한 불신과 불안감을 느낀다.
- 인내심이 부족하고 소극적이며 통찰력이 부족하다.

(2) 인성이 강할 때

자의식의 집중화로 인한 정서가 편중되어 대인관계에서 자기중심적이며, 정서 충돌로 인한 배타적 감정으로 스스로 고립된 상황을 유도하게 되는 심리구조이다. 따라서 인화력 향상과 학습능률을 높여야 하며, 직장 등 조직 생활에 적응하도록 마인드 개선을 해야 한다.

- 식상을 도식하므로 희생과 양보심이 결여되는 경우가 많다.
- 이기적이고 자신의 이익만 우선한다.
- 항상 생각이 많아서 이해득실을 따져서 행동하는 버릇이 있다.
- 서비스는 말뿐이며, 본심은 목적을 위한 수단에 불과한 경우가 많다.
- 이기적이고 양보심이 없어서 자신이 스스로 피해의식을 갖게 된다.
- 고집이 세고 고지식하며 겉으로 보이는 것보다 게으르고, 자기 위주로 활동한다.

2) 인성의 강약에 따른 증후군

(1) 인성이 약할 때

관찰력과 기억력 둔화로 주어진 일에 대한 권태와 무계획적 일상의 태도를 보인다.

- 기억력 둔화
- 자신감, 인화력 결여
- 대인 기피증
- 의무감, 조직력 함몰

(2) 인성이 강할 때

관점의 주관적 성향과 사고의 경직성으로 스스로 갈등과 정신적 권태에 빠진다.

- 자기중심적
- 비타협, 이기주의 성향
- 과도한 신중성
- 방어형, 이탈형

3) 심리적 증후군에 대한 대응책

(1) 부모의 바른 양육 태도

인성이 약할 때

- 스스로 탐구하거나 집중하려는 의지가 약하므로 관용적 자세로 지원한다.
- 많은 관심과 충분한 사랑으로 생리적 욕구를 충족시켜 주어야 한다.
- 의무감과 책임감을 심어 줄 수 있는 노력과 환경을 제공한다.
- 끈기와 인내심이 배양되도록 지구력을 기르는 양육을 한다.

인성이 강할 때

- 정보 과다와 인식적 욕구 팽창으로 정체성 불안이 온다.
- 통제보다 포용과 안배하는 태도로 자신의 정체성을 객관화시키도록 도와준다.
- 간섭하지 말고 스스로 해결하도록 습관화시킨다.
- 양보심과 희생, 봉사 정신을 몸소 행동으로 보여준다.
- 공동생활에 자주 참여시켜 함께 할 수 있는 공동의식과 협동심을 심어준다.

(2) 바른 교육방법

인성이 약할 때

- 집중력 저하, 의식둔화로 인한 학습장애가 있게 된다.
- 의욕을 일으키는 잠재성 개발 위주로 교육 방법을 전환한다.
- 암기하는 습관과 기록하는 습관이 필요하다.
- 시작한 일은 끝까지 마무리하는 습관이 필요하다.
- 숙제나 준비물을 스스로 챙기는 준비성이 절대 필요하다.

인성이 강할 때

- 스스로 자율적인 행동이라고 생각하지만, 독선적인 경향이 강하다.
- 다른 개성과 재능을 지닌 친구들과 부드럽게 어울리며 안정된 정서를 갖도록 유도한다.
- 암기를 강요하지 말고 이해를 우선 할 수 있도록 한다.
- 이론적인 설교보다 현실적이고 구체적인 결과에 한해서 칭찬한다.
- 효율적인 학습 방법을 터득하도록 한다.

(3) 인간관계 대응

인성이 약할 때

- 어울리고 싶지만, 사교성 부족 또는 열등한 요인으로 인해 혼자 고립된 경우가 많다.
- 본인의 장점을 고무시켜 나아갈 수 있는 시너지 효과를 유도한다.
- 최대한 상대방의 말을 귀담아듣는다.
- 항상 받아들이는 습관과 기록하는 습관이 좋다.
- 금전의 과욕을 버리고 행동으로 실전에 임한다.

인성이 강할 때

- 인식 욕구와 자신을 위한 집중적 욕구 팽창으로 원시안적 관점의 시야가 결여된다.
- 편향적 인식이 강하므로 타인과의 괴리감으로부터 인간적 감정을 함양시킨다.
- 본인의 장점과 긍정적 부분에 대한 활용성을 키우고 부정적 측면을 배제하도록 한다.
- 충분한 휴식과 적당한 오락, 유흥을 적절히 즐긴다.
- 너무 오랜 시간 생각하거나 미래에 다가올 고민을 미리 하지 않는다.
- 자신의 할 일을 부모나 타인에게 미루지 않는다.

(4) 직업적성 대응

인성이 약할 때

- 수직구조보다는 수평구조에서 소속감을 느끼고 단순 에너지를 활용하도록 한다.
- 기획, 마케팅, 머리를 많이 쓰는 직업은 부적합하다.
- 단순한 업무, 서비스, 중개인, 소개업, 마케팅, 홍보, 영업, 단순업무, 기능사 등이 좋다.

인성이 강할 때

- 지적활용의 기회 부여로 인식 욕구의 재생산성이 가능한 직종에 집중한다.
- 서비스 계통이나 상담자로서는 부적합하다.
- 직업과 취미 생활을 별도로 하여 정신을 맑게 한다.
- 계획하고 통제하거나 관리하는 직업이 좋다.

Chapter 10

심성의 욕구와 정신분석학

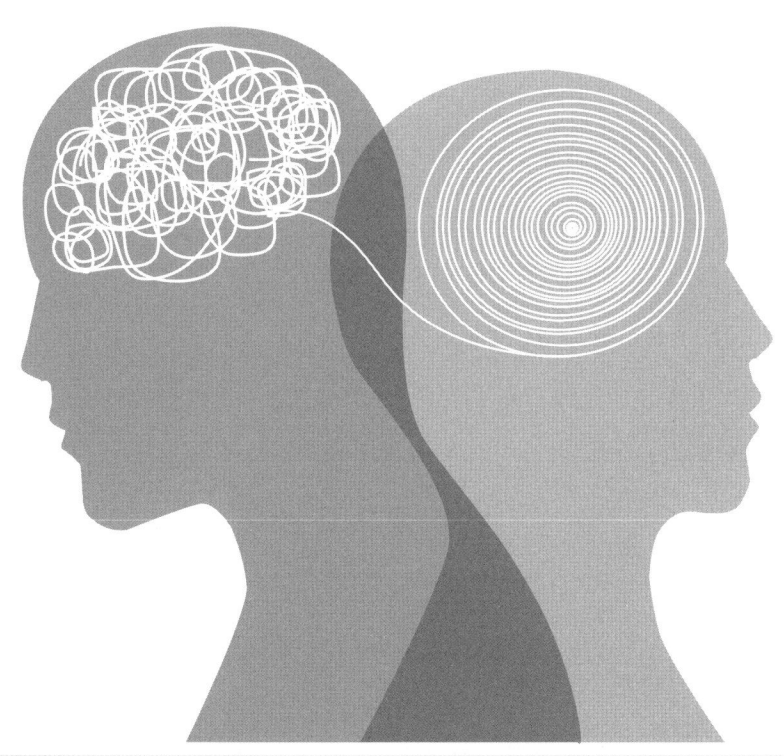

01 십성의 욕구

사주는 천간(天干)과 지지(地支)로 구성되며, 각 간지의 생극 관계로 인해 변화하는 에너지를 10개로 구분하여 십신(十神)으로 다시 이름 붙이고 사회적 성패 작용과 가족 관계를 추론하는 데 사용한다. 십신은 하늘에 떠 있는 별에 비유하여 십성(十星)이라고도 불리는데, 사주에 배치된 십성을 근거로 개개인의 운명을 분석하고 예측할 수 있다. 각각의 고유한 성정과 심리구조를 지닌 십성 간의 상대적 작용력과 십성의 특성별 욕구를 잘 이해한다면 거기서 유래하는 긍정적인 면과 부정적인 면을 통하여 한 사람의 성격이나 적성, 인간관계, 경쟁력 등에 대한 면밀한 특성을 알게 되고 대안과 방안을 찾을 수 있다. 이를 통해 서로의 다른 개성을 살리고 상대성을 인정하며 조화로운 삶을 꾸려나갈 수 있다.

십성은 기본적으로 일간에게 영향을 미치는 에너지를 가지고 있는 한편, 다른 간지에 분포된 십성으로부터 원하는 욕구도 동시에 가지고 있다. 이 욕구가 충족 여부에 따라 자신의 인생이 성공하거나 실패하고, 행복과 불행을 느끼게 된다. 이 또한 오행의 생극제화 작용에서 나타나는 것이다.

1) 비겁 - 자아의 욕구

비겁은 권위와 성공, 자존심과 허영심 등 모든 것을 인정받고 싶은 욕구이다. 그러므로 자신의 주관적인 독립체계를 통하여 주변에서 동질감을 유발하고, 모든 일의 결과에 대해 자기 관철을 목적으로 하는 이기적인 자아의 욕구라고 할 수 있다. 자아의 욕구는 타인의 지배를 싫어하고, 양보와 조건 없는 희생 또한 회피하려는 성향이 강하다. 자신감이 넘쳐 당당한 면과 배짱 있는 부분은 칭찬할 만하나, 경우에 따라서 언제나 자신만의 우월주의로 착각에 사로잡히는 오류를 범하다가 종종 고립의 세계에 빠지게 된다. 비겁의 만족감과 자신감은 다른 사람의 존중과 평가로 인한 것뿐만 아니라 스스로 느끼는 자부심과 자존심을 포함하며, 언제나 존중과 인정을 받고 싶어하는 욕구이다.

2) 식상 - 친화의 욕구

집단에 소속되어 신뢰와 수용을 바탕으로 사랑을 주며, 또 받고자 하는 욕구이다. 식상은 희생과 양보, 배려를 의무적으로 실행하고자 하는 마음을 갖고 타인과의 관계를 지속함으로써 친화의 욕구를 드러낸다. 호기심이 많아서 참고 기다리는 것에 익숙하지 않으며 말없이 인내하는 것을 고통스러워한다. 이 때문에 앞서서 자신의 의견과 뜻을 피력하는 것이 일상화 되어 있으며, 상대가 있는 것에 대한 두려움보다 상대가 있으므로 자신의 마음을 열 수 있다는 것에 더 기분 좋아한다. 식상은 인간과 인간의 공간 속에 존재하는 친화적 커뮤니케이션이다.

3) 재성 – 실현의 욕구

잠재된 자신의 가능성을 최대한 실현하여 결과를 만들어 낼 수 있다는 자신감이다. 삶에서 자신의 영역 확보가 가능할 때라야만 실현의 욕구를 충족할 수 있다. 그러므로 재성은 물질에 대한 소유의 실현 가능성을 의미하기도 한다. 명예를 얻고자 한다면 부를 구축할 때 가능하다는 논리가 성립되듯, 인간은 누구나 재물 부분에 철저한 관심과 분석을 하게 되어 있다. 수입에 맞춰 계획을 하거나, 더 많이 확보하기 위해 계산을 하는 행위 등 결국 모든 것은 욕구 실현을 할 수 있는 가능성의 타진이다. 어찌 보면 모든 욕망에서 비롯되는 욕구들은 실현이라는 최종 결과를 목표로 삼는 것이므로 그 결과에 해당하는 재성은 남녀를 막론하고 목표지향적 실현의 욕구를 표출한다.

4) 관살 – 안정의 욕구

질서를 바로잡고 규범을 준수하여, 불안하고 고통스러운 일들을 정리하며 안정을 얻고 싶어 하는 욕구이다. 즉, 위험, 위협, 협박, 박탈 등으로부터 자신을 보호하고, 불안을 회피하고자 한다. 사회적 신분인 관성이 자신의 권위와 권력을 행사하는 척도라고 볼 때, 관성은 이를 통해 불안정한 질서와 비윤리적 행태를 구속하여 공존을 유지하려는 목적이 있다. 역설적으로 약자가 강자에게 보호받고 싶어 하며, 강자는 약자를 보면 보호본능이 발동하게 된다. 인류가 존재하는 본질적인 이유도 알고 보면 강, 약에서 질서가 함께 공존하고 있다는 의미이며, 각계 각층의 제도권이 형성된 사회구조는 그 속에서 강자와 약자가 모두 안정을 원하기 때문이다. 관성은 인간이 누리고 싶어 하는 안정의 욕구이다.

5) 인성 - 생리의 욕구

인성은 부모가 지속적인 관심과 사랑으로 아이를 양육하는 것에 비유할 수 있다. 일간은 인성을 통해 부족한 자신의 생리적인 욕구를 충족시키려 한다. 마치 아기가 배고플 때 어머니의 젖을 먹음으로써 식욕의 욕구를 충족시키려는 것과 같다. 인성은 빈 곳을 채우려는 가장 기본적인 욕구로 알고 싶은 것을 배우고 익혀 자신의 두뇌 공간에 채워서 실행으로 옮길 때 이것을 에너지로 사용한다. 즉, 말을 익혀 대화에 활용하고 다양한 기술을 습득하여 생활에 이용하며, 현 사회의 문명과 문화적 발전에 합당한 지식과 방법을 찾아 삶에 활용하게 된다. 새로운 아이디어를 머릿속에 채우는 것도 결국은 자신이 필요한 새로운 이익을 생산하고자 하는 목적이 있는 것이다. 인성은 내가 받고자 하는 생리적 욕구이며 나에게 조건 없는 희생을 하고 있다.

02 십성의 심리구조

십성	심리구조	십성	심리구조
비견	긍정심리 – 독립적 주체성 부정심리 – 편향적 자기심리	겁재	긍정심리 – 주도적 지배성 부정심리 – 배타적 우월심리
식신	긍정심리 – 창의적 관조성 부정심리 – 주관적 도취심리	상관	긍정심리 – 감각적 예술성 부정심리 – 파격적 이탈심리
편재	긍정심리 – 다변적 유용성 부정심리 – 탐욕적 소유심리	정재	긍정심리 – 구조적 정밀성 부정심리 – 소극적 회의심리
편관	긍정심리 – 기획적 생산성 부정심리 – 공격적 경쟁심리	정관	긍정심리 – 조직적 자율성 부정심리 – 자학적 수축심리
편인	긍정심리 – 분석적 직관성 부정심리 – 냉소적 가학심리	정인	긍정심리 – 학문적 탐구성 부정심리 – 폐쇄적 극단심리

03 십성에 대한 정신분석학적 분석

1) 십성의 정신분석학적 개요

십성은 인간 정신생태계의 근원적 성정을 이루는 본능군의 순환회로(서킷, Circuit)를 기호화한 정신구조의 질서 체계이다. 이것은 다른 오행과의 코드를 찾아 연계 발전하거나, 또는 진보와 도태의 현상으로 순행과 역행의 연동성을 갖게 된다. 명리에서는 이를 생극제화라고 명명한다. 각 십성이 고유 성질로부터 사회적 가치로 등치(아이소그램, Isogram)를 이루는 과정에는 3단계 발현과정의 프로세서(Processor)가 요구된다. 이는 각 인센티브 코드(Incentive Code)와 공조하여 심리적 선상의 오토 그래픽을 형성한다.

2) 3단계 발현과정의 프로세서

3단계 발현과정의 이론을 통해 인성에 내재된 욕구 원형질의 양상과 그것이 지향하는 무의식적 시각을 판독하여 보다 고양된 삶으로 수정, 지원을 이루게 한다.

> ① 1단계
> 무의식적 욕구인 생리적 성향을 지향하는 것으로 나타난다.
> [원초적 존재의 절대값]
> * Incentive Code : 설기(洩氣) 오행으로 욕구의 변화를 모색
>
> ② 2단계
> 잠재의식적 욕구인 정신적 성향을 지향하는 것으로 나타난다.
> [가치화로 전향된 정신적인 존재값]
> * Incentive Code : 생조(生助) 오행으로 의욕과 욕구의 편성
>
> ③ 3단계
> 의식화된 욕구인 사회적 성향을 지향하는 것으로 나타난다.
> [산출된 능력이 극대화된 기능으로의 존재값]
> * Incentive Code - 극제(剋制) 오행으로 유동성과 상승의 효과

(1) 비겁의 생태 분석론 - 본능계 영역

생존적 지향성, 방어 본능, 경쟁성, 생명력, 충족쾌감의 근원적 자원으로 식상과 인성과 관성의 공급체계에서 성취의 생산구조를 이룬다.

① 1단계 (무의식적 욕구인 생리적 성향)

  하고자 하는 욕구, 이루어내야만 하는 강요된 욕구의 성질

  * Incentive Code [욕구상향과 욕구의지] : 식상과 교감

② 2단계 (잠재의식적 욕구인 정신적 성향)

　에너지의 정체성과 실현 의지의 탐색

　* Incentive Code [욕구정체성 탐색과 에고발견] : **인성과 교감**

③ 3단계 (의식화된 욕구인 사회적 성향)

　외부요인과의 유연한 기여와 수용 관계

　* Incentive Code [욕구의 연계적 공유와 자아발현] : **관성과 교감**

(2) 식상의 생태 분석론 – 감성계 영역

창의적 지향성, 이미지 생산, 교감, 동질성, 구상, 실험성의 근원적 자원으로 재성과 비겁과 인성의 순환 공급구조일 때 성취의 구조요건을 이룬다.

① 1단계 (무의식적 욕구인 생리적 성향)

　재능의 다양성과 현실 투사에의 욕구 증대

　* Incentive Code [욕구상향과 욕구의지] : **재성과 교감**

② 2단계 (잠재의식적 욕구인 정신적 성향)

　재능의 발현과 에너지와의 충돌

　* Incentive Code [욕구정체성 탐색과 에고발견] : **비겁과 교감**

③ 3단계 (의식화된 욕구인 사회적 성향)

　재능의 현실화와 기회 착안

　* Incentive Code [욕구의 연계적 공유와 자아발현] : **인성과 교감**

(3) 재성의 생태 분석론 - 욕망계 영역

발전적 지향성, 사회적 자생력, 공존 공생, 도전정신의 근원적 자원으로 관성과 식상과 비겁과의 공급수요의 충분조건을 이룰 때 긍정적 생산구조를 이룬다.

① 1단계 (무의식적 욕구인 생리적 성향)

　의지 투입과 의지 현실화

　　* Incentive Code [욕구상향과 욕구의지] : **관성과 교감**

② 2단계 (잠재의식적 욕구인 정신적 성향)

　의지의 실현을 위한 목적의 체계화

　　* Incentive Code [욕구정체성 탐색과 에고발견] : **식상과 교감**

③ 3단계 (의식화된 욕구인 사회적 성향)

　의지의 가시화를 위한 프로젝트

　　* Incentive Code [욕구의 연계적 공유와 자아발현] : **비겁과 교감**

(4) 관살의 생태 분석론 - 통제계 영역

도덕적 지향성, 통제력, 안배적 추진의지, 공익성의 근원적 자원으로 인성과 재성과 식상과 조화로이 응하는 구조일 때 순환적 생산구조를 이룬다.

① 1단계 (무의식적 욕구인 생리적 성향)

　성취욕구의 팽창과 지적 자산의 과잉상태

　* Incentive Code [욕구상향과 욕구의지] : 인성과 교감

② 2단계 (잠재의식적 욕구인 정신적 성향)

　성취를 위한 다변적 구상과 모색

　* Incentive Code [욕구정체성 탐색과 에고발견] : 재성과 교감

③ 3단계 (의식화된 욕구인 사회적 성향)

　성취를 유도하는 다각적 실험정신

　* Incentive Code [욕구의 연계적 공유와 자아발현] : 식상과 교감

(5) 인성의 생태 분석론 – 사고계 영역

이성적 지향성, 지성, 성찰, 양심, 탐색, 일치감의 근원적 자원으로 비겁과 관성과 재성의 순환공급 구조일 때 긍정적 성취의 생산구조를 이룬다.

① 1단계 (무의식적 욕구인 생리적 성향)

　삶의 과잉목표에 대한 불안과 긴장

　* Incentive Code [욕구상향과 욕구의지] : 비겁과 교감

② 2단계 (잠재의식적 욕구인 정신적 성향)

　목표의 설정과 현실적 괴리의 최소화 유도

　* Incentive Code [욕구정체성 탐색과 에고발견] : 관성과 교감

③ 3단계 (의식화된 욕구인 사회적 성향)

목표의 현실 투사를 위한 지적자원의 활성화

* Incentive Code [욕구의 연계적 공유와 자아발현] : **재성과 교감**

04 십성의 상대성 원리

모든 사주는 조화로운 중화와 잘 흐르는 유통의 원칙을 중요시한다. 오행이 편고되거나 유통되지 않는 것은 흉하다고 본다. 알고 보면 생극제화(生剋制化)야말로 사주를 중화시키고 유통시키기 위한 다각적인 생존의 수단이다. 또한 십성의 '편(偏)'은 특별히 그에 대한 고유의 상대성을 갖고 있는 것이 특징이다. 그 상대적 특징은 인간이 생각하고 활동하며 살아가는 과정에서 필연적인 장점과 단점이 명료하게 나타난다. 특히 여기서 '편'에 대하여 우선 논하는 것은 편이 사주팔자 내외의 여러 가지 상황별로 가장 강하고 확실한 작용으로 나타나고 있기 때문이다.

상대성이 강하게 드러나는 관계

① 겁재의 상대성 관계 - 정재
② 비견의 상대성 관계 - 편재
= 재를 두고 서로 다툰다

③ 상관의 상대성 관계 - 정관
④ 식신의 상대성 관계 - 편관
= 관성을 상하게 한다.

> ⑤ 편재의 상대성 관계 - 정인
> ⑥ 정재의 상대성 관계 - 편인   = 인성을 무너뜨린다.
>
> ⑦ 편관의 상대성 관계 - 일간
> ⑧ 정관의 상대성 관계 - 겁재   = 일주를 괴롭힌다.
>
> ⑨ 편인의 상대성 관계 - 식신
> ⑩ 정인의 상대성 관계 - 상관   = 식상을 넘어뜨린다.

　십성 별로 상대성 관계를 정리해 보았는데, 하나의 예로 편재는 정인을 상대성 관계로 두고 있으므로 편재의 활동은 정인을 표적으로 하며 그것에 1차적인 행동이 발생한다고 볼 수 있다. 즉, 사주에서 정인이 용신인데 운에서 편재가 찾아 든다면 편재가 정인을 탐하여 학업과 연구가 중단되고, 계약이 파괴되고, 시험에 낙방하거나, 모친이 흉사를 당하는 등의 흉사가 발생한다. 그러나 무조건 단편적으로 해석하기보다는 사주체의 구조적 관계를 살피고, 특히 사주 내 간지의 방어 능력과 환경적 역할도 함께 참고하여 최종 판단을 해야 한다. 모든 음과 양은 서로 대립하지만, 철저히 상호협력과 공존을 하려는 유동적 작용이 있음을 간과하지 않아야 한다. 아래에서 십성의 생극제화를 통한 상대성의 원리에 대하여 설명하며 이해를 돕도록 하겠다.

1) 비견과 겁재

(1) 일간을 도와준다

- 일간이 약할 때 : 식상, 재성, 관성이 많으면 일간이 심히 약해져서 흉하다. 이때는 인성과 비겁의 도움이 반드시 필요하다.

- 일간이 강할 때 : 비겁이 도우면 힘이 너무 강해져서 재성을 극하여 나쁘다. 이때 관성이 있어서 비겁의 힘을 억제해야 좋다.

(2) 관살을 방어한다

- 일간이 약할 때 : 관살이 강할 때는 일간을 구속하고 압박이 심해 뜻을 펼 수가 없다. 이때 비겁이 일간을 도와야 한다.

- 일간이 강할 때 : 관살이 약할 때는 비겁이 오면 구속받기를 싫어하고, 고집이 세고, 법도를 지키지 않는다. 이때 재성으로 일간의 힘을 빼고 관살을 도우면 좋다.

(3) 재성을 통제하고 겁탈한다

- 일간이 약할 때 : 재성이 강할 때는 비겁의 도움이 있으면 득비이재(得比利財) 한다. 즉, 주변 사람들의 도움으로 돈을 번다.

- 일간이 강할 때 : 재성이 약할 때는 비겁이 있으면 재물을 다투는 군

겁쟁재(群劫爭財)가 된다. 관살로 비겁을 제압하면 좋고, 인성이 비겁을 도우면 나쁘다.

(4) 일간의 설기를 대신한다

- 일간이 약할 때 : 식상도 강하면 비겁이 있어야 일간을 대신해 설기해준다. 인성이 있어 식상을 극하고 일간을 도우면 좋고 관살이 와도 관인상생(官印相生)하므로 좋다. 그러나 인성이 없을 때 관살이 오면 비겁을 극하므로 나쁘다.

- 일간이 강할 때 : 식상이 있으면 좋은 역할을 한다. 그러나 비겁이 많으면 서로 설기하려고 다툼이 벌어진다. 재관이 있으면 좋고 인성으로 식상을 극하면 나쁘다.

2) 식신과 상관

(1) 일간을 설기시키고 재성을 생한다

- 일간이 약할 때 : 식상이 있으면 설기되는 일간이 더욱 약해진다. 인성으로 식상을 제압하고 일간을 도와야 한다. 이때 재성이 인성을 극하면 나쁘다.

- 일간이 강할 때 : 재관이 없거나 무력하면 식상이 일간의 힘을 설기시켜 재성을 생해주니 좋다. 이때 편인이 있어 식상을 극하면 나쁘다.

(2) 편관을 제압하고 정관을 합거한다

- 일간이 약할 때 : 식상이 일간을 극하는 관살을 제거하면 좋다. 식상제살(食傷制殺)로 식상이 관살을 제압하면 일간이 편안하게 된다. 또 식상이 정관과 합하거나 정관을 극해주면 약한 일간은 나쁘지 않다.

- 일간이 강할 때 : 편관을 써야 한다면 식상이 편관을 파괴하는 작용이 있으므로 나쁘다. 이럴 때는 인성이 있어서 식상을 제거해야 한다.

3) 편재와 정재

(1) 식상을 설기하고 관살을 생한다

- 일간이 약할 때 : 식상이 있으면 필히 인성으로 식상을 제어하고 일간을 도와야 좋다. 이때 재성이 있으면 인성을 파괴하고 관살을 강화하므로 흉하다.

- 일간이 강할 때 : 식상이 강하면 재성이 식상을 재물로 삼아 수기유행(秀氣流行)시킨다. 재성이 인성을 극하는 것은 나쁘지 않으나, 비겁이 재성을 극하는 것은 흉하다. 재성이 관살을 생하는 구조가 되어 일간을 구속하는 것은 좋다.

(2) 편인을 제압하고 정인를 극한다

- 일간이 약할 때 : 편인이 일간을 돕는데 재성이 편인을 극하는 것은 나쁘다. 비겁으로 재성을 극해야 좋고, 식신이 재성을 도우면 나쁘다.
- 일간이 강할 때 : 편인이 강하면 재성이 있어서 인성을 극해야 좋다.

4) 편관과 정관

(1) 편관은 인성을 생하고 재성을 약화시킨다

- 일간이 약할 때 : 재다신약에 인성이 있으면 편관이 재성을 설기하여 인성을 돕는다. 다시 인성은 일간을 도와서 재성을 일부 감당할 수 있게 된다.
- 일간이 강할 때 : 인성은 강하고 재성이 약하면 편관의 작용이 흉하게 나타난다. 재성을 약화시키고 인성을 강화시켜 일간을 더 강하게 한다.

(2) 편관은 일간과 비겁을 통제한다

- 일간이 약할 때 : 재성이 강하고 인성은 없을 때, 편관이 있으면 일간을 극하여 흉하다. 이럴 때는 비겁과 인성이 있어야 좋다.

- 일간이 강할 때 : 재성이 약한데 사주에 비겁이 있으면 재성을 겁탈한다. 이때 편관은 비겁을 극하므로 재물의 겁탈을 막아준다.

(3) 정관은 일간을 통제하고 구속한다

- 일간이 약할 때 : 정관이 있어 일간을 구속하면 몸이 약해지고 정신이 산만하게 된다. 인성으로 정관의 힘을 설기시켜 약한 일간을 도와야 좋다.
- 일간이 강할 때 : 정관이 있어 강한 일간을 통제하고 구속하면 좋다. 법과 중용을 지키고 경거망동하지 않는다.

(4) 정관은 겁재를 극하여 재를 보호한다

- 일간이 약할 때 : 재다신약(財多身弱)이 되면 정관이 일간과 비겁을 극하므로 재물을 차지할 수가 없다. 이럴 때는 인성이 일간을 보호하고 식상이 와서 정관을 제복해야 좋다.
- 일간이 강할 때 : 재성이 약하면 정관이 비겁을 통제시켜 재성을 보호한다. 재성이 약한데도 신강한 사람이 정관 운에서 재물을 얻는 원리가 이것이다.

(5) 정관은 인성을 생한다

- 일간이 약할 때 : 인성이 있으면 정관은 일간을 극하긴 하지만 인성

을 강화시키므로 좋다. 이때는 식상이 정관을 극하면 흉하다.

- 일간이 강할 때 : 인성이 약하면 정관이 인성을 생하고 일간을 통제하므로 좋다. 이럴 때도 식상이 정관을 극하면 흉하다.

5) 편인과 정인

(1) 관살을 설기시켜 일간과 비겁을 돕는다

- 일간이 약할 때 : 인성이 약하면 관살이라도 있어서 약한 인성을 도와주면 좋다. 이때 재성이 인성을 극하면 해롭다. 탐재괴인이라고 부른다.

- 일간이 강할 때 : 신강한 일간에게 있어 인성은 일간을 더 강하게 하므로 나쁘다. 이럴 때는 재성이 인성을 극해 주어야 좋다.

(2) 식상을 극하고 제어한다

- 일간이 약할 때 : 식상 또는 관성이 강하면 인성으로 식상을 제어해야 좋다. 이때 재성은 인성을 파괴하므로 흉하다.

- 일간이 강할 때 : 식상 또는 관성이 약하고 인성이 강하면 재성으로 인성을 극해야 좋다. 재성으로 인성을 극하여 식상을 보호하기 때문이다.

Chapter 11

십성의 본능적 행동심리

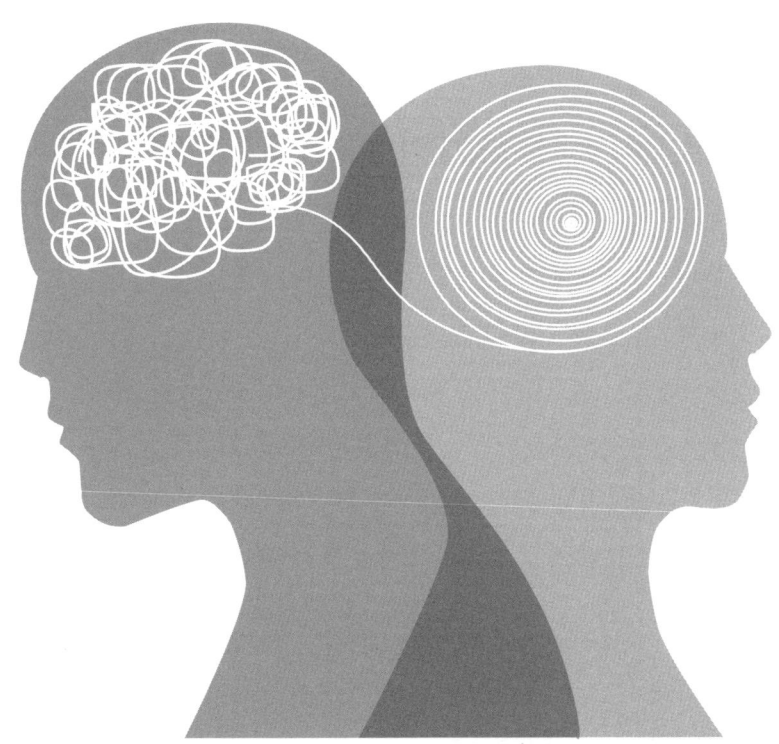

십성과 진화심리학적 본능

오늘날의 인간은 진화의 산물이며 현재도 진화하고 있다. 인류는 진화와 함께 문명을 발전시켰고 문명발전의 속도에 따라 진화의 속도는 비례한다고 본다. 인간이 문명을 발전시킨 가장 큰 동기는 무엇일까? 그것은 인류 집단의 선천적 본능이 아닐까 한다. 그 선천적 본능은 육감본능, 생산본능, 소유본능, 서열본능, 기록본능 5가지로 구분할 수 있다. 그리고 지구상 생명체의 생존행태는 모두 생태적 본능의 입장에서 바라볼 수 있다.

인간은 자기만의 본능이 있다. 명리학에서 십성(十星) 이론은 인간의 본능에 해당하는 성격이나 마음의 구조, 기질 성향을 담고 있으므로, 십성의 성정을 본능으로 정의할 수 있다. 각 십성은 진화심리학적인 본능 그룹의 성향을 갖고 있으며 문명과 문화를 발전시키는 거듭된 적응과정에서 인간의 타고난 직업 체질, 적성이 바로 진화심리와 함께 이해되고 있으며 아래와 같이 설명된다.

십성	본능	해석
비겁 (比劫)	육감본능 경쟁본능	· 비겁은 자신이 스스로 느끼는 육감이다. · 부산하게 체력을 소모하는 본능이 있다. · 언제나 경쟁 대상을 생각하면서 살아간다. · 힘들면서도 쾌감을 느끼는 동안 심리적 안정이 된다.
식상 (食傷)	생산본능 창조본능	· 식상은 틀에 얽매이지 않는 자유경쟁이다. · 출산의 본능으로 종을 이어간다. · 자신이 흥미를 느끼는 것에 심취한다. · 상관은 그동안 없었던 창조적인 것에 유능하다.
재성 (財星)	소유본능 개발본능	· 재성은 일간의 소유욕을 발동시킨다. · 자기 취향에 따른 자기만의 소유본능이다. · 가치 증대를 위한 개발본능이다. · 소유 공간과 재물이 있어야 심리적 안정이 된다.
관성 (官星)	서열본능 결정본능	· 관성은 힘에 따라 자신의 위치를 스스로 결정한다. · 순서를 정하여 행동하는 본능이다. · 서열이 정해지는 환경에서 능률이 오른다. · 서열이 분명한 환경에서 심리적 안정이 된다.
인성 (印星)	기록본능 심미본능	· 현재를 정리하고 기록하는 본능이다. · 인성은 기록을 통해서 역사를 만든다. · 인성 체질은 기록한 자료와 수집한 자료가 많다. · 매사가 순서대로 되어야 심리적 안정이 된다.

01 비겁의 육감·경쟁본능 행동심리

- 생각과 환경을 자기화시키는 본능
- 자기에너지 활용, 현재에 초점
- <u>스스</u>로 인정하는 것에 집착, 개인주의

동물 : 힘, 종족 번식력, 몰입, 경쟁
인간 : 몰입, 경쟁, 모험, 행위예술, 몸 기술, 노동력

비견 : 자아의 욕구를 그대로 따르는 성취욕
겁재 : 지배하고 이기고 싶어 하는 탈취욕

비겁은 동물적인 육감을 가지고 있다. 운동선수들은 모두 비겁이 강하거나 뚜렷한 것이 특징이다. 또한 수술을 잘하는 의사들도 비겁이 강

한 사례를 많이 본다. 대체로 비겁의 소유자들은 어느 방면이든 자기만의 기술이나 몰입 능력을 갖추게 된다. 비견이 모이면 사람들을 잘 모아서 활용하고, 사람들과 유대관계가 좋지만, 비견과 겁재가 같이 있으면 겁재는 사람들을 경계하는 심리가 있어서 사람은 많은데 진심을 통하기 어렵기에 경쟁자들로 변질한다. 그리고 비겁은 자기에너지를 활용하여 식상으로 자기 유전자를 만들어내고 번식시킨다. 비겁이 강하면 에너지가 많고 재성을 극하며 식상을 만들어내고자 한다. 자기에너지를 통하여 활동하고 기술을 연마하고 행동하고 자기중심적인 활동과 행동과 사랑을 하는 본능을 소유한다.

　모든 동물은 종족 보존이라는 강력한 유전자를 가지고 있다. 만약 이러한 유전자가 약한 종(種)이라면 그는 이미 이 세상에서 이미 소멸한 종이거나 소멸해갈 수밖에 없다. 인류라는 종이 이렇게 거대해진 이유는 바로 이기적인 유전자가 강력하기 때문이다. 비록 종의 번식을 목적으로 하지 않아도 매일같이 음양 교합을 이루는 생명체라는 사실만 보더라도 말이다. 사주에서 우리는 인간관계와 궁합을 보게 된다. 과연 인간이 가진 이러한 유전적 요소를 배제하고 무엇을 모두 말할 수 있을까. 왜 여자들은 날씬한 몸매를 만들고 예뻐지려고 노력하며, 남자들은 비아그라를 개발하고 정력에 좋다는 음식을 찾아다니는가? 편협한 논리라 할는지 모르지만, 그것 역시 종의 번식과 관련되어 있다.

| 사례 | 춤추는 가수 싸이 |

時 日 月 年
甲 壬 壬 丁
辰 戌 子 巳

壬水 일간이 壬子월에 태어나 비겁이 강하다. 싸이는 육감적인 춤과 퍼포먼스로 세계적인 가수가 되었다. 그의 가수 생활은 육감을 빼놓고는 말할 수 없다고 입을 모은다. 또한 경쟁적인 구도에서 자기 능력을 발휘하게 된다.

| 사례 | 경쟁심리가 강했던 박태환 |

時 日 月 年
癸 庚 癸 己
未 寅 酉 巳

庚 일주가 酉월에 태어나 양인격이다. 그리고 巳酉가 금국을 이루어 비겁이 강하다. 겁재는 사주 주인공의 에너지원이 되며 癸水 상관으로 에너지를 발산하여 쓰니 운동선수의 적성으로는 부족함이 없다. 辛未 대운에 0.1초의 경쟁을 다투는 수영 종목에서 그 경쟁본능은 더욱 빛을 발했다. 그런데 甲午년에 일간 庚과 충하고 상관이 정관과 충하니 경쟁심리를 끝까지 잘 유지하지 못하고 약물 도핑 사건을 일으켜 선수 생활에 오점을 남겼다.

02 식상의 생산·창조본능 행동심리

- 새로운 방법을 발견, 개발하는 본능, 미래를 위한 발견, 신세계
- 사고의 자율성과 일탈심리

동물 : 번식, 활동, 모험

인간 : 출산, 창작, 기술, 표현, 모험, 공개경쟁

식신 : 끊임없이 과거의 것을 이어서 만들어냄

상관 : 그동안 없던 것을 만들어내고자 함

자연생태계의 생산본능은 암수의 교미를 통한 번식력이다. 생산본능이 약한 종(種)일수록 종족의 개체 수가 적다(사자, 범 등은 강한 수컷이 암

컷을 모두 거느림). 인간은 섹스를 즐기는 육감본능과 함께 출산의 고통을 감수하며 자식 사랑이라는 생산본능이 매우 강하다. 즉, 서열본능으로 번식이 보장되고, 육감본능, 생산본능으로 인류가 번성하였다. 또한 창조본능으로 교육, 생명과학, 기술, 과학의 발달을 이룰 수 있었다. 사주에서도 식상은 기술과 연구, 발명, 유행, 공개경쟁, 자식으로 분석한다.

모든 생명체는 2세를 생산한다. 모든 동물은 목숨을 건 출산의 고통을 마다하지 않고 발정기가 되면 어김없이 수컷을 찾아 교미하고 새끼를 낳는다. 인간 역시 마찬가지다. 오늘날 지구에 생명체가 번성하여 존재하는 현상과 이유는 생산본능을 가지고 살아가기 때문이다.

사업가들은 제품을 생산하고, 연구원들은 무언가를 발명해내고, 과학자들 역시 식신의 역할을 하고 있다. 식상이 공통으로 생산본능을 가졌으나 상관은 정신적으로 일탈을 꿈꾸고 자유세계를 항상 동경한다. 자신의 의지대로 표현하고 자유가 아니면 죽음을 달라고 외치는 것과 같다. 관성과 식상의 대치는 자유와 복종의 대립으로 자유 속에서 서열이 있고, 서열 속에서도 자유를 찾는다. 직장인이 집에서는 철저히 자유 생활을 보장받으려 하는 것도 본능의 욕구다.

사람은 한 가지를 오래 소유하거나 반복하면 지루해한다. 싫증을 해소하고 새로운 것을 찾아 나서는가 하면 새로운 오락을 하거나 만들어 내거나 창조하는 과정이 곧 식상 심리이다. 또한 자기 내면의 세계를 밖으로 드러내고 싶은 욕망 때문에 세상을 향하여 자신의 매력을 드러내 관심을 유발하고자 하는 것이다.

식상의 감성은 예민하고 섬세하며 상대적인 반응과 감성 코드에 따라서 먼저 다가가고 먼저 내어주는 것은 물론 상대의 반응이 없다 하더라도 자기 눈에 들어온 대상은 어떻게든 자기 것으로 만들어 보려는 도전적이고 자유분방한 사고의 본능이라 할 수 있다. 끝없는 호기심은 자신의 본성을 스스로 자극하여 원하는 것을 소유하는 심리로서 지나치게 과소비하거나 구매한 것들에 대하여 금방 싫증을 느끼기도 한다. 여기서 식상을 통제하려면 행동하기에 앞서 인성이라는 생각의 별이 필요한 이유다.

사례 한글을 창제한 세종대왕(음 1397년 4월 1일 진시)

時	日	月	年
甲	壬	乙	丁
辰	辰	巳	丑

壬水 일간이 巳월에 태어나고 丁火가 투출하여 정재격이다. 월간의 乙木 상관과 시간의 甲木 식신이 재를 생하는 식상생재(食傷生財)를 이루었다. 辰土에 통근하는 가운데 연월지가 巳酉丑 금국 인성국을 이루어 아름답다. 상관은 새로운 창조능력이며, 정재는 치밀하고 섬세한 기질로서 그가 한글을 창제할 수 있었으며, 인성국은 오래도록 기록하는 작용이다.

사례 과학자이며 백신을 개발한 안철수

時	日	月	年
丙	乙	壬	壬
戌	未	寅	寅

乙木 일간이 寅월에 태어나 丙火가 시간으로 투출하여 상관격이다. 연월 간의 壬水 정인이 병립하여 상관패인(傷官佩印)을 이루었다. 의사가 되었으나 새로운 호기심으로 컴퓨터 백신을 만들어 보급하였고, 대학교수, 정치인 등으로 끊임없이 변화와 창조를 꾀하고 있다. 단, 관성의 서열본능이 없으므로 정치적 지도자는 타고난 적성은 아니다.

03 재성의 소유·개발본능 행동심리

- 자기욕구 자극, 소유하려는 본능
- 먹이로서 생존해야 하는 본능
- 국가, 거주지와 공간의 확보
- 자기 소유물에 대한 관리 보전

동물 : 주거영역, 암컷, 먹이 등 생존의 수단

인간 : 부동산, 재물, 여자, 먹이, 물품

정재 : 자기 노력과 지키고자 하는 본성

편재 : 수단과 소유하고자 하는 생존, 개발 본성

자연생태계의 짝짓기 영역, 주거, 먹이사슬 본능, 먹이와 주거영역

확보를 통하여 종(種)을 보존, 진화하였다. 재성 욕구본능이 약한 종일수록 자기 주거영역 없이 남의 집을 이용하고 살아간다(인간은 셋방 사는 것). 인간은 원시시대부터 다른 동물에 비하여 주거와 먹이를 잘 구하였다. 농사, 사냥, 짐승을 사육하여 식량을 비축하여 생존에 대비하였다. 사주에서도 재성은 공간과 선, 색깔, 재물, 먹이 등으로 분석한다.

식상으로 재를 생하면 나의 모든 내면 심리는 오직 재를 통하여 만족을 찾는다. 재성으로 관을 생하면 부와 귀를 얻어야 만족하는 심리는 재물은 곧 권력이 되고 권력은 곧 재물이 된다는 심리이다. 모든 사람은 재물을 소유하고자 한다. 재성은 소유하고 싶은 욕구를 발동시킨다. 여자들은 우아하고 넓은 거실의 생활과 명품을 소유하고 싶어 하고, 부동산과 현금자산 등의 재물과 함께 남자는 여자를 소유하고 싶어 한다.

재성은 공간 파악 능력이 탁월하고 재산 가치를 알아보는 능력이 뛰어나다. 한마디로 감이 빠르다. 그리고 무엇인가 크게 이루고자 하는 욕구가 대단히 크고 왕성하다. 그만큼 선천적으로 소유할 수 있는 능력을 타고났다. "한 덩이 고기도 루이비통처럼 팔아라"라는 마케팅 전략을 외쳤던 이가 있었는데 그의 재물에 대한 소유 욕구를 짐작하게 한다.

사주를 분석하고 간명할 때 내담자의 소유능력을 평가하고 서열본능의 수준을 확인해야만 올바른 상담이 가능하다. 사주를 통해 바로 부귀를 얼마나 소유할 수 있는가를 판단하는 것이다. 대학교수가 가진 인성과 장사꾼이 가진 인성을 같은 선상에 놓고 해석할 수 없는 것이 간명의 진리이다.

사례 　 큰 부를 소유한 현대 정주영 회장

```
時 日 月 年
丁 庚 丁 乙
丑 申 亥 卯
```

庚金 일간이 亥월에 태어났고 亥卯未와 乙木 재성이 신강한 일주와 세력을 견주었다. 젊은 시절 쌀가게 배달부터 시작하여 중동지역 개발사업과 경부고속도로 등 수많은 개발사업에 성공하고 현대그룹이라는 창조신화를 이룬 전설적인 인물이다.

사례 　 공간 개발지능이 뛰어난 기악과 교수

```
時 日 月 年
丙 戊 辛 丁
辰 戌 亥 酉
```

戊土 일간이 亥월에 태어나 편재격이며 월간의 辛金 상관이 편재를 생하고 있다. 상관은 창조와 예술의 생산능력이 우수하고 편재는 개발능력과 함께 공간지능이 우수하여 선, 거리, 색깔 등의 구별능력이 뛰어나다. 공간 개발지능이 요구되는 피아노 전공으로 독일 유학을 다녀왔고 음악대학 교수로 활동하고 있다.

04 관성의 서열·결정본능 행동심리

- 상하를 구분하여 행동하는 본능
- 질서를 유지하여 먹이를 배분
- 수직적 구조를 통하여 종족 보존

동물 : 출생, 직계서열, 힘의 서열

인간 : 출생, 가족, 사회구조, 직책, 재물, 지적 능력

정관 : 조직의 질서를 존중하고 윗사람을 잘 따름

편관 : 타협보다는 행동으로 해결하는 권위적 결단성

자연생태계의 서열본능은 종(種)을 진화시키며 종족을 보존한다. 서열본능이 약한 종일수록 번식력이 약하고 멸종위기에 놓인다. 인간은

철저하게 원시시대부터 서열을 스스로 인지하면서 짝과 번식을 통해 종을 보존하고 인류가 발전하였다. 사주에서도 관성은 아래위 서열을 고스란히 드러낸다.

지구상의 모든 동물은 서열본능이 있다. 기러기 떼가 선두를 중심으로 나란히 서열을 지키며 하늘을 나는 모습을 본다. 바다에서는 고래는 물론 상어나 참치가 떼를 지어 일사불란하게 대열을 맞춰 다니는 것을 볼 수 있다. 아프리카에서 수만 마리의 야생동물들이 질서와 대열을 유지하면서 이동하고, 모래더미 위 개미들도 서열을 지키며 열심히 움직인다.

인간 세상도 국가 간에 강대국 순으로 서열이 있고, 대통령이 선출되면 모두가 그 서열을 따르게 된다. 국가에는 대통령부터 말단 공무원까지 서열이 있고, 대기업은 물론 작은 중소기업에서도 직책을 통한 서열이 조직을 움직이는 시스템을 이룬다. 서열본능이란 어쩌면 자연이 만들어낸 속성 중 가장 위대한 것일지도 모른다. 서열이 있음으로써 인류는 종족을 유지해 왔으며 국가의 존재와 사회의 기강이 유지되기 때문이다.

회사의 사장이 가진 관성의 힘과 말단 사원이 가진 관성의 힘이 같을 리 없고, 사장이 가진 인수라는 결재 도장의 힘과 과장이 가진 결재 도장의 힘은 다르다. 현재의 과장이 추후 사장이 될 수도 있고, 현재 사장도 과거에 과장 시절이 있었을 것이다. 그런 까닭에 생애 주기별 십성의 적용과 함께 서열에 따른 십성의 적용이 병행되어야 한다. 즉 연륜과 서열이 주는 힘의 차이는 대단히 다르다. 모든 동물의 세계는 대자연의 질서를 유지하고자 하는 본성적인 서열본능이 작용한다.

관성이 강하고 일간도 강해야 서열 중에서도 높은 서열이 될 수 있다. 그리고 관성이 지나치게 강하면 일간은 관에 일방적으로 복종해야 하므로 낮은 서열에 머물면서 관의 무게를 힘들게 감당해야 한다. 재생관을 받는 관성은 추종자가 따르고 권력이 주어지지만, 관성이 없거나 미약하면 따르는 추종자가 없고 권력이 미약한 직함에 불과하다.

사례 19세기 조선 권력서열 1위 흥선대원군

時	日	月	年
乙	癸	己	庚
卯	卯	丑	辰

癸水 일간이 丑월에 태어나 己土를 투간하여 편관격이다. 시주 乙卯와 일지 卯가 상신으로 월령용신을 제압하는 살용식신의 사주 구조이다. 일간이 丑 중에 뿌리를 두어 신약하지는 않으나 火氣가 없어 조후의 균형이 깨진 것이 아쉽다. 용의주도한 전략가로 왕가의 권력다툼에서 살아남기 위해 청년 시절 술을 얻어먹고 걸식하고 다녔다는 일화는 유명하다. 甲午대운 甲子(1864)년에 고종이 즉위하고 이때부터 흥선대원군의 집권이 시작된다. 철종 때까지 권력을 휘두르던 안동 김씨를 축출하고 권력 서열을 정리하고 어린 고종을 대신하여 명실상부 19세기 조선 권력서열 1위에 오른다. 쇄국정책을 펼치고, 동학과 천주교를 탄압하고, 명성황후를 살해한 배후라는 의심까지 받는 등 부정적 평가가 넘치지만, 조직의 서열본능에 충실했고 타협보다는 행동으로 직접 보여준 조선말 최고 권력자였음에는 의심의 여지가 없다.

| 사례 | 조직이 강한 법조계의 여성 판사 |

```
時 日 月 年
丙 戊 甲 癸
辰 寅 子 丑
```

戊土 일간이 子월에 태어나 癸水가 투출하여 정재격이다. 癸水는 월간의 甲木 편관을 재생살하고 있으며 甲木은 일지에 뿌리를 두었다. 시간의 丙火 인수는 관인상생(官印相生)을 하고 서열본능이 투철한 구조를 만든다. 원리원칙과 결단력이 요구되는 판·검사직으로 타고난 천성(天性)을 잘 찾아갔고, 사법고시 출신이며 판사로 활동하고 있는 여성이다.

05 인성의 기록·심미본능 행동심리

- 역사와 상황을 기록하는 본능
- 표시, 문자, 기록을 통한 의사소통을 가능케 함
- 기록 자료로 교육 가능, 새로운 사고와 발전

동물 : 냄새, 체취, 기억, 표시

인간 : 표시, 기억, 문자로 표기

정인 : 현재를 정리하고 기록을 활용하는 학문적 본성

편인 : 재치 있고 순발력이 뛰어난 시와 음악의 심미적 본성

자연생태계의 표시, 사고본능은 동종 간 의사소통을 통하여 종(種)을 보존, 진화시켰다. 기록본능이 약한 종일수록 먹이사슬에 취약하므로,

개체 수가 적거나 멸종하기에 이른다. 인간은 원시시대부터 다른 동물에 비하여 기록능력이 뛰어났다. 표시, 글을 통한 의사소통이 잘되어 침입자나 재해 등에 잘 대처하게 되었다(지식축적을 할 수 있는 능력). 사주에서도 인성은 기록, 암기, 문서화에 충실하다.

인성은 인간의 심미주의를 대표하는 십성이다. 마음으로부터 아름다움을 느끼고 마음으로부터 사랑받기를 원하고 정신적 사랑의 원형인 본성적인 모성애를 갖는 것이 인성이다. 아이가 어지럽힌 물건들을 엄마가 항상 정리해주는 것처럼 분산시켜 놓은 것들을 정리하고 제자리를 찾아 저장하는 심리이다. 음악과 영화감상을 즐기고 여러 가지 것들을 수용하고 전통과 질서를 중요하게 생각한다. 인성은 학습에 대한 수용이므로 공부하는 동안에도 끊임없이 기록하고 재차 정리하여 보관한다. 관성의 서열이 정해지면 그 수준에 맞춰서 자신의 처신을 해나가는 동시에 일간을 위해서라면 모든 것을 희생할 준비가 되어 있는 모성애가 본능적으로 발현되는 것이 인성이다.

역사는 기록에 의하여 남겨졌고 증명됐다. 인성은 무엇이든 기록하고 저장하여 둔다. 갑골문자를 통해 육십갑자가 기록되어 현재까지 유전되었듯이, 지금도 수많은 기록물이 저장되어가고 있다. 여자는 인수가 유력할 때 힘들어도 그 전통과 순서를 지키기 위해 최선을 다하는 것을 볼 수 있다.

한편 인성은 주고받는 문제에 항상 봉착한다. 정인은 부모로부터 사랑을 일방적으로 받는 것이지만, 어릴 때부터 받은 그 에너지는 부모가 늙어 힘을 잃으면 다시 줘야 한다. 편인은 자식에 해당하는 식신을 독려하고 키우기 위해 에너지를 주는 것이었는데 주다 보니 자신이 부실해지기도 한다. 인성과 재성은 학문이나 자격증을 통해 수입과 연결하는 관계이다. 사주 구조에 따라서 공부해서 학원 사업거나 먼저 사업이나 장사를 하다가 나중에 공부하기도 한다. 인성은 정신적 만족감을 추구하고 재성은 현실적인 만족감을 추구한다.

사례 기록본능의 황우석 박사

時	日	月	年
丙	乙	壬	壬
戌	未	子	辰

乙木 일간이 子월에 태어났고 壬水가 연월에 동시에 투출하여 정인격이다. 壬水 정인이 병립하여 강하고 학자가 천성이니 결국 서울대학교 교수가 되었다. 그리고 시상 丙火 상관의 창조능력과 생산본능이 강하여 생명과학자로 동물복제에 성공하며 학계에서 인정받았고 논문 또한 이슈가 되었다. 다만 인성에 비해 관성이 부재하니 과욕으로 논문 사기에 휩싸였고 결국에는 교수직을 잃고 말았다.

사례 작가·정치인, 유시민

時	日	月	年
甲	辛	辛	己
午	亥	未	亥

辛金 일간이 未월에 생하고 己土를 투간하여 편인격이다. 시지 午火 관성을 상신으로 쓰는데 午 중 己土가 편인을 더욱 북돋는다. 편인도 강하지만, 亥未가 회합하여 목국을 이루고 시간 甲木 재성의 뿌리도 이루므로 재성도 강해 재극인 사주구조를 이루었다. 그는 편인으로 인해 정치토론회 등에서 재치 있고 순발력 있는 언변을 구사하지만, 식상만 사용하는 언변술이 아닌 까닭에 다른 정치인들과 차별화되었고, 수십여 권의 저술을 통해 유감없는 필설을 구사하며 정치활동 중의 어록뿐만 아니라 작가로서의 팬층도 두텁다. 정치인으로서 활용했을 관살을 상신으로서 쓰기는 하였으나 丁卯 丙寅 대운의 투출된 관성의 기간이 끝나고 정계를 은퇴하였다.

Chapter 12

연애심리와 사주분석

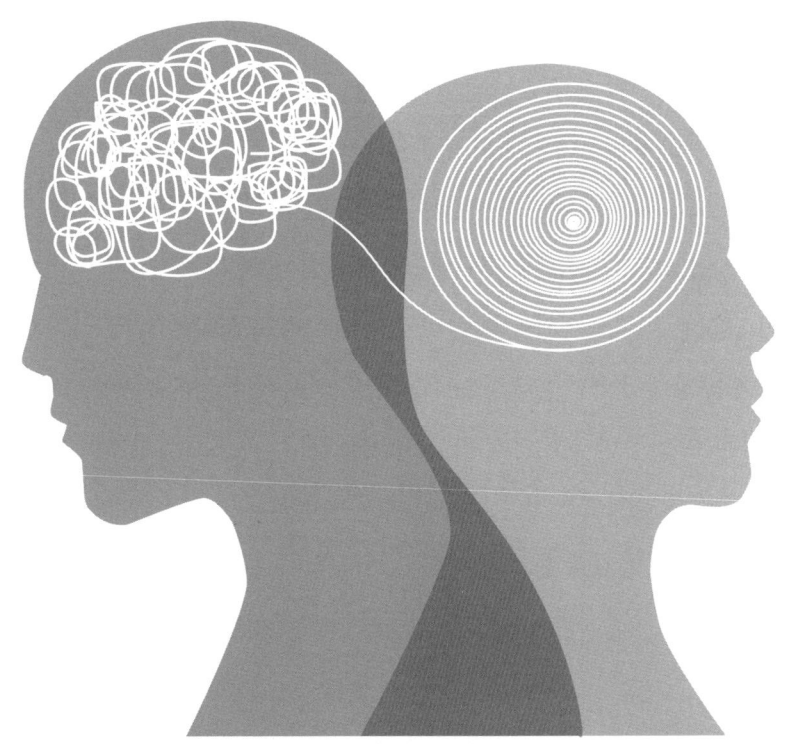

맞벌이 시대의 남녀의 연애심리

일간과 비겁은 남녀 모두에게 자기의 에너지원이다. 식상은 본인의 섹스 욕망이고, 재성은 연애의 대상이고, 관성은 그 결과로 유발되는 가정, 자식, 결혼이다. 그 관성은 다시 돌아서서 나의 일간, 나의 에너지원을 제약한다. 과거에는 최소한 20세기까지도 이 논리는 남자에게만 적용하는 논리라고 여겨졌다. 그런데 21세기 현재는 한반도에 있는 모든 젊은 여성은 일을 하고 직장생활을 한다. 모두라는 말에 의구심이 들 수 있지만, 실업 상태는 모든 젊은 남녀에게 공통된 사회적 조건이다. 심리적으로는 모두가 분명히 그리고 현실적으로 맞벌이를 하지 않으면 결혼 생활을 영위할 수도 없는 맞벌이 시대이다.

전통적인 사주의 육친론은 생물학적 관점에서 구성되어 있다. 남자에게 일간은 자신, 식상은 남성기, 재성은 여자, 관성은 자식이었고, 여자에게 관성은 남자, 인성은 자궁, 일간은 자신, 식상은 자식이 된다. 그래서 남자는 식상생재가 연애심리의 기본 사주 구조로 여겨졌고, 여자는 관인상생이 연애심리의 사주 구조로 인정됐다. 남자는 식상이 사랑하는 여자를 만나러 가게 하는 작용을 하고, 여자는 인성이 사랑해주는 남자를 들어오게 하는 작용이라고 여겨왔다. 그래서 남자들은 식상의 표정과 향기에 쉽게 빠져들고, 여자들은 인성의 지식과 말에 약하다.

생물학적 육친론이 바뀔 수는 없다. 현재까지도 완전히 틀린 이야기는 아니며 자궁에 아이를 품고 느끼는 모성애가 사라질 수도 없다. 그런데 모든 여성이 일을 하는 맞벌이 시대에 여자는 남자와 동일하게 직장과 조직을 관성으로 느끼고 살아간다. 사회생활과 가정생활이 남녀에게 동일하게 적용되듯, 여성의 성생활 심리 또한 섹스 욕망과 섹스 대상 그리고 그 결과인 자식이 주는 제약까지 사회적 심리로는 남녀 모두 동일하게 느끼고 행동한다.

21세기에 이르러 이제는 남녀의 연애심리를 조금 다르게 보아야 하는 때에 이르렀고 그래야만 연애 주제의 상담을 원활하게 이끌어 갈 수 있다. 여자의 연애심리를 살필 때 생물학적 관점과 사회학적 관점 중에서 어떤 것이 옳다고 주장하는 것은 아니다. 하나에 편중되지 말고 두 가지가 함께 고려되어야 한다는 것이다. 그래서 여자의 마음은 어렵다.

01 남자의 연애심리

남자의 연애심리를 십성으로 추론해 보면, 남자의 사주에 비겁이 많으면 예쁜 여자를 좋아하고 경쟁 구도에서 미인을 쟁취하려는 욕망이 크고, 식상이 많으면 건강하고 몸매가 좋은 여자를 이상형으로 삼고, 자기보다 어린 여자를 좋아한다. 남자 관점에서 처성(妻星)에 속하는 재성이 많으면 주변에 여자는 많지만, 정작 자기 여자를 구하지 못하는 경우가 있다. 관성이 많으면 애교가 많은 여자를 좋아하고, 인성이 많으면 결혼을 하고 나서 부인과 사이가 틀어질 수 있고 연상의 여인을 좋아한다.

1) 남자의 사주를 통해 본 연애 심리

(1) 식상이 없는 남자

- 재성을 향해 가는 혹은 스스로 여자에게 행동을 취하는 통로가 없다.
- 자신은 여자에게 잘한다고 생각하지만, 여자는 느끼지 못한다.
- 여자에게 마음과 행동을 자연스럽게 표현하지 못한다.

- 센스가 없고, 재미도 없고, 표현방식이 지루해서 여자에게 인기가 없다.
- 여자가 뭘 원하는지, 뭘 바라는지 알아차리지 못한다.
- 비겁은 많은데 식상이 없으면 배려와 서비스가 부족하다. 힘만 세고 스킬이 없는 셈이다.
- 식상은 성적 욕망이고, 재성은 상대방이고, 관성은 그 결과인 임신이자 자식이 된다.

사례	식상은 약해도 처복은 좋은 남성

時 日 月 年
庚 辛 丁 己
寅 丑 卯 丑
庚辛壬癸甲乙丙
申酉戌亥子丑寅

辛金 일주가 卯월에 생하여 재격이다. 월간에 편관을 투출하여 월령 재성, 즉 부모의 재산으로 관을 얻을 수 있다. 이 재생관이 부모 찬스이기도 하지만 처복 또한 좋은 남자이다. 이 사주의 주인공은 공대에서 전기를 전공했지만, 부모의 가업인 양조장을 물려받아 사장에 올랐다. 용기 있고 의로운 성품이며 한번 마음먹으면 끝까지 밀고 가는 추진력도 있다. 식상은 丑 중 癸水를 가지고 있으나 식상이 약하므로 여자에게 표현을

> 잘한다거나 서비스를 잘하는 스타일은 아닐 것이다. 그래도 식상과 재성이 함께 오는 甲子 대운에 교사 부인을 만나 결혼하여 잘살고 있다. 木生火는 원활하므로 성적 흥분은 잘 일어나지만, 水이자 식상이 부족하여 성적 기능이 원활하지는 않을 것이다. 한편, 시간의 겁재가 寅 정재를 좌하고 앉아 있으므로 부인에게 못 잊은 사랑이 있다.

(2) 식상이 많은 남자

- 재성으로 향하는 통로가 많아서 여자에게 잘해주는 것이 지나친 사람이다.
- 여자에 대한 서비스 정신이 투철해 여자가 부탁하면 다 된다고 말하는 사람이다.
- 관성을 극하니 직장은 안 가고, 여자에게 한눈팔다가 신세 망치는 경우가 있다.
- 우스갯소리로 치마만 두르면 다 좋다는 말은 딱 식상이 많은 남자를 칭하는 말이다.
- 여자가 많다는 관점에서 재성이 많은 남자와는 완전히 다르다.

(3) 재성이 없는 남자

- 내 여자가 없는 형국이므로 여자의 내조를 받거나 진정한 사랑을 받기 어렵다.

- 재성이 거의 없고 지장간에 약하게 숨겨진 남자는 전형적인 바람둥이 사주이다.
- 재성이 없다는 것은 정해진 자기 여자가 없는 것이므로 어디 가서 정을 줄지 모른다.
- 식상도 약하고 재성도 약하면 여자에게 내 뜻을 전할 길이 없어서 평생을 헤맨다.
- 남자가 재성이 약하면 잘해줘도 알지 못하고 서로 구박하며 핑계를 대다가 끝난다.
- 여자가 없는 것과 같으니 일지 배우자궁이 좋아야 해로한다.
- 재성이 없는 남자가 배우자궁까지 기신이면 여자 인연이 정말 어렵다.
- 뿌리도 없는 재성이 천간에 있다가 충극을 당하면 배우자와 생사 이별한다.

사례 재성이 약한 관살혼잡으로 자식은 두고 재혼

時	日	月	年
丙	辛	丁	己
申	丑	丑	亥

庚	辛	壬	癸	甲	乙	丙
午	未	申	酉	戌	亥	子

> 辛金 일주가 丑월에 생하여 인수격이다. 인수를 생하는 관성이자 조후로도 필요한 火를 써야 한다. 그런데 火를 생할 木 재성이 없고, 水 식상도 모두 숨겨놓고 있을 뿐이니 이 남성은 자신을 확실히 어필하지도 못하겠지만 연애 목적성도 부족하므로 연애는 평생 헤맨다. 관성은 정편을 모두 투출하니 첫 번째 결혼에서 딸과 아들 두 자식을 두었다. 결국 이혼했고, 자식은 남겨두고 재혼한 남자이다. 참고로 개인사업을 하고 있었다.

(4) 재성이 많은 남자

- 재성이 많다고 바람둥이는 아니다. 여자가 주변에 많을 뿐이다.
- 재성은 많고 일간이 약한 재다신약은 우유부단하고 소심한 남자이다.
- 재성은 힘이 센 것이므로 처가 집안을 휘두르거나 부인이 더 활달한 사람이다.
- 재성은 세고 일간이 힘이 약하면 처가 두렵고 밤이 무섭다는 남자도 있다.
- 재성이 많으면 한눈을 파는 것이 아니라 부인의 욕망을 다 채우지 못해서 떠난다.
- 재다신약은 겉으로는 몰라도 속으로는 상당히 여자에게 의지하는 유형이다.
- 재다신약은 처의 비서 생활, 일명 셔터맨으로 미용사, 약사 등 전

문직을 선호한다.

- 재성이 인수를 극하므로 은근히 남의 말 잘 안 듣고 고집이 세다. 그래도 공처가이다.
- 재성이 많아서 바람이 피는 남자는 식상도 많고 재성도 많은 식상생재의 경우이다.

> **사례** 부인에게 매우 잘하는 공처가
>
> ```
> 時 日 月 年
> 丁 癸 癸 辛
> 巳 未 巳 巳
> 丙丁戊己庚辛壬
> 戌亥子丑寅卯辰
> ```
>
> 癸水 일간이 巳월에 생하고 丁火와 辛金를 투출하여 재격과 인격을 겸격하고 있다. 재성과 인성의 중간에 있는 관성을 상신으로 쓴다. 행정고시에 합격하여 사무관을 지냈던 남자이다. 재성의 힘이 강해 부인의 힘이 강하며, 일지 부부궁이 편관이라 부인이 호탕한 여자이다. 비견이 있으나 일간이 강하지 않고 재성은 태과한 셈이라 부인에 대한 배려가 과하다 싶을 정도이며 부인 찬양주의자로 공처가이다. 己丑 대운에는 丑未가 충하여 직장생활이 좀 힘들었지만 잘 견뎌냈고, 戊子 대운에 직장생활을 영위하다 중간에 직장을 그만두고 사업을 하나 식상생재가 잘 이루어지지는 않으니 사업이 잘 풀리지는 않았다.

(5) 관성이 없는 남자

- 관성이 없으면 여자랑 함께 결과를 못 이루는 것이므로 여자에게 무시당한다.
- 관성이 없으면 남자는 일생 사귈 여자가 많지 않은 편이다.
- 재성이 있어도 관성이 없으면 좋은 여자를 못 얻으므로 눈높이를 낮춰야 한다.
- 재가 생할 관이 없으니 여자가 할 일이 없고, 여자의 내조가 내게 미치지 않는다.
- 관성이 없으면 여자의 섬세한 서비스를 받지 못한다.
- 신강조건과 관성조건은 여자를 옆에 둘 수 있느냐 없느냐의 조건이 된다.

사례 寅巳申형으로 관성이 깨져버린 남성

時	日	月	年
乙	甲	戊	丁
亥	寅	申	巳

辛	壬	癸	甲	乙	丙	丁
丑	寅	卯	辰	巳	午	未

甲木 일간이 申월에 생하고 월령 단독으로 편관격인데, 일지 寅과 연지

> 巳가 관성을 둘러싸고 寅巳申 삼형을 이루어 격이 깨져버렸다. 관성이 없어져 버린 셈이고, 원래 무관 무재보다 형충파로 깨져버린 격이 더 부작용이 큰 법이다. 관성이 없으면 여자로부터 무시를 당하고 내조를 받기 어려우며, 사귈 수 있는 여자가 많지 않고 좋은 여자를 얻지 못한다. 이 사주의 주인공은 혼전 실수로 乙巳대운 戊子년에 아이를 가졌고 결혼을 하였지만, 결혼해서 한 번도 부인과 성적 관계를 갖지 않고 살고 있다. 부인으로부터 투명인간 취급을 받는 것이 관성이 깨진 것도 있겠지만, 동시에 金生水도 깨져버리니 성적 기능의 저하도 유발하므로 원인이 가중된 셈이다.

(6) 비겁이 많은 남자

- 소유욕이 강하고 자신의 에너지가 충분하니 재를 갖고 싶어 하는 남자이다.
- 비겁이 많으면 예쁜 여자를 좋아하고 질투심도 많다.
- 시작하면 끝을 보는 성미라 마음에 드는 여자를 보면 일찍 결혼한다.
- 책임감이 강해서 잘해주지만, 이기적이고 우월감을 감추지 않는다.
- 비겁이 태과하면 처와 여자가 약하거나 단명한다.
- 비겁이 태과한데, 관성과 인성이 없으면 여자에게 폭력을 행사한다.
- 비겁이 태과하면 여자보다 친구가 우선이고, 자랑하고 비교하려고 예쁜 여자랑 사귄다.

- 비겁이 쟁재하여 이혼 가능성도 높고, 재혼 확률도 높다.
- 겁재가 일간과 무정하고 쟁재하면 처와 재복이 없다.
- 비겁은 재성에게는 관이고, 관성에게는 재이므로 남녀 모두 상대의 바람에 주의한다.

사례　겁재로 丁壬合이 가로막힌 이혼남

```
時 日 月 年
己 壬 癸 丁
酉 寅 丑 酉

丙 丁 戊 己 庚 辛 壬
午 未 申 酉 戌 亥 子
```

壬水 일간이 丑월에 생하고 己土를 투간하여 정관격이다. 재의 생을 상신으로 써야 하므로 재성이 중요한데, 연간의 丁火를 월간의 겁재가 충극하고 있는 사주 구조이다. 비겁이 쟁재하면 이혼 가능성도 높고, 겁재의 특성상 또 여자를 쫓는다. 정재를 겁재가 잡아먹는 구조라 하여 남자의 연애심리를 볼 때 가장 나쁘게 보기도 한다. 정관격인 데다 지지에 인수도 많아 직업적으로 나쁠 것이 없었다. 머리도 좋고 전자공학을 전공한 엔지니어 출신으로 대기업에 취업했다. 그런데 중학교 여자 교사와 했던 결혼은 결국 이혼으로 끝났고 그 충격으로 회사도 때려치우고 떠돌이 생활을 하다 연상의 이혼녀와 동거하며 살았다. 하지만 이 또한 동거녀 자식들의 반대로 결국 집을 나오고 말았다. 오행이 모두 있으나 겁재의 훼방으로 재성에서 순환이 끊어지고 탁해져 버린 사주이다.

참고 여자친구의 유복 추론

- 남자의 사주가 신강하면서 재성도 왕하면 좋은 여자를 얻는다.
- 남자의 사주가 재격이면서 식상생재가 잘 되면 좋은 여자를 얻는다.
- 남자의 사주가 신약해도 재생관이 잘 되면 좋은 여자를 얻는다.
- 남자의 사주가 일지가 용신이거나 희신이면 좋은 여자를 얻는다.
- 남자의 사주가 재성이 용신이거나 희신이면 좋은 여자를 얻는다.

2) 운에 따른 남자의 연애 행동

(1) 연애가 시작되는 운

- 재성운에 연애를 할 것 같지만 내가 약하면 재성이 와도 여자가 많을 뿐이다.
- 식상생재의 사주구조가 강화되는 운에 연애를 시작한다.
- 재생관의 사주구조가 강화되는 운에 연애를 시작한다.
- 비겁운은 연애운으로서는 반반이다. 욕망이 생겨도 다른 구조가 맞아야 한다.

(2) 운에 따른 연애 행동

① 식상운
- 내가 스스로 자유롭게 욕구에 따라 연애한다.

- 일간의 에너지를 분출하므로 여자에게 잘해주고 싶은 욕구가 강해진다.
- 유약한 여자를 보면 마음이 더 가고 책임지고 싶어진다.
- 식상운은 재성을 생하므로 연애도 잦아지고 일상이 모두 바빠진다.

② 재성운
- 관성이 있을 때 재성운이 오면 여자의 도움을 받는다.
- 여자가 나의 체면을 세워주므로 그 여자를 옆에 두고 싶어 한다.
- 식재관의 흐름이 원활해지면 여자를 통해 자식을 얻고자 결혼을 계획한다.

③ 관성운
- 재성이 있을 때 관성운이 오면 결혼을 통해 명예와 권위를 얻고자 한다.
- 관성운은 여자에게 서비스를 받고 싶어지는 운으로 여자에게 받들어지길 바란다.
- 집안에서 받들어지지 않으면 밖에서 애교 많은 여자를 찾고 바람이 난다.

④ 인성운
- 정신적인 사랑, 플라토닉 러브를 하는 운이다.

- 여자를 위해 집을 마련하거나 새로운 준비를 하는 운이다.
- 여자가 좋아하는 것을 많이 해 주는 시기이다.

⑤ 비겁운
- 하룻밤의 정사, 원나잇 스탠드를 꿈꾼다.
- 가볍게 연애하고 짧은 인연으로 끝나는 경우가 많다.
- 내 일간의 힘이 커지니 욕구가 강해져 여자를 원하는 운이다.
- 원래 있던 재성을 극하면서 여자를 원하므로 이혼과 재혼 등이 일어난다.

3) 일지(日支)의 배우자궁과 부인 관계

(1) 배우자궁으로서 일지의 의미
- 일지는 남녀 모두에게 현재 나에게 가장 소중한 것을 의미한다.
- 물건이든 인간이든 정신이든 소유하고 가까이 두고 있는 것을 의미한다.
- 배우자가 머물게 되는 공간이 되므로 배우자궁이라 부른다.
- 배우자궁의 모습을 살펴 배우자의 그릇 크기를 판단한다.
- 배우자궁은 배우자 복을 판단하는 기준이 된다.

(2) 배우자궁의 조후 문제

- 일지의 조후는 부부관계에서 매우 중요하다.
- 일지의 조후는 자신의 환경이기도 하며, 배우자가 머무는 환경이기도 하다.
- 더운 집인지, 추운 집인지, 건조한 집인지, 습한 집인지를 출생월과 대조 비교한다.
- 조후가 안 되면 그 집에서 살기 싫고 이사 가고 싶으니 부부 사이에 갈등이 많다.
- 배우자궁의 조후는 부부의 성생활과 밀접한 관련이 있어서 조후가 맞아야 좋다.
- 월지와 일지가 모두 한랭하면 성생활을 피하고, 모두 조열한 것도 만족감이 떨어진다.
- 배우자궁의 조후가 깨지면 외도를 하거나 별거를 하게 된다.

참고 배우자궁을 통해 본 상대의 모습

- 일지가 비견이면 상대가 친구같고 나에게 크게 얽매이지 않는 여자이다.
- 일지가 겁재이면 비견과 동일한데, 상대의 외정을 경험할 확률이 있다.
- 일지가 식신이면 상대가 순정파의 여자이고 몸집이 후덕하다.
- 일지가 상관이면 상대가 멋을 부리고 애교 있는 여자이나 비위를 맞추기가 어렵다.

- 일지가 정재이면 상대가 꼼꼼하고 착한 여자이다.

- 일지가 편재이면 상대가 기분파이며 씀씀이가 크고 활동이 왕성한 여자이다.

- 일지가 정관이면 상대가 바르고 정직한 틀에서 살아가는 여자이다.

- 일지가 편관이면 상대가 자기 마음대로 하고 사는 호탕한 여자이다.

- 일지가 인성이면 상대가 엄마같이 자상한 여자이다.

- 일지가 편인이면 상대가 까다롭거나 변덕스러운 여자이다.

| 02 | 여자의 연애심리 |

여자의 연애심리를 십성으로 추론해 보면, 여자의 사주에 비겁이 많으면 자기의 강한 에너지를 컨트롤해 줄 수 있는 마초남이나 터프가이를 원하고, 식상이 많으면 말을 잘하고 유머러스하고 섹시한 남자와 코드가 맞는다고 생각한다. 재성이 많으면 돈 많은 남자는 기본이고, 목표치가 높아 나보다 똑똑한 사람을 원한다. 여자 관점에서 부성(夫星)에 속하는 관성이 하나로 또렷하고 뿌리가 좋으면 괜찮은 남자를 평생 옆에 둘 수 있지만, 관성이 많으면 항상 본인의 남자와 외부의 남자들을 비교하며 살아간다. 여자가 인성이 많으면 내밀하고 심미적인 대화를 남자와 나누고 싶어 하지만 터치나 스킨십은 꺼린다.

1) 여자의 사주를 통해 본 연애 심리

(1) 식상이 없는 여자

- 나 스스로 누군가를 만나고 연애하는 아웃풋 행동이 취약하다.
- 먼저 남자를 찾아 나서지 않고, 먼저 다가가는 법을 모른다.

- 이성에게 향하는 마음을 표현하는 행동이 자연스럽게 나오지 않는다.
- 여성으로서 이성적 매력을 어필을 시도해도 남자가 매력을 느끼지 못한다.
- 남자의 기억 속에 각인이 잘 안 되고, 잊혀지기 쉬운 여자이다.

(2) 식상이 많은 여자

- 식상이 강하면 관을 극하니 잘해주고도 좋은 소리를 못 듣는다.
- 식상이 태과하면 성격이 극성맞고, 거기에 무인성이면 남자에게 불평불만이 많다.
- 식상은 많은데 재성이 없으면 농담이 진담되고, 커피 한잔했는데 사귄다 소문난다.
- 식상이 많은 여자에게 해주는 조언은 절대 남자 앞에서 가볍게 웃지 말라.
- 식상이 많아도 인성으로 제압되거나, 정관과 간합되면 남자에게 정말 잘해준다.
- 식상격에 식상 투출이 많은데, 재관이 모두 미약하면 남자에게 문제가 생긴다.

(3) 재성이 없는 여자

- 관성을 향해 가는 혹은 남자를 위해 뭔가 해 줄 수 있는 통로가 없

는 셈이다.

- 자신은 내조 혹은 표현을 잘한다고 생각하지만, 남자는 느끼지 못한다.
- 애정 표현을 하더라도 뒷심이 부족해 오랫동안 뚜렷하게 표현하지 못한다.
- 미혼인 경우 남자를 고려해도 연애 행동을 하지 않아 결혼이 늦어진다.
- 재성이 없어도 관인상생이 되면 일단 결혼은 하지만 만족도가 떨어진다.
- 무재 사주는 독신녀가 많은데, 잘해주기도 싫지만 얻어쓰기도 싫어한다.

사례 | 재성이 없고 신강한 이혼여성

時	日	月	年
己	辛	己	丁
丑	丑	酉	酉

辛金 일주가 酉월에 생하여 월겁격이고, 연간의 丁火 편관을 체상으로 쓴다지만 뿌리가 없이 유약하다. 지지가 모두 酉丑 금국으로 매우 신강하고 재성이 전혀 없는 여자 사주이다. 칠살을 남편으로 삼고, 일지도 편인이며 왕하니 까탈스러운 남편이었을 것이다. 일단 살인상생은 되니

결혼은 하였지만 결혼 만족도가 낮았고, 지지에서 전혀 조후가 안 되고 한랭하므로 성적 만족도가 떨어진다. 재성이 없어서 관을 내조하지도 못하거니와 일간이 신강하여 만족도 낮은 결혼생활을 결국 참지 못하고 이혼하였다.

(4) 재성이 많은 여자

- 연애의 대상과 목적이 뚜렷하고 목적 달성을 위해 노력한다.
- 자기 재성으로 관성 남자를 키우고 보살펴야 한다고 생각한다.
- 남자를 너무 간섭하고 따라다니며 귀찮게 한다.
- 관살이 강한데 또 생을 받으면 재생살이 되므로 잘해주고도 스스로 힘들다.
- 재성이 많으면 재극인도 잘 일어나므로 남자 문제로 엄마와 싸우고 틀어진다.

사례 申子辰 재성국을 이루고 칠살을 생하는 여성

時	日	月	年
甲	戊	甲	戊
寅	辰	子	申

> 戊土 일주가 子월에 생하여 재격인데다 申子辰 재성국을 이루어 재성이 아주 강하다. 천간에 떠 있는 글자는 비견 戊土와 칠살 甲木 2개이니 칠살이 재성국의 생을 받아 재생살을 이루며 기신 짓을 할 것이다. 자신의 영역에서 목표를 달성하는 재성은 관살을 통해 명예를 얻는다. 여배우 사주로서 연예계에서 대중들로부터 최고의 인기를 얻을 수 있었던 구조이다. 문제는 결혼생활인데, 칠살이 재생살된 남편이니 잘해주어도 본인 스스로 힘들다. 戊土 일간이 水를 억누르려 하고, 火의 열정이 없으니 성적 욕구도 높지 않은 여자이다. 甲木이 남편인데, 받아줄 인수 火를 이 안에서 찾지 못하고 밖의 비견 戊土에서 찾으니 남편이 바람을 피운다.

(5) 인성이 없는 여자

- 남자에게 사랑받고 있음을 잘 캐치하지 못하므로 꼭 눈에 띄게 표현해야 한다.
- 사랑이든 선물이든 받은 것은 기억하지 못하고, 사랑받지 못했다는 것만 기억한다.
- 눈에 보이는 것만 믿기 때문에 의부증에 걸리기 쉽다.
- 언어나 표현을 잘 이해하지 않고 소통이 어려워 오해가 자주 생기고 싸운다.
- 인성이 없고 식상이 많으면 이성적 판단보다는 직관에 의존하므로 오해가 생긴다.
- 인성이 없고 비겁이 많으면 대화를 깊이 끌고 가지 못하고 짧고 간

단히 끝낸다.

(6) 인성이 많은 여자

- 정인격은 남자를 지적하고 가르치려고 들고, 편인격은 불쌍해 보이면 연민으로 잘해준다.
- 인성이 많으면 남자가 관심을 조금만 보여도 다양한 생각으로 상상의 나래를 편다.
- 인성이 많으면 완벽한 왕자님을 평생 찾다가 결국 노처녀가 되어 애완동물과 함께 산다.
- 편인이 강한 사주이면서 천간에 비겁이 투출되어 있으면 바람기가 있다.
- 인성과다는 남자의 기운을 심하게 설기시키므로 많은 것을 남자에게 요구한다.
- 행동보다는 생각을 많이 하므로 게으를 수 있고 연애 결단이 느리다.
- 인성으로 식상을 극하니 자식을 낳으면 인생 변화를 자식 탓으로 돌린다.
- 인성이 많아 관성을 심하게 설기하고 재성이 없으면, 남자가 아프거나 평생 무능하다.

사례 인성이 많고 辰戌沖으로 낮은 결혼 만족도

時	日	月	年
壬	庚	甲	己
午	辰	戌	酉

庚金 일주가 戌월에 생하여 편인격이고 관성을 용신으로 쓴다. 辰戌土와 午중 己土와 연간 己土까지 土 인성이 태과한데 비해, 관성은 힘은 유력하지는 않다. 인성이 많아 관성을 심하게 설기하므로 남편바라기였지만 무능하다. 이 여성의 남편은 서울대 박사 출신으로 번듯해 보이지만, 사업에 뛰어든 이후로 잘 풀리지 않아 무능해져 버렸다. 여성 본인이 직접 미술강사로 뛰면서 생계를 유지하고 있다. 관성이 용신이라도 일지가 기신이면 배우자가 훌륭하고 잘났지만 실질적인 덕은 못 본다. 거기 더해서 일지와 월지가 辰戌沖으로 깨져 부부생활 만족도가 낮다.

(7) 관성이 없는 여자

- 재성이 있다면 재생관을 하니 결혼은 하겠지만 인연이 만들어지기까지 힘들다.
- 젊은 시절 우여곡절을 많이 겪은 다음에야 인연이 생긴다.
- 관이 충파로 깨진 사람보다는 의외로 괜찮은 남자를 만난다.
- 관성이 없고 인성만 있으면 없는 남자를 놓고 매일같이 공상하고 혼자 상상한다.

- 관이 없으니 남자 자리가 없는 셈, 자기의 소질을 기르고 워라벨을 즐기는 게 낫다.
- 관이 없으면 남자에게 책임감을 주지 말고 친구처럼 생각하며 사는 게 좋다.
- 관이 없으면 본인이 간섭받는 것을 싫어하고, 남자를 간섭하지도 않는다.
- 관성이 약하면 남자에게 잘해줘도 못 알아주니 밑 빠진 독에 물 붓다 결국 끝난다.
- 丁火는 癸亥를 만나면 관성이지만, 비가 오는 날 장작불이 타지 못하는 형국이 된다.

사례 관성이 없지만 인성으로 해로한 여성

時	日	月	年
丙	甲	壬	乙
寅	子	午	未

己	戊	丁	丙	乙	甲	癸
丑	子	亥	戌	酉	申	未

甲木 일주가 午월에 생하고 丙火를 투출하여 식신격이다. 일지의 子水 인수를 두고, 시지에 寅木 건록을 두어 식신을 생하고 있다. 관성이 없는 무관 사주이긴 하나 젊은 시절 대운에서 申酉戌 서방운에 남편을 맞이

> 한다. 비겁과 식신이 모두 유력하여 남자에게 충분히 매력적으로 어필할 수 있었고, 일지 子水는 정인으로 자상한 남편이 들어올 수 있는 통로를 제공한다. 남편과는 2008년(戊子)에 사별하였으며 평생 잘해주었다고 기억한다. 일지와 월지가 충하고는 있으나 일지가 희신이므로 해로할 수 있었다. 子년에 남편을 잃으니 안타까울 따름이다.

참고 남자친구의 인물 추론

- 관성이 희신이면 인물이 좋고, 특히 정관이면 사회적 조건을 두루 갖춘 남자이다.
- 관성이 희신이면 남자의 자질이 좋고 품위가 있는 사람이다.
- 관성이 충하면 인물이 별로거나 내 맘에 들지 않는 남자이다.
- 관성이 상생이 잘되면 인물과 성격이 좋고, 충극되고 편중되면 성격이 안 좋다.
- 관성이 통근하고 강하면 주도적이지만 나를 억제하는 사람이다.

2) 운에 따른 여자의 연애 행동

(1) 연애가 시작되는 운

- 관성운은 연애가 시작되는 것이 아니라 남자가 모여들 뿐이다.
- 관성운에 연애를 시작하는 것은 자의보다 타의에 의한 것이다.

- 여자가 연애를 시작하는 운은 식상운, 비겁운, 재성운 순이다.
- 식상운에는 관성 남자를 원하고 소유하고 싶어 한다.
- 식상운에는 아이를 낳고 싶어 연애나 결혼을 기대한다.
- 비겁운에는 소개팅이나 채팅 등을 통해서도 만남이 잘 성사되고 연애한다.
- 재성운에는 스스로 남자에게 무엇인가 해주지만, 남자에게 무엇인가 원한다.
- 상관운에는 남자가 미워져서 이별하고, 편관운에는 딴 남자를 보고 사랑에 빠진다.

(2) 운에 따른 연애 행동

① 식상운
- 내가 스스로 자유롭게 욕구에 따라 연애한다.
- 마음에 드는 남자가 눈에 띄면 연애하고 싶어 한다.
- 식상의 생산욕구가 확산되므로 바람이 날 수도 있다.
- 식상운에는 연애 잘하다가 갑자기 미워지고 싫어져 이별하고 변덕이 심하다.
- 식상운에 연애하지 않으면 식상생재 작용으로 활동하고 돈을 모은다.
- 식상운에 이별하고 이혼이 잦은데 특히 월지가 충하면 더욱 그러하다.

② 재성운
- 재생관으로 관으로 가고 싶은 마음이 생겨 시집이나 갈까 한다.
- 남자에게 잘해주고 싶은 마음이 생긴다.
- 재성운이 와서 인성을 제화하면 남자 보는 눈이 현실적으로 변한다.
- 쫓아다니던 남자친구가 이때부터 남자로 보이게 된다.

③ 관성운
- 나는 연애에 수동적 입장인데, 남자가 접근하는 운이다.
- 관인상생으로 접근하는 남자를 만나지만 마음의 동요는 없다.
- 식상이 강한 여자는 이 운에 남자를 홀랑 잡아먹는다.
- 식상이 약하면 남자가 들어와도 스스로 바람나기 어려운 운이다.

④ 인성운
- 정신적인 사랑, 플라토닉 러브를 하는 운이다.
- 남자 꿈을 꾸고 기도하며 기다리는 운이다.
- 존경하는 남자를 대상으로 짝사랑하는 운이다.

⑤ 비겁운
- 내 일간의 힘이 커지니 욕구가 강해져 남자를 원하는 운이다.
- 관성과 재성이 없으면 비겁운에 갑자기 남자를 만나서 결혼한다.
- 친구 같은 남자와 연애하고 짧은 인연으로 끝나는 경우가 많다.

- 하룻밤의 정사, 원나잇 스탠드라는 영어 구어처럼 순간의 실수처럼 지나간다.

3) 일지(日支)의 배우자궁과 남편 관계

(1) 배우자궁으로서 일지의 의미

- 여자 사주에서 관성이 희신이지만, 배우자궁이 기신이면 배우자가 훌륭하고 잘났지만 실질적인 덕은 못 본다.
- 여자 사주에서 관성이 기신이지만, 배우자궁이 희신이면 배우자가 부족하고 못났어도 실질적인 덕은 본다.
- 배우자궁이 육합이면 사랑의 감정, 마음의 전달, 직관적 감각 등을 상대에게 바란다.
- 배우자궁이 삼합이면 사회적 지위, 존경심, 책임감 등을 상대에게 바란다.
- 배우자궁이 방합이면 가정의 화목, 가족의 행복, 공동체 의식 등을 상대에게 바란다.
- 배우자궁이 충극이면 이해심이 부족하고, 서로 안 맞는데 어쩔 수 없이 맞춘다고 여긴다.

(2) 배우자궁의 조후 문제

- 배우자궁의 조후는 부부의 성생활과 밀접한 관련이 있어서 조후가 맞아야 좋다.
- 월지와 일지가 모두 한랭하면 성생활을 피하고, 모두 조열한 것도 만족감이 떨어진다.
- 배우자궁의 조후가 깨지면 성격도 이기적일 수 있어서 배려심이 부족하다.
- 己巳, 戊午 일주가 여름생이면 조후가 안되니 씨앗을 못 뿌리고 남편이 딴 살림을 차린다.
- 戊子 일주가 겨울생이면 한랭하여 불감증이 많아서 남편이 바람을 피운다.

참고 배우자궁을 통해 본 상대의 모습

- 일지가 비견이면 친구 같은 남자이고 얽매이지 않고 자유로운 관계를 원한다.
- 일지가 겁재이면 비견과 동일한데, 남자가 바람둥이거나 여자를 고객으로 하는 직업을 갖는다.
- 일지가 식신이면 상대가 자상하고 부드러운 순정파 남자이다. 연하를 좋아한다.
- 일지가 상관이면 상대가 멋을 아는 남자지만 변덕스러울 수 있다. 연하를 좋아한다.
- 일지가 정재이면 상대가 치밀하고 꼼꼼하고 가정적이며 착한 남자를 만난다.

- 일지가 편재이면 상대가 기분파이고 풍류를 좋아하는 남자를 만난다. 집을 잘 비운다.
- 일지가 정관이면 상대가 정직하고 자신의 틀 속에서 살아가는 남자이다.
- 일지가 편관이면 상대가 자기 마음대로 살고자 하는 조금 강성의 남자이다.
- 일지가 정인이면 상대가 잔소리꾼 혹은 선생님 같은 남자다. 연상을 좋아한다.
- 일지가 편인이면 상대가 까다롭거나 혹은 취향이 독특한 남자를 만난다. 연상을 좋아한다.

사례 일지 비견이며 월지와 충하는 여성

時	日	月	年
丙	己	丁	己
寅	未	丑	亥

己土 일간이 丑월에 생하고 일지에 未土, 월지에 丑土를 두니 서로 충하고 있는 월겁격 사주이다. 가수 길은정의 사주로 인수와 비견이 많은 것이 특징인데 식상으로 분출하지 못하고 조후가 건조하다. 관성은 시지에 寅木 정관이 하나 있으나 유력하지 못하며 丙火로 설기가 심하다. 일지 비견은 남자친구나 남편이 친구 같거나 자유로운 캐릭터인 경우가 많고 자유롭게 풀어놓아 위험하다. 심지어 월지와 일지가 충을 하니 결혼생활이 평탄치는 않다. 두 번의 결혼과 이혼을 하였고, 암으로 2005년 사망하였다.

03 남녀의 성생활 만족심리

1) 사주와 성생활 습관

- 사주가 水木이 많아 습하면 밤에 그냥 손만 잡고 잠들지 못한다.
- 배우자가 金水만으로 너무 한랭하면 등 돌리고 자니 항상 외로운 밤이다.
- 사주에 木은 많고 水가 적으면 밤에도 따지는 것이 많아 밤에 토라지는 일이 많다.
- 土 일간 여자가 水가 없으면 건조해서 남자가 시도는 해도 실패할 확률이 높다.
- 사주에 火가 많아 너무 뜨거우면 분위기 잡으려다 타이밍을 놓치게 된다.
- 사주가 火金이 많아 너무 건조하면 손만 잡고 말만 하다 밤새운다.
- 木 일주 남자가 한랭하면 밤에는 얼어있어 해가 뜬 낮이 더 유리하다.
- 木 일주 여자가 水가 부족하면 만족하는 데 시간이 오래 걸린다.

2) 성생활 만족심리의 척도

(1) 성적 욕구와 기능이 높은 경우

- 오행 중 水는 생식기능을 관장하므로 남녀 모두 水는 성적 기능과 멘탈에 깊이 관련된다.
- 水가 많으면 성적 욕구가 강하고, 金의 생을 받는 水는 수분의 생성을 도와 성기의 지속도와 습윤도를 높여준다.
- 亥子丑 방합, 申子辰 회합, 壬癸水 투간, 金生水 등의 사주 조건을 가진 남녀는 성적 욕구가 강하게 나타난다.
- 火는 심장기능과 감정의 고조를 관장하므로 火는 성적 흥분도와 관련된다. 木의 생을 받은 유력한 火는 성적 자극에 빠르게 반응하고 성기의 경직도, 흥분도를 높여준다.
- 金生水와 木生火가 동시에 잘 유행하는 사주는 성적 기능도 높고 성생활 만족도도 높다.
- 관살의 극과 재성의 반극이 심하지 않으면서 비겁이 많으면 본능적 성적 욕구가 강하다.
- 비겁이 강하고, 식상이 유력하면 자기의 에너지를 유출해 소진하고자 하므로 성적 욕구가 강하다.
- 일간이 너무 태왕하면 성적 욕구가 지나치게 강하고, 관살이 태왕해도 성적 이상 심리를 보인다.

- 관성과 재성은 연애 관계에서 상하의 우위를 점하거나 무엇인가 얻고자 하는 심리를 자극하므로 성적 욕구와는 다른 관점의 연애 심리를 유발한다.
- 편재가 많은 사람은 유흥과 풍류를 즐기는 심리가 작동하는 것이지 성적 욕구와는 다르다.

사례 | 木生火, 金生水로 성적 만족도가 높은 여성

時	日	月	年
丙	乙	辛	癸
戌	卯	酉	卯

乙木 일간이 酉월에 생하고 辛金을 투간하여 칠살격이다. 일지에 卯木 비견을 두었고, 월지에 酉金을 두고 서로 충하고 있는 것이 눈에 띈다. 그래도 木生火와 金生水가 모두 잘 이루어지므로 성적 만족도가 높은 편이고, 칠살 남편을 번듯이 두었고, 시간 상관이 제압하니 결혼 초기에는 큰 문제가 없어 보였다. 그런데 대표적인 흉신인 칠살과 상관을 격과 용신으로 쓰는 사주이므로 밖으로 유희하고 놀기 좋아하는 여성으로 비칠 수 있다. 문제는 일지의 비견 때문에 본인도 남편도 자유롭게 결혼생활을 영위하였고, 월지와의 충으로 결국에는 이혼으로 결혼생활은 끝나고 말았다.

(2) 성적 욕구와 기능이 낮은 경우

- 火는 충분히 유력한데 水가 부족하거나 충극을 당하면, 성적 흥분은 일어나지만, 성적 기능이 떨어져 성생활 만족도가 낮다.
- 지나치게 건조하거나 木의 설기가 심해 水가 위축되거나, 火가 水를 말라버리게 하거나, 土가 水를 제압하는 경우 성욕이 낮다.
- 土가 너무 많으면, 水를 극하고 水의 유입을 막으므로 성기능이 떨어지고, 동시에 火를 설기시켜 성적 흥분도 약해진다.
- 건조한 戊土와 지지에 未戌土가 많고 木이 없으면 무성욕자인 경우가 생긴다.
- 午未申酉戌月에 태어나면 건조한 월령으로 불감증을 유발한다.
- 인성이 태과하여 식상을 극하면 정신적 만족을 중시하므로 성적 욕구가 낮아진다.
- 인성이 태과하면 이성적 생각이 많아 상대적으로 본능적 육감을 떨어트린다.
- 식상 관점에서 재성이 너무 많으면 설기가 심하므로 성적 욕구가 떨어진다.

| 사례 | 火가 水를 말리고 조후가 깨진 사주 |

```
時 日 月 年
壬 丁 庚 甲
寅 未 午 寅
```

丁火 일간이 午월에 생한 월겁격 사주로 壬水 정관이 시간에 떠 있으나, 일간과 합하고 火가 태왕해 水가 말라버렸다. 정관 壬水가 지지에 약한 뿌리라도 두었으면 좋으련만 근이 하나도 없다. 월겁인 午월에 생하여 난조한데 일지도 未土로 조열하므로 水 혹은 관성이 살 공간이 없다. 월간의 재성이라도 생을 할 만큼 힘이 있으면 좋으련만 庚金 또한 뿌리가 없고, 군겁쟁재하니 재의 생을 기대하기 어렵다. 그래서 여자가 다가가려고 노력을 하여도 남편은 느끼지 못한다. 건조한 월령이 불감증을 유발하고 水를 마르게 하여 성적 기능이나 만족도가 많이 떨어져 있다. 남편이 무력해졌고 자신을 무시한다고 느꼈을 터이므로 다툼이 잦아지고, 결국 남편이 밖에서 다른 여자를 만나고 결국 이혼을 요구하는 파경에 이르렀다.

3) 성생활 만족심리와 부작용

(1) 본인이 성생활을 즐기지 못하는 경우

- 비겁도 약하고 식상도 약하면 수동적 성생활만 하므로 만족심리가 떨어진다.
- 여자가 관성은 강한데 식상이 없으면 관성을 움직일 만큼 매력을 어필할 수 없다.
- 여자는 인성이 없으면 남자 관성이 다가오기 어려워하므로 횟수가 준다.
- 여자의 재성이 너무 태과하면 인수가 힘을 잃어 남자가 들어올 통로를 잃는다.
- 여자는 인성이 태과하면 남자 관성을 너무 설기하므로 힘을 빠지게 한다.
- 관성이 약하고 재성만 강하면 생한 후의 결과가 드러나는 데 시간이 걸려 짜증이 난다.
- 본인의 일지가 기신이거나 충극이 심하면 성생활이 어렵다.

(2) 상대에게 만족감을 느끼지 못하는 경우

- 여자의 관성이 약해 인성을 생하지 못하면 남편은 피하고 본인은 만족이 어렵다.

- 일간과 식상이 강하면 본인은 성생활에 적극적인데 상대가 반대라면 도망치기 바쁘다.
- 여자가 식상이 강하고 관성도 강하면 방안이 시끄럽지만, 식상이 운에서 강해지면 관성이 도망가서 처음의 만족도를 유지하기 어렵다.
- 남자가 재성이 무력하면 여자가 사랑을 주지 않고, 관성이 무력하면 자식이 없어서 결혼생활의 만족감이 떨어진다.
- 남자 사주에서 여러 비겁이 재성을 극하면 아내가 관계를 거부하여 불만족스럽다.

사례 | 본인의 성욕에 비해 상대가 약한 경우

時	日	月	年
癸	甲	己	乙
酉	午	卯	酉

甲木 일주가 卯월에 생하고 乙木 겁재까지 투간한 양인격 사주이다. 관살을 투간하지 못하여 양인격이 성격되지 못하였고, 월간의 己土 재성을 군겁쟁재하는 구조하며 욕심을 낼 따름이다. 시주의 癸酉는 金生水하고 일주의 甲午는 木生火하고 있으며, 비겁이 강한 사주가 일지 식상을 부처궁에 좌하고 있으니 이 남성은 성적 욕구와 기능이 높은 사람이다. 이에 반해 태왕한 비겁이 하나뿐인 재성을 극하므로 아내가 관계를

> 거부하여 불만족스러운 성생활을 영위한다. 재성 己土가 甲木과 합하고 있으나, 겁재 乙木이 항상 호시탐탐 노리므로 불안하다. 그런데 이 사주의 주인공이 밖으로 외합을 꿈꾸면 겁재로 인해 탈이 생길 가능성이 크므로 깨끗이 정리하고 새롭게 시작하는 편이 낫다.

(3) 만족하지 못하고 바람피우는 경우

- 남자 사주에 관성이 없이 식상생재만 일어나면 아내 외에 다른 여자와 관계한다.
- 여자 사주에 관성만 있고 재성이 없으면 남편 외에 다른 남자와 관계한다.
- 여자 사주에 인성이 없고 관성이 일간과 쟁합하면 다른 남자와 외도한다.
- 남자 사주에 인성이 없고 재성이 비겁과 간합하면 유부녀와 사랑에 빠진다.
- 여자 사주에 인성이 없고 관성과 비겁이 간합하면 유부남과 사랑에 빠진다.
- 남자 사주에 관성이 비겁과 간합하면 아이 딸린 여자와 재취한다.
- 여자 사주에 식상이 관살과 간합하면 아이 딸린 남자와 재취한다.
- 남자 사주에서 비겁운이 오면 내 여자에게 관성이므로 부인이 바람나거나 일을 나간다.

- 비견과 겁재가 동시에 투출한 남자 사주는 부인의 마음이 일편단심이기 어렵다.
- 남자는 인성운이 와서 식상을 극하면 마음에 변화가 생겨 현재 애인을 버리고 다른 여자를 만난다.
- 여자 사주에서 재극인은 관을 건너뛰고 재성이 내 안으로 들어오는 것이므로 남편의 혜택이나 대우를 기다리지 않고 직접 구하러 나간다.

(4) 바람피우다 들통나는 경우

- 겁재운은 누군가의 질투가 발동하여 나의 비밀이나 불법을 고자질 당한다. 그러므로 비겁이 강한 사람은 겁재운에 고자질 당하거나 들통 난다.
- 상관운은 비밀이 지켜지지 않는 운으로 비밀이 폭로된다. 특히 식상이 강한 사주는 상관운에는 더욱 조심해야 한다.
- 상관과 편관이 합할 때는 불법적 결탁으로 서로가 협박한다. 이 운에서 남녀 또한 바람피운 사실이 서로에게 담보가 된다.
- 신약 사주가 식상이 강한데 비겁운을 만나 연애를 시작하면, 비겁이 다시 식상을 생하므로 배신당하는 문제가 발생한다.
- 남자 사주에서 재성이 약하고 지장간에만 있던 재성이 재성운을 만나 천간으로 투출되면 바람피우다가 들통난다.
- 여자 사주에서 관살이 약하고 지장간에만 있던 편관이 편관운을

만나 천간으로 투출되면 바람피우다가 들통난다.

사례 | 성생활 만족심리로 인한 부작용

```
時 日 月 年
甲 壬 己 丁
辰 午 酉 巳

丙乙甲癸壬辛庚
辰卯寅丑子亥戌
```

壬水 일간이 酉월에 생하여 인수격이고, 己土와 辰土 관살을 상신으로 쓰며 丁火와 午火 재성은 재생관하는 희신이다. 일간이 인성 월령에 생하였으니 신약은 면하였고, 젊은 시절에 辛亥, 壬子, 癸丑 비겁 대운을 살았다. 비겁운은 내 일간의 힘이 커지니 욕구가 강해져 남자를 원하는 운이다. 월령에서 비롯된 金生水와 시간의 甲木 식신이 辰에 좌하면서 木生火를 이루니 성생활 만족도에 대한 욕구와 기능이 높은 여성이다. 천간에 재성 丁은 壬과 합하고, 정관 己는 식신 甲과 합하는 양합을 가지고 있으며 비겁운을 지나오며 성생활 만족심리에 대한 욕구가 매우 크게 드러났다. 壬子 대운에 많은 남자들과 연애하였고, 己丑년에 결혼을 하였으나 결혼 이후에도 외정을 나누는 것을 멈추지 못하다가 겁재운 癸丑 대운 庚子년에 결국 이혼하고 돌싱글즈가 되었다.

04 십성코스 궁합론

십성코스 궁합론은 남자의 식상생재(食傷生財), 재생관(財生官), 비겁-재성(比劫-財星)관계를 측정하고 여자의 관인상생(官印相生), 재생관(財生官), 식상-관성(食傷-官星)관계를 측정하여 상대방 행동 심리를 분석하는 새로운 궁합법이다.

남자 사주와 상대 여자의 심리, 여자 사주와 상대 남자의 심리의 측정 도구를 대입하여 이성관계 적합도를 측정하여 결과를 낼 수 있다. 남녀 두 사주를 비교한 결과 적합도 점수가 높으면 바람직한 이성관계와 부부관계로 볼 수 있다. 교합의 관계가 불미하면 일시적인 사랑에 불타 관계를 맺거나, 결혼을 하게 된다고 해도 부적합한 포인트에 대한 정신적 육체적 만족감이 저조하여 사랑의 가치관과 행동 성향의 편차를 극복하지 못한다. 결국 불만과 불신의 초래로 불행을 맞게 될 수 있다. 무릇 이성은 성격적 가치관과 상호존중감, 성실성과 함께 원만한 섹스가 이루어져야 스스로 행복감을 느낄 수 있으니 상대가 소중하게 생각되어 사랑이 소중하게 된다는 것이다.

십성코스 궁합론은 남자의 아웃코스 사주 특징과 여자의 인코스 사주 특징을 우선 살피고 남녀 양측 사주에서 재생관(財生官)을 통해 내조 및 매너의 갖춤을 판단하여 혼인의 길흉을 예측할 수 있다고 보았는데,

측정 도구를 정리하면 아래와 같다.

〈십성코스 궁합론 측정 도구〉

본인	측정관계	상대성 행동심리
남	식상생재의 관계를 측정	여자에 대한 사랑의 본성적 매너
	재생관의 관계를 측정	내조를 받는 조건의 정도
	비겁-재성의 관계를 측정	여자에 대한 인격 존중감
여	관인상생의 관계를 측정	남자에게 사랑받는 조건의 정도
	재생관의 관계를 측정	상대를 존중하는 본성과 매너
	식상-관성의 관계를 측정	남자에 대한 욕구와 인격 존중감

1) 남자 사주의 측정과 상대방 심리

(1) 식상생재(食傷生財) 관계

남자가 여성에게 사랑을 표현하는 심리와 행동으로 식상생재가 될 경우, 여성에게 자상한 매너를 보이게 된다. 여성은 비로소 남자의 매너를 통해 사랑받는다고 느끼게 된다. 식상이 없다면 사랑의 표현은 자연스럽지 못하므로 여성은 건조한 사랑을 받을 수 있다.

(2) 재생관(財生官)의 관계

남자 사주는 여성으로부터 마음과 육체의 존중을 온전히 받을 수 있다. 남자에게 관성은 자식이며 재성은 여자이다. 재성에 해당하는 여자 관점에서 보면 관성은 본인의 에너지가 분출하는 식상에 해당하고 자식이 된다. 재생관은 여자가 가족을 이루기 위해 자식을 낳는 본능이다.

(3) 비겁과 재성(比劫-財星)의 관계

비겁이 강하여 재성을 극하는 조건이면, 여성을 사랑하나 집착하고 상대의 의견을 무시하거나 인격을 경시할 수 있다. 비겁이 너무 약하고 재가 태과하면 자존심이 손상될 가능성이 있다. 비식재(比食財) 코스를 이루는 것이 가장 좋고, 비겁과 재성의 밸런스를 이루면 남성의 절도 있는 행동이 만족감과 신뢰감을 준다.

(4) 기타

조후 관계를 살펴 조후가 안 되어 있으면 육체적인 교합에 어려움이 있을 수 있다. 정신적인 성관계와 마음으로 사랑을 유지할 상황으로 빠질 수 있으며, 상대의 성적 욕구에 따라서 불만족을 초래할 수 있으므로 주의해야 한다. 식상과 관성의 관계를 살펴 식상이 강하면 성생활이 자유로운 스타일이다. 이러한 자율성을 함께 즐길 수 있다면 만족감이 높다. 다만 정숙한 상대의 경우 이를 거부할 경우 불만을 초래한다.

2) 여자 사주의 측정과 상대방 심리

(1) 관인상생(官印相生)의 관계

여성에게 남성의 사랑이 전달되는 코스로 관인상생이 잘 이루어진 여성의 경우 세련된 애정 표현의 매너와 심리를 갖춘 남자로부터 사랑을 받게 된다. 관인상생이 안 된 여성은 남상의 사랑이 유입되는 코스가 없으니 사랑의 정감이 약한 경우가 많다.

(2) 재생관(財生官)의 관계

여자는 남자에게 자신의 마음과 육체의 교감에 존중과 정성을 들이고, 남자의 자존심을 높여주는 선천성을 가지게 된다. 그런 여성의 선천성으로 남자의 자존감이 높아진다.

(3) 식상과 관성(食傷-官星)의 관계

식상이 적절하게 관성을 극하는 여성은 남자에게 자신의 마음과 육체를 교합하는 과정이 애교스럽고 기술적이다. 그러나 식상이 과하여 관성을 극하면 비록 의도적이지 않다고 하더라도 남성을 무시하고 함부로 대하는 언행으로 남자의 인격과 자존심이 수치감을 주게 된다. 식상이 너무 약하면 애교스럽지 못하고 심하게 정숙하여 사랑받을 준비가 안 되어 있을 가능성이 있다. 식재관(食財官) 코스를 이루는 것이 가장 좋다.

(4) 기타

조후 관계를 살펴 조후가 안 되어 있으면 육체적인 교합에 어려움이 있을 수 있다. 정신적인 성관계와 마음으로 사랑을 유지할 상황으로 빠질 수 있으며, 상대의 성적 욕구에 따라서 불만족을 초래하는 환경을 주의해야 한다. 관성과 비겁의 관계를 살펴 관성이 비겁을 다스리면 남성의 절도 있는 행동이 만족스럽게 느껴질 것이나, 약한 비겁을 관성이 심하게 극한다면 자기 위주의 일반적이고 억압적인 사랑 행위에 수치심을 느끼게 하고 자존심이 상실될 가능성이 크다. 또한 여성이 비겁이 태과하고 관성이 약하면 자신의 욕구를 충족시키지 못하는 것에 남성을 존중하지 못하고 경시한다.

3) 십성코스 궁합적합도 측정 방법

십성코스 궁합론을 이용한 궁합적합도 측정을 위한 점수표를 다음과 같이 설정한다. 남녀 사주를 분석하여 궁합적합도 점수를 부여하는 방법은 항목별 0점부터 4점까지 5단계로 배점하는 방식을 사용하고, 남녀 각각 3항목씩 12점을 배당하여 합계 24점을 총점으로 한다.

〈십성코스 궁합적합도 점수표〉

십성코스(十星-Course) 궁합론						
남자	식상생재 코스	있음(强)	4점	여자	관인상생 코스	있음(强)	4점
		있음(弱)	2점			있음(弱)	2점
		없음	0점			없음	0점
	재생관 코스	있음(强)	4점		재생관 코스	있음(强)	4점
		있음(弱)	2점			있음(弱)	2점
		없음	0점			없음	0점
	비견-재성관계	비견=재성	4점		식상-관성관계	식상=관성	4점
		비견〈재성	2점			식상〈관성	2점
		비견〉재성	0점			식상〉관성	0점
궁합적합도 0점~9점(下) 10~14점(中) 15~24점(上)						

(1) 궁합적합도 1단계

남자의 경우 식상생재(食傷生財) 코스, 여자의 경우 관인상생(官印相生) 코스를 분석하고 남자의 재성, 여자의 인성이 지지에 통근하고 천간에 투출되면 4점을 부여한다. 그러나 투출된 재성과 인성이 합이나 충이 되면 -1점(예 4점-1점=3점)을 적용한다. 재성과 인성이 천간으로 투출되지 못하고 지지로 흐르면 -1점(예 3점-1점=2점)을 적용하고, 지지의 해당 십성이 지지 합이나 충이 되면 -1점(예 2점-1점=1점)을 또 적용한다. 남자의 경우 재성과 식상, 여자의 경우 인성과 관성이 사주 내에 존재하지 않아 코스를 이루지 못하는 경우는 점수를 부여하지 못하고 0점으로 표시한다.

(2) 궁합적합도 2단계

남녀 모두 재생관(財生官) 코스를 살피는 것이다. 재생관 코스를 살피는 경우 남자의 경우는 관성(자식)이 재성(여자)을 끌어당기며 설기하게 만드는 정도를 살피고, 여자의 경우는 관성을 재성이 생조하여 관성(남자)이 강해지는 정도를 살피는 것이다. 관성이나 재성이 지지에 통근하고 천간에 투출되면 4점을 부여한다. 투출된 재성과 관성이 합이나 충이 되면 -1점(예 4점-1점=3점)을 적용한다. 재생관이 지지로 흐르면 -1점(예 3점-1점=2점)을 적용하고, 지지의 해당 십성이 지지 합이나 충이 되면 -1점(예 2점-1점=1점)을 또 적용한다. 관성이나 재성이 사주 내에 존재하지 않는 경우 0점을 부여한다.

(3) 궁합적합도 3단계

남자의 경우 비겁과 재성(比劫-財星)의 밸런스를 살피고, 여자의 경우 식상과 관성(食傷-官星)의 밸런스를 살피는 것이다. 비겁이 재성을 극하고, 식상이 관성을 극하는 관계를 분석한다. 예를 들면 남자의 경우 비식재(比食財) 코스를 잘 갖추면 4점, 비겁과 재성이 힘의 균형을 이루면 3점을 부여한다. 비겁이 약하고 재성이 태과한 경우, 혹은 비겁과 재성이 모두 태과한 경우 2점을 부여한다. 재성이 약하고 비겁이 강한 경우, 혹은 비겁과 재성이 모두 존재하지 않으면 1점을 부여한다. 마지막으로 비겁이 너무 태과하여 재성을 심하게 극하는 경우 0점을 부여한다. 여자의 경우는 식재관(食財官) 코스를 잘 갖추면 4점, 식상과 관성이 힘의 균형을 이루면 3점, 식상이 약하고 관성이 태과한 경우, 식상과 관성이 함께 강한 경우 2점, 관성이 약하고 식상이 강한 경우, 식상과 관성이 모두 약하면 1점, 식상이 너무 태과하여 관성을 심하게 극하면 0점을 부여한다.

사례 십성코스 궁합적합도가 낮은 부부

남자	여자
時 日 月 年 己 丙 丁 甲 丑 辰 丑 寅	時 日 月 年 辛 戊 戊 乙 酉 子 子 卯
식상생재 : 0점 (재성의 부재) 재생관 : 0점 (재성의 부재) 비겁-재성 : 1점 (모두 약함)	관인상생 : 0점 (인성의 부재) 재생관 : 3점 (코스형성-충극) 식상-관성 : 4점 (식재관 코스)
궁합점수 총점 : 8점 / 궁합적합도 : 하(下)	

위 남녀 사주를 비교해보면 남자 사주는 식상은 강하나 재성이 부재하여 여성에 대한 본성적 매너가 좋지 않고 성적 욕구가 강하게 나타나 상대방에게 모욕감을 줄 수 있다(식상생재 0점). 재성과 관성이 모두 부재하므로 내조(혹은 자식)를 받을 조건을 갖추었다고 보기 힘들며(재생관 0점),

비겁이 천간에 있으나 뿌리가 약하고 재성도 부재하여 여자에게 남자다움을 보여주기에도 부족하다(비겁-재성 1점).

여자 사주는 관성은 통근하였으나 인성이 부재하여 남자에게 사랑받을 조건을 갖추었다고 보기 힘들지만(관인상생 0점), 재성이 관성을 잘 생조하여 남자를 존중하는 본성과 매너를 갖추었다(재생관 3점). 식상도 뿌리가 있고 식재관 코스를 이루어 성적 관계 및 인격 존중감이 잘 갖추어진 여성이다(식상-관성 4점). 결과는 남자의 궁합점수가 높지 않고 여자 또한 인성의 부재로 궁합점수 총점은 8점, 궁합적합도는 하(下)에 해당한다. 여성이 결국 결혼생활을 참아내지 못하고 이혼한 부부이다.

사례 ─ 십성코스 궁합적합도가 높은 부부

남자	여자
時 日 月 年 己 甲 癸 丁 巳 申 卯 酉	時 日 月 年 庚 丁 甲 戊 戌 丑 子 戌
식상생재 : 3점 (코스형성-합충) 재생관 : 2점 (코스형성-지지,합충) 비겁-재성 : 4점 (비식재 코스)	관인상생 : 4점 (코스 형성-투출) 재생관 : 3점 (코스형성-충극) 식상-관성 : 4점 (식재관 코스)
궁합점수 총점 : 20점 / 궁합적합도 : 상(上)	

위 남녀 사주를 비교해보면 남자 사주는 식상이 천간에 투출하고 통근하여 강하고 재성 또한 뿌리가 있으니 식상생재 코스를 정확히 이루었

다. 단 甲己 합, 丁癸 충으로 천간이 합충하여 코스의 기운을 조금 약화시키고 있다(식상생재 3점). 그렇다 하여도 여성에 대한 본성적 매너가 근본적으로 좋은 사람이다. 관성은 지지에 자리하고 있고 재생관 코스를 이루지만, 지지로 흐르고 합충이 심하여 내조받을 조건이 완벽하다고는 할 수 없다(재생관 2점). 월령이 비겁으로 강하지만 비식재 코스를 잘 갖추어 여자에 대한 인격 존중감과 더불어 남자다움까지 겸비한 밸런스가 좋은 남자이다(비겁-재성 4점).

여자 사주는 월지가 관성이고 월간이 인성이므로 코스도 잘 이루었고 인성이 투출하여 남자에게 사랑받을 조건을 잘 갖추었다고 할 수 있다(관인상생 4점). 시주에 뿌리를 가진 재성이 있고, 관성이 지지로 흐르긴 하지만 합국을 이루어 관성도 강하게 나타나 남자를 존중하는 본성과 매너가 있다(재생관 3점). 식상도 뿌리가 있고 식재관 코스를 이루어 성적 관계 및 인격 존중감이 잘 갖추어진 여성이다(식상-관성 4점). 결과는 남자, 여자 모두 궁합점수가 높아 총점 20점, 궁합적합도는 상(上)에 해당한다. 오랜 결혼생활을 잘 꾸려가고 있고, 높은 결혼만족도를 보이고 있는 부부이다.

Chapter 13

사주를 통한 신경증 심리추론

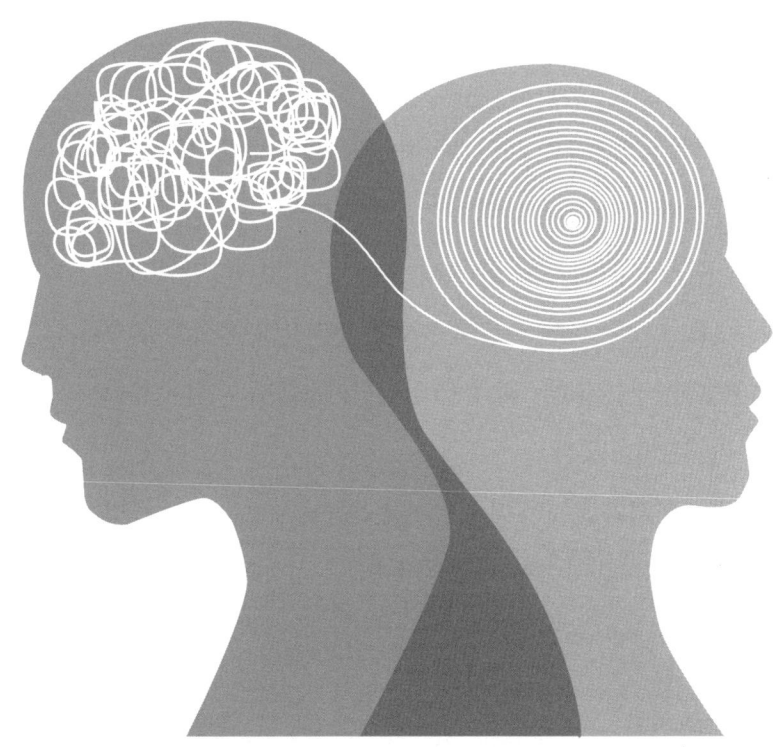

01 신경증이란?

신경증이란 개인에게 있어 특정 상황과 환경 등에 대한 스트레스, 받아들이기 어려운 감정, 신체적 또는 정신적 질병에 대해 더 민감하게 되는 성격적 특성을 말한다. 주로 부정적 감정에 대한 민감성이 높은 특징이 있으며, 주로 불안과 지나친 걱정이나 죄책감을 보이고 낮은 자존감과 자의식 수준을 보이는 특징이 있다. 평균적 수준의 일반인에게는 그저 평범한 일상 속의 상황일지라도 이를 매우 위협적으로 받아들이고 해석하기도 하며, 그로 인해 감정적으로 불안정하여 누군가에게 지나치게 의존하거나 반대로 스스로 고립되는 비전형적 모습을 나타내기도 한다.

이런 신경증의 종류에는 각종 신경장애, 인격장애, 우울증과 조울증이 포함되는 기분장애, 건강염려와 강박증세를 보이는 불안장애, 공황장애, 적응장애, PTSD(외상후 스트레스장애) 등이 있다. 이 외에도 ADHD(주의력결핍 과다행동장애)와 같은 행동장애, 수면장애, 섭식장애, 충동장애, 성적정체성과 성도착증과 같은 심리성적장애 등 수십여 종의 신경증 분류 카테고리가 있다.

모든 심리적 편향성과 그것이 더 깊어져 신경증을 일으키는 것은 성장환경이 영향을 주는 건 사실이다. 심리학자들은 성장환경에서 주어지는 트라우마 등이 그의 삶이나 정신, 정서에 지대한 영향을 끼친다고 본다. 그런데 모든 사람이 같은 수준의 성장환경에서 자라고, 비슷한 트라우마를 겪었다고 해서 모두 심리적 편향성이 드러나고 신경증이 발병하는가? 그렇지 않다. 그 사람이 본질적으로 가진 기본 성정과 체질에 따라서, 이를 드러내는 사주에 따라서 그 영향이 더 확연하고 크게 나타나거나 작게 나타날 수 있다.

이 장에서는 심리적 편향성, 심리적 장애, 신경증이 사주의 구조에 따라 어떤 경우에 취약한가를 추론해 보고자 한다. 단, 신경증 장애나 정신질환으로까지 나타나지 않더라도 개인적 편향성이나 단점, 취약점으로 드러나는 부분까지 포괄적으로 다루고 있다는 점에 유의해야 할 것이다.

> 관·인(인지심리) ↔ 일간(자기심리) ↔ 비·식·재(행동심리)

위 도식은 일간을 포함한 여섯 가지의 육신(六神)이 어떤 심리를 관장하고 서로 영향을 주고받는지를 간단히 그려보았다. 해당 육신의 편중 혹은 부재가 그 심리의 취약 포인트로 작용하게 된다. 예를 들어 인성이 과다하여 편중되면 인지심리가 장애를 일으켜 사유가 너무 깊어지고 불필요한 걱정이 많아지는 스트레스성 장애를 일으키고, 비겁이 취약한데 식상이 너무 태과하면 설기를 견디지 못하고 술이나 도박에 쉽게 중독되는 행동심리 장애를 일으킨다.

02 결핍으로 인한 중독, 섭식, 성욕장애

결핍이란 있어야 할 것이 없어지거나 모자라는 것을 말한다. 심리학에서는 라캉(Jacques Lacan, 1901-1981)이 인간 정신의 본질적 양상을 기술하기 위해서 사용한 개념인데, 인간은 태어날 때 어머니의 몸에서 분리되어 나옴으로써 근원적 결핍을 경험한다고 하였다. 빛의 결핍으로 어둠을 인식하고, 어떤 사랑도 완벽할 수 없다는 경험을 통해 결핍을 느낀다. 결핍은 충족되지 못한 잔여로 항상 남는 것이고, 소유에 대한 결핍은 결국 온전함을 추구하려는 욕망 속에서 나타난다. 사람은 욕망을 통해 완벽함에 도달하면 더 이상 부족한 것이 없을 것이라는 착각을 한다.

그래서 대부분의 결핍 상황은 반대급부로 욕망의 폭발을 유발하는 심리장애를 일으킨다. ADHD(Attention Deficit Hyperactivity Disorder)를 '주의력결핍 과다행동장애'라고 기록하는데, 임상 결과 사주 상 비겁이 너무 과하고 재성이 부족한 군겁쟁재(群劫爭財)가 한 가지 케이스로 나타나는 것은 결핍이 욕망을 강하게 유발한다는 것을 보여준다.

사랑을 받지 못해서 나타나는 애정결핍도 인성의 부족으로 어린 시절 어머니의 결핍을 경험한 사람이 성인이 되어서 성욕장애를 일으키는 경우도 흔히 볼 수 있다. 단, 사주 간명시 주의할 것은 결핍이 항상 문제만 일으킨다기보다는 적절한 욕망을 유발해 성장을 도모하기도 하며 성장 동력이 되는 긍정적인 현상도 있다는 점이다.

일반적으로 결핍은 사주에 없는 십성으로 나타난다. 부재 십성의 심리는 부자연스럽고 열등의식이 내재 되어 있으나 가면을 쓰고 적극적으로 극복한다. 십성의 열등의식은 해당 십성이 약하거나 아예 없으면 그로 인해 자기가 다른 사람보다 열등하다고 느끼고 그 부분에 집착하는 것을 말한다. 사주 내에서 개인에 따라 꼭 필요한데도 안타깝게도 없는 십성이 있다. 이때 그 결핍된 십성의 작용으로 개인의 심리적 현상이 나타나게 된다.

- 인성의 심한 결핍은 학력이나 자격증에 집착하고, 애정결핍을 일으킨다. 또한 이타심이 취약하다.
- 식상의 심한 결핍은 외모나 치장, 보여주기에 집착한다. 또한 언어유희를 즐기며, 폭식증과 같은 식욕 증가를 경험한다.
- 재성의 심한 결핍은 재물과 집과 같은 공간에 집착하고, 성적 집착으로 과도한 성욕장애를 유발한다.
- 관성의 심한 결핍은 명예나 승진, 직위에 집착하고, 저활동성 성욕 결핍 장애를 유발한다.
- 결핍은 성장 센서를 작동시키기도 한다는 점에 유의해야 한다.

| 사례 | 인수 결핍을 극복한 대학교수 |

時	日	月	年
癸	癸	丙	戊
亥	亥	辰	戌

비겁과 관성이 강하다. 재생관을 하지만 왕한 관성을 소통시켜줄 인수가 결핍되어 있다. 성장환경이 그리 나쁘지 않았으나 인수의 결핍 작용인지 체계적이고 순리적인 면에 취약하여 방황하다가 대학 진학을 하지 못했다. 그러나 결혼 후 자기 학력에 대한 문제를 의식하고 방송통신대를 졸업하고 인수 결핍을 극복하기 위해 남다른 노력을 한다. 서울대 대학원에서 박사학위까지 받고 사이버대학교 교수가 된 여성이다.

| 사례 | 재성 결핍의 사업가 |

時	日	月	年
甲	戊	庚	丁
寅	戌	戌	卯

戊土 일간이 戌월에 생하고 丁火가 투출하여 정인격이다. 시상으로 甲木 편관이 투출하여 살인상생격을 이루었다. 식신 庚金이 칠살 甲木을 제살하니 에너지 주체가 일간으로 바뀌었다. 대기업에서 직장생활을 하다가 돈을 벌 욕심에 퇴사하고 자기 사업을 시작한 사람이다. 사주 내에 재성 水가 지장간에서 조차 찾아볼 수 없는 재성 결핍이다. 재물에 대한 욕심이 매우 많으며 근검절약 정신도 지나치게 강한 편이다

| 사례 | 관성과 인성 결핍의 판사 |

```
時 日 月 年
丙 丁 丙 丙
午 酉 申 辰
```

丁火 일간이 申월에 생하여 편재격이다. 연지 식신 辰土로 식신생재하는 격을 이루었다. 木이 없으니 인수가 결핍되어 있고, 水가 투출되지 않았으니 관성도 결핍이다. 그러나 열심히 공부하여 사법고시에 합격하여 판사가 되었고, 이후 부장판사가 되기까지 20년 이상 관성의 명예를 지켜왔으며 지금도 명예를 굳건히 수행하는 사명감 깊은 사람이다. 식신생재가 되어 있는 사주로 변호사를 해야 할 것 같으나 그렇지 않은 사례다.

03 불안장애의 일종인 결정장애

불안장애는 사실 다양한 형태의 비정상적 불안과 공포로 인해 일상생활에 장애를 일으키는 신경증을 통칭하는 말이다. 불안과 공포란 인간이 태초부터 가지고 있던 위험에 대한 경고 신호로서 정상적인 반응이지만, 지나칠 경우 거꾸로 적절한 대처를 어렵게 하고 정신적 고통을 유발한다. 불안감으로 인하여 직장생활, 대인관계, 학교생활 같은 일상생활에 어려움을 초래하기도 한다. 대표적으로 공황장애, 광장공포증, 아이들의 분리불안장애, 특정한 동물이나 물건에 대한 특정 공포증, 가족 외 타인과 말하지 않는 선택적 함구증 등이 불안장애의 일종이다.

결정장애는 행동이나 태도를 정해야 할 때 망설이거나 결단을 내리지 못하는 경우를 말하는데, 이는 사소하고 일상적인 일임에도 불구하고 과도한 불안과 걱정으로 인한 범불안장애의 일종이다. 간혹 불면증이나 소화장애 등 신체 증상으로까지 이어진다.

사주에서 관성은 일간을 극한다. 일간의 활동은 다양한 요소로 결정되지만, 관성의 극은 일간에게 신속하게 판단하고 선택하여 수행하라는 지시를 내린다. 그러므로 관성은 일간에게 스피드한 행동 심리의 에너지원이다. 나아가 일간은 관성으로부터 규칙을 지키고 명예를 쌓아

나가고자 하는 것이니 사주에서 관성의 결여는 매사 선택과 결정에 어려움을 겪게 만들 수 있다.

임상에서도 관성이 없는 사주의 주인공들은 무엇인가를 선택하는 데 있어서 조금 힘들어하고 있다는 점을 느낀다. 관성이 없으면 자신을 지켜주는 국가와 사회 혹은 법률이 없다는 것을 의미하므로 보호장치가 없는 타국에 홀로 나와 있는 것처럼 불안감을 겪는다. 외국 타지에 놓인 나는 어디로 가야 할지 무엇을 해야 할지 결정을 하지 못한다.

- 관성의 부재와 결함이 결정장애를 유발한다.
- 관성이 전혀 없는 무관성인 경우
- 식상이 너무 많아 관성의 작용을 정지시키는 경우
- 관성이 충극되거나 형충파해를 일으키는 경우
- 인성이 너무 많아 관성을 심하게 설기하는 경우
- 인성은 많은데 관성이 없거나 미약한 경우
- 인성은 많은데 식상이 없거나 미약한 경우
- 편인이 왕한데 재성이 없거나 미약해 제복이 안 되는 경우

| 사례 | 선택에 취약한 정치인 (안철수) |

時	日	月	年
丙	乙	壬	壬
戌	未	寅	寅

이 사주는 일간이 튼튼하고 천간으로 인비식이 상생되고 재성까지 잘 갖추어져 총명한 귀격이다. 의사이면서 컴퓨터 백신을 개발하여 벤처기업을 일으켰으며 대학교수로도 활동하였다. 그리고 정치에 입문하여 대권에 당선 가능성이 가장 높을 정도로 인기 가도를 달렸으나 여러 차례 자신의 권력의지를 세우기보다는 양보하거나 단일화하는 등 중요한 결단에서 우유부단한 모습으로 지지자들에게 실망을 안겨주었다. 한편 관성의 부재는 명예나 완장에 집착하는 심리가 있다.

| 사례 | 자만과 과신의 결정장애 |

時	日	月	年
丁	丙	丙	丙
酉	午	申	午

비겁이 태과한 사주로 운이 도와주지 않을 경우 군겁쟁재 현상이 나타날 수 있다. 실제 이 사람은 결혼한 후 사업을 한다고 처가에 돈을 차용해 갔으나 탕진하고 오히려 빚지게 되었다. 사업에서 매사 선택과 판단 결정을 해야 하는데, 오직 자기 과신으로 선택을 잘못하였고 맺고 끊음이 우유부단한 결과다.

| 사례 | 관성 결핍의 사업가 |

```
時 日 月 年
庚 戊 庚 庚
申 午 辰 午
```

일간이 신왕하고 식신 또한 왕성하다. 여러 가지 사업을 계속하였고 현재 PC방 사업을 하고 있으나 잘되지 않아서 큰 빚을 지게 되었으며, 가족들은 모두 언제나 정신을 차릴지 매우 걱정이 크다고 한다. 식상이 왕성하여 에너지 주체가 자신이니 자신의 감성으로 선택하고 판단하며 활동하는 심리의 소유자다. 안타깝게도 관성의 부재로 선택과 결정이 문제로 나타나게 되었다.

04 인지부조화로 인한 행동장애

　인지부조화란 두 가지 이상의 반대되는 믿음, 생각, 가치를 동시에 지닐 때 또는 기존에 가지고 있던 것과 반대되는 새로운 정보를 접했을 때 개인이 받는 정신적 스트레스나 불편한 경험 등을 말한다. 이런 경우 사람들은 자신의 태도와 행동 등이 서로 모순되어 양립될 수 없다고 느끼고 이를 해소하기 위해서 자신의 인지나 혹은 태도를 갑자기 변화시켜 부조화 상태를 해소하려고 하는 노력을 하는 자기합리화 현상이 일어난다.

　인지부조화를 설명하는 사례로 많이 사용되는 이솝우화를 보면 여우가 높은 곳에 매달려 있는 포도를 보고 이를 먹고 싶었으나, 너무 높아 닿을 수가 없다는 것을 인지할 때 저 포도는 아직 덜 익어서 매우 시큼할 거로 생각해버린다는 이야기가 있다. 이런 식으로 접한 상황이나 사회 혹은 상대방을 비판하며 자신의 인지부조화를 해결하려고 한다. 적정 수준의 심리적 자기합리화만 일어나면 신경증까지 유발되지 않으나 심한 자기합리화가 일어나는 경우 공격성, 퇴행성, 고착 혹은 체념 증상 등의 행동장애까지 유발하는 경우가 있다.

　사주에서 인지부조화 현상은 인수의 결함에서 많이 나타난다. 특히 인성과 재성이 충돌하는 경우, 정서적 생각이 필요한 인성과 현실적 욕구를 드러낸 재성이 불협화음을 일으키면 인지부조화 현상이 일어난다. 예를 들어 재극인이 심하게 일어나는 경우, 돈을 벌기 위해서라면 불법적인 일이라고 할지라도 행동하게 되고, 세상은 모두 돈을 기반으로 이루어진 것이고 돈이 모든 것을 해결해 줄 것이라는 믿음을 가지며 자기합리화를 해버린다.

- 재성이 강하고 인성이 약한 재극인의 경우 도덕률을 버리는 인지부조화를 일으킨다.
- 재성이 강하고 일주가 약한 재다신약의 경우 목표를 정하지 못하고 자기합리화를 한다.
- 인성이 전혀 없는 무인성의 경우 사유하기를 싫어한다.
- 인성이 너무 많아 태과한 경우 퇴행성 은둔형 행동장애가 발생한다.
- 인성과 식상이 충극하는 경우
- 식상과 관성이 충극하는 경우
- 오행이 한쪽으로 편중된 경우, 대세운으로 오행이 편중되는 경우
- 인성이 과다하면 생각과 행동의 부재로 언행일치의 문제가 있다.

| 사례 | 인성이 없고 식상이 중하여 나타난 인지부조화 |

時	日	月	年
甲	壬	丁	己
辰	辰	卯	亥

이 사주는 壬水 일주가 亥와 辰에 통근하였으나 卯월에 甲木이 시간으로 투출하여 식상이 중하고 일주를 약화시켰다. 인성이 없는 채로 식상이 강하다. 자기 자신이 머릿속으로 하는 생각과 행동이 맞지 않아 스트레스를 많이 받는 사람이다. 인지부조화 현상으로 때론 공격적 행동장애를 일으키기도 하며, 또는 심한 체념을 일으키는 심리적 행동장애가 자주 나타난다.

| 사례 | 인성이 없고 재성이 왕하여 나타난 인지부조화 |

時	日	月	年
丙	壬	癸	乙
午	午	未	卯

이 사주는 壬水 일주가 未월에 乙木이 투출하고 지지로 卯未가 회합하니 상관격이다. 또한 일간을 돕는 癸水가 사주의 왕한 火를 다스릴 수 없으니 재다신약이 되었다. 즉, 가종재격으로 봄이 마땅하다. 명문대를 졸업하였으나 지나치게 자기합리화하는 습관으로 직장생활에 적응하지 못하였다. 결혼 후 배우자, 자녀와도 갈등이 심했는데 자기합리화로 인한 심리적 행동장애가 종종 나타난다.

| 사례 | 식상과 관성이 충극하여 나타난 인지부조화 |

```
時 日 月 年
辛 戊 甲 乙
酉 寅 申 酉
```

이 사주는 戊土 일간이 申월에 생했는데 金 식상이 강하여 관성 木을 극하는 구조이다. 식상 金을 제화시킬 인수 火가 없고, 金을 설기하며 관성 木을 보호할 水가 없으니 성정이 고요하지 못하다. 식상이 강하니 자기주장과 자기 관심사에만 집중하는 심리로 대인관계에 불협화음이 잦고 가정에서도 부인과 화합이 잘 안 되어 갈등하게 되는 인지부조화 현상의 심리가 나타난다.

05　ADHD, 분노조절장애

　ADHD(Attention Deficit Hyperactivity Disorder)는 '주의력결핍 과다행동장애'라고 부르는데 소아기에 주로 나타나는 장애로, 지속적인 주의력이 부족하고, 주의가 산만하거나 과잉행동을 일으키고 충동성향을 보이는 상태를 말한다. 가정, 학교, 사회생활 등에 지장을 초래하며, 간혹 성인 때까지 이어지는 경우도 있다. 연령대를 좀 더 확장하여 나이에 상관없이 폭력이 동반될 수도 있는 분노의 폭발을 일으키는 행동장애나 별로 중요하지 않은 사건에 의해서도 상황에 맞지 않게 분노를 폭발시키는 증상을 간헐적 폭발성 장애라고 하며 일반적으로 분노조절장애라 부른다.

　분노조절장애는 사람과의 관계에서 과도하게 흥분하거나 분노를 조절하지 못하여 상대에게 공격적인 행동, 욕설 등 상식을 벗어난 언행을 일삼는다. 분노조절장애까지는 아닐지라도 잘 흥분하거나 화를 못 참는 성향도 이에 포함하여 설명할 수 있다.

　사주 상으로는 일간이 자극을 심하게 받는 경우인데, 과도한 행동심리를 유발하는 양인격, 비겁태과, 군겁쟁재 등에서 많이 나타난다. 이외에도 칠살이 너무 강하거나, 식상의 설기가 너무 심한 경우에도 비슷한 행동장애를 일으킨다.

- 비겁도 많고 일간이 너무 강한 양인격 혹은 비겁격의 경우

- 비겁은 많은데 재성이 약해서 군겁쟁재 되는 경우

- 칠살이 태과하여 일간을 심하게 극하는 경우

- 식상이 태과하여 일간을 심하게 설기하는 경우

- 재성은 많은데 일간이 심하게 약한 재다신약의 경우

- 사주의 오행이 水나 火 한쪽으로 심하게 기울어진 경우

- 사주 내의 오행이 서로 상생이 안 되고 충극으로 이루어진 경우

사례: 일간이 극히 태왕한 조현병 남성

時	日	月	年
己	丙	丙	甲
亥	戌	寅	寅

丙火 일주가 寅월에 생하고 甲木을 투간하여 편인격이다. 寅戌이 火로 회합하여 비겁과 편인으로 극히 태왕한 사주가 되었다. 시지에 亥水 관성이 있으나 설기가 심하고 일간을 조절하기에는 힘이 미약하다. 식상으로 설기하는 방법이 유일하다. 木은 많은데 水가 없으면 아둔한 사고를 자주 하고 기분장애가 생긴다. 이 사람은 부유한 가정에서 태어나 미국에 유학까지 갔으나 남방운을 만나 사주가 더욱 태왕해지면서 조현병(정신분열)이 시작되었고 망상과 환각 환청 증세를 보여서 귀국하여 정신과 치료를 받았으나 쉽게 완쾌되지는 못하였다.

> **사례**　재성 태과의 분노조절장애

時	日	月	年
丁	戊	庚	丙
巳	辰	子	申

戊土 일간이 인성의 생도 받고 辰을 깔고 있어 어느 정도 강약의 균형을 이룬 듯 보인다. 그런데 지지에서 申子辰 삼합이 일어나 재성 국을 이루며 균형을 깨고 있다. 초년에 사업이 잘 풀리지는 않았으나, 중년 火운에 이르자 부를 이루고 안정된 삶을 이어간다. 성격이 다정하고 자상하지만, 툭하면 화를 내거나 어깃장을 부리곤 한다. 한번 화를 내면 주변 사람들이 모두 불편할 정도로 과도하게 흥분하고 이를 반복하는 분노조절장애를 가지고 있는 것이 큰 단점인 사람이다.

> **사례**　양인격 신강사주의 분노조절장애 남성

時	日	月	年
甲	庚	丁	辛
申	子	酉	酉

庚金 일간이 酉월에 생하여 양인격이며 비겁이 많아서 태왕하다. 정관 丁火로 양인을 다스려야 하나 일점 뿌리가 없으니 역부족이다. 이런 구조는 비겁이 태과한 중 상관이 있으니 정관을 무시하여 성정이 고요하지 못하고 특히 자기 위주로 행동한다. 고집불통에 자기 멋대로 행동하는 안하무인의 성정으로 사소한 일에도 걸핏하면 화를 내고 물건을 부수는 등 스스로 분노를 조절하지 못하는 심리의 소유자이다.

06 우울증과 조울증 – 기분장애

　우울증(Depressive disorder)은 의욕 저하와 우울감을 주요 증상으로 하여 다양한 인지 및 정신 신체적 증상을 일으켜 일상 기능의 저하를 가져오는 질환이다. 증상은 우울, 슬픔, 희망이 없음, 만사가 귀찮고, 작은 문제에 대해서 쉽게 좌절감을 느끼고, 어떤 일에 대해서도 흥미가 없고, 즐거움이 없고, 사회적으로 위축되고, 매사에 무관심하고, 식욕이 감퇴되거나 증가하고, 불면증, 계속 앉아 있지 못하는 등의 정신 운동 초조성이나 지체를 보이고, 에너지가 저하되고, 피곤하다. 우울한 사람은 심리적으로 비현실적이고, 부정적인 자기 평가를 하고, 죄의식에 집착하고, 과거의 실패를 되새기고, 주의를 집중하기가 어렵고, 결정을 어려워하고, 기억력이 떨어진다. 또한 죽음에 대한 생각과 자살을 생각하거나 자살을 시도하기도 한다.

　조울증(Bipolar disorder)은 기분장애의 대표적인 질환 중 하나로 기분이 들뜨는 조증이 나타나기도 하고, 기분이 가라앉는 우울증이 나타나기도 한다는 의미에서 '양극성 장애'라고도 한다. 조증 환자는 과대한 계획을 세우고 자신만만하고 야심 찬 계획이 좌절될 경우 쉽게 과민하게 변하기도 한다. 대체로 기분이 고양되어 있으나 사소한 일에 분노를 일으키고 과격한 행동을 일으킬 수도 있다. 충동 조절에 문제가 있어 본인이나 타인에게 해를 끼치기도 하며 종교적, 정치적, 경제적, 성적 및 피해 사고에 과도하게 집착하기도 하고 이는 복잡한 망상으로 발전할 수 있다. 우울 삽화기에 접어들면 우울한 기분, 불안, 초조함, 무기력감, 절망감 등을 호소한다. 미래를 비관적으로 느끼며 잔걱정이 많아진다. 매사에 자신감이 없고, 이전에 해왔던 일들이 힘들게 느껴지면서 아무 일도 할 수 없는 것처럼 느낀다. 사고의 속도가 느려지고, 이해력과 판단력이 감소한다.

사주에서 우울증 같은 기분장애는 오행의 강약과 균형 등 오행 기세를 따져서 살필 수 있다. 예를 들어 水가 많아 木이 부목된 사주도 기분장애에 취약하고, 水와 火의 대치가 발생했는데 해결이 안 될 때도 나타난다. 설기하고 극함이 동시에 일어나는 경우, 편인이 너무 많은 경우 등에도 발생한다.

- 水가 많아서 木이 부목(浮木)된 사주는 부정적 사고로 인한 조울증과 같은 기분장애가 생긴다.
- 水와 火의 균형이 이루어졌지만, 木이 없으면 통관이 일어나지 않는 것으로 水生木, 木生火의 흐름이 생략되어 우울증이나 조울증과 같은 기분장애가 나타난다.
- 水와 火의 대치 중에 木이 너무 태과하면 흐름에 과장이 발생해 기분장애가 나타난다.
- 木은 많은데 水가 없으면 아둔한 사고를 자주 하고 기분장애가 생

긴다.

- 火는 많은데 金이 없으면 미래에 대한 희망에 부정적이라 쉽게 우울해진다.

- 金은 많은데 火가 없으면 기회는 많지만 일 처리가 미숙해 능력이 없다고 생각하고 스트레스에 취약해 우울해진다.

- 식상과 관성이 많아 설기와 상극이 동시에 일간의 힘을 소진시키면 기분장애가 심하다.

- 형충이 심한 경우와 편인이 태과한 경우에도 우울감에 쉽게 빠진다.

사례 | 식상 설기와 형충이 많아 조울증

時	日	月	年
乙	丙	乙	戊
未	戌	丑	辰

丙火가 丑월에 생하여 상관격이고 辰戌丑未를 모두 가져 식상이 태과하다. 상관격은 인성을 상신으로 삼고 일간이 신약하니 乙木 정인을 용신으로 삼는다. 그러나 인수 상신이 식상을 감당하기 어려운 지경이고 4개의 잡기는 서로 형충하니 지지가 탁해졌다. 이 사람은 명문대를 졸업하고 유학도 다녀와 보건복지부 공무원이 되었다. 그러나 자유분방한 성격의 소유자가 직장생활을 하게 되면서 불면증과 조울증이 심하여 휴

직하고 병원 치료를 받게 되었고, 1년 후 결국 사표를 내고 말았다. 다시 상담가의 길을 걷고 있다.

사례   木 편인 태과로 인한 조울증 여성

時	日	月	年
壬	丁	乙	辛
寅	未	未	亥

丁火 일주가 未월에 생하고 亥未가 회합하여 木이 강해졌고 乙木 편인이 투출했으니 편인격이다. 인성이 태과하니 辛金 편재를 용신으로 삼을 것이나 辛金이 무근하고 약하니 편인을 제화하기가 어려운 사주이다. 水 관성과 火 일간 사이에서 木 편인이 태과한 경우에 속한다. 이 사람은 부유한 가정에서 출생해 초년 서방 대운에 용신이 통근하여 명문대를 졸업하고 영국 옥스퍼드대학에서 박사학위를 받고 귀국하여 연구원이 되었다. 그러나 북방 대운으로 흐르며 용신의 설기가 심해져서 사직을 하고 이혼하였다. 조울증 증세가 심해져 연예기획사를 차리느라 큰 투자를 하였으나 과대망상증으로 현실에 맞지 않는 기획과 무리한 투자를 지속하다가 부도가 났다.

> **사례** 일간의 설기와 극이 심한 우울증 남성

時	日	月	年
丁	乙	辛	庚
丑	酉	巳	申

乙木 일간이 巳酉丑 금국을 가졌고 庚辛금을 모두 투출하여 관살혼잡격이다. 관살이 태과하나 무인성이기에 시간의 丁火 식신을 병약용신으로 삼는다. 극신약한 일주가 식상으로 설기되면서 관살의 강한 극을 받고 있다. 운에서 인수가 들어와도 일주를 생하기는커녕 식신을 도식하면 칠살이 더 강해진다. 오행으로는 金은 많고 火는 부족한 사주로 정신적으로 취약하다. 군대에서 잦은 구타를 참지 못하고 자살 시도를 하다가 관심사병으로 분류되어 지내다 제대했다. 그 후 정신과 치료를 받았고 집 밖으로 나가지도 않고 지내는 우울증이 심한 남성이다.

> **사례** 편인이 너무 왕하여 조울증을 겪는 음악가

時	日	月	年
辛	癸	乙	乙
酉	亥	酉	卯

癸水 일주가 酉월에 생하고 辛금을 투간하여 편인격이다. 재관이 없고 편인과 식신으로만 구성된 사주이다. 편인은 창의력과 아이디어, 예술

Chapter 13 사주를 통한 신경증 심리추론

적 능력이 좋고, 식신은 연구개발과 표현능력을 가졌다. 미국 뉴욕에서 태어나 3살 때부터 바이올린을 잡았고 당시로서는 최연소 기록인 8살 때 전액 장학금을 받고 줄리아드 예비학교에 입학했으며, 10살 때 오케스트라와 협연을 했을 정도로 바이올린 신동으로 주목을 받았던 유진박의 사주이다. 17세 때 클래식에서 전기 바이올린으로 전공을 바꾸면서 뉴욕에서 유명 인사가 되었고 한국에도 알려졌다. 하지만 시간이 흘러 뉴스에 보도된 바로는 소속사의 착취와 감금 사건도 있었던 등 정신적 고통이 고스란히 느껴진다. 생기 없는 얼굴, 힘없는 걸음걸이, 공연의 잦은 실수 등 조울증이 심한 상태라고 알려져 있다.

07 성정체성과 성도착증 - 성적심리장애

성정체성(Gender identity)이란 자신의 성별에 대한 자각, 자아의식을 말하며, 성적 정체성과는 다르다. 개인은 특정한 성역할에 대한 행동, 태도 및 외모를 보일 수 있지만, 이러한 표현이 반드시 그의 성정체성을 반영하는 것은 아니다. 성정체성의 종류에는 젠더(사회적 성)가 지정 성별과 다른 트랜스젠더, 젠더가 지정 성별과 일치하는 시스젠더, 사회의 전통적인 젠더 규범을 벗어나는 성정체성인 젠더퀴어 등이 있다.

- 재관이 태과하여 기신인데 겁재가 하나 있어 의존하는 경우
- 남성의 경우 식상이 태과한데 재성이 미약하거나 합거되어 버린 경우
- 남성의 경우 일간이 신강하고 군겁쟁재가 아주 심한 경우
- 남성의 경우 인성이 태과하고 무재성의 경우
- 여성의 경우 식상이 태과한데 관성이 미약하거나 합거되어 버린 경우
- 여성의 경우 일간이 신강하고 관살과 대립이 아주 심한 경우

성도착증(Paraphilia)은 정상적인 표현성을 가진, 신체적으로 성숙한, 동의가 이루어진 인간 동반자와 성기 자극이나 그 준비를 위한 애무를 하는 것 외의 다른 것에 강렬하고 지속적인 성적 관심을 가지는 것을 말한다. 일부 성도착증(변태성욕)은 개인의 성적인 활동, 예를 들어 폭력적 행위를 동반하거나, 묶거나 목을 조르는 등의 행위에 대해 가해와 수용의 서로 간 입장에서 강렬하고 지속적인 흥미를 보이는 경우가 있고, 또 다른 성도착증은 개인의 성적인 대상, 예를 들어 속옷이나 의복 등에 집착하거나 성적 행위와 관련된 도구를 더 선호하는 등의 물건에 대한 집착과도 관련이 있다.

사주에서 성적심리장애는 십성으로는 일간이 너무 태왕하거나, 관성이 너무 태왕한 경우에 주로 발견되며, 한편 오행으로는 金과 木의 대치가 너무 강하게 드러나거나, 水와 火의 대치가 너무 강한 경우에 신경증을 유발한다.

- 비겁이 많고 신왕한 양인격이나 건록격에 관살이 전혀 없는 경우
- 비겁이 많고 신왕하며 관살도 많지만 인성이 전혀 없어 통관이 안 되는 경우
- 金과 木의 대치가 발생했는데 水가 전혀 없어 통관이 안 되는 경우
- 水와 火의 대치가 발생했는데 木이 전혀 없어 통관이 안 되는 경우

> **사례** 비겁이 많아 군겁쟁재하며 무관성의 트렌스젠더

```
時 日 月 年
丁 甲 戊 乙
卯 午 寅 卯
```

甲木이 寅월에 생하여 건록격이고, 겁재가 3개나 더 있어 비겁이 태과하다. 월간에 戊土 재성을 두고 군겁쟁재 하면서 지장간에조차 관성이 없고 인성도 없다. 운에서 관살이 온데도 상관견관 돼버리고 인성이 와도 뿌리 하나 없고 관의 생도 없다. 그러기에 사회의 전통이나 법규에서 벗어나 있다. 국내에서 가장 유명한 트랜스젠더 하리수의 사주이다. 1993년 일본에서 성전환수술을 하였고 2002년 12월 법원의 허가를 받아 남성에서 여성으로 성별 정정을 하였다. 또한 법적으로 2006년 결혼을 하기도 하였다.

> **사례** 일간이 태왕하고 관성과 대립이 심한 레즈비언

```
時 日 月 年
癸 丙 壬 庚
巳 午 午 午
```

丙火 일간이 午월에 생하여 양인격인데, 午火가 3개에 巳火까지 두어 일간이 심하게 태왕하다. 천간에 壬癸 정편관이 모두 떠 있지만, 인성의 통

관도 전혀 이루어지지 않아 일간과 관살의 대립이 매우 심하다. 水와 火의 대치가 발생했는데 木이 전혀 없어 통관이 안 되고 있다. 사춘기 시절부터 동성에게 끌렸고, 신강하고 火 기운이 강해 남성적 경향을 띠는 레즈비언으로 성생활을 유지하였다. 사주구조가 성도착증도 유발할 가능성이 큰데 성적 행위와 관련된 물건을 선호하는 집착을 보이고 성인용품을 판매하는 인터넷 쇼핑몰을 운영하고 있다.

사례 | 양인격에 관살이 없는 성도착증 여성

時	日	月	年
甲	甲	己	乙
戌	子	卯	丑

甲木이 卯월에 생하여 양인격이고 비견과 겁재가 많지만, 관살이 없어 패격이다. 식상도 미약해서 군겁쟁재가 일어난다. 어려서부터 부모님께 혼이 나면 거품을 물고 기절하는 등 정신적 취약점이 있었다. 성관계 할 때 몸을 포박하고 묶이며 신체적 가학을 당해야 성적 쾌감을 느끼는 매저키즘 성도착증 여성이다. 성도착증 취향 때문에 파트너를 구하지 못해 일본까지 건너갈 정도로 집착하였다. 일간은 심하게 태왕한데 제복할 관살의 부재가 성적으로 드러났다고 할 수 있다

| 사례 | 인수가 태왕하고 재성이 없는 성도착증 남성 |

時	日	月	年
丁	庚	丁	壬
丑	戌	未	戌

庚金 일간이 未월에 생하고 丁火가 투출하여 정관격이다. 그러나 인수가 태과하여 이를 제화시켜야 하나 재성이 없다. 참고로 인수가 많은 사주는 가르침을 받으면 훌륭하게 성장하지만, 환경이 나쁘면 자기만의 고집스러운 사고방식으로 오히려 잘못되는 경우가 있다. 이 사람은 어금니 아빠로 유명해졌으나 딸 친구를 성폭행하고 살해한 죄로 감옥살이를 하는 양영학이다. 어려서 부모가 이혼했고 계부 아래서 자랐으며, 중학교 때부터 성폭행을 일삼았다고 한다.

08 과잉적응증후군 - 워크홀릭

과잉적응증후군이란 자기 개인적 생활보다는 사회생활, 특히 직장이 우선이고 업무적 생활에 지나치게 몰두하는 심리적 병리현상을 말한다. 자신의 욕구보다는 일이 더 중요하고, 가정적 생활이나 집안 내의 행사, 대소사 등이 있으면 일을 방해받는다고 생각하고 부정적 성향을 표출하여 가족들을 불편하게 한다. 자신과 가족의 행복보다 오직 자신의 일이 중요하다고 생각하며, 일에 지나치게 치우친 삶을 살아간다. 일하고 있지 않으면 불안한 심리적 현상이 나타나 과로로 쓰러지거나 심하면 과로사하는 경우도 있다.

사주 상으로는 일을 관성이나 식상으로 보기 때문에 그 관계 속에서 일간이 갖는 힘이나 정서를 중요하게 살펴야 한다. 하지만 모든 육신이 일과 관련해서 작용력을 발휘하곤 하는데, 관성이 많아도 일복이 많고, 식상이 많아도 늘 바쁘게 일하며 살고, 재성이 많아도 돈을 버는 욕심에 일하고, 비겁이 많아도 몸이 쉴 날 없이 바쁘게 일한다. 다만 사주에서 상대적인 작용과 균형으로 일과 개인이 조화를 이룬다면 일 중독이 아닌 일을 즐기며 인생을 살아갈 수 있다.

- 비겁이 태과하고 편중될 때

- 식상이 태과하고 편중될 때
- 재성이 태과하고 편중될 때
- 관살이 태과하고 편중될 때
- 천간에 비겁이 투출되어 있는 정관격
- 천간에 비겁이 투출되어 있는 재격
- 천간에 비겁이 투출되어 있는 인수격

사례 비겁 태과의 일 중독심리 (여성)

```
時 日 月 年
戊 戊 丙 戊
午 辰 辰 戌
```

비겁이 태과하여 비겁을 따라 용신하는 종왕격이 되었다. 사별 후 혼자 일하여 두 아이를 잘 키워 놓고, 육십 대 중반임에도 새벽부터 밤늦게까지 인력사무실과 도시락집을 운영하며 오직 재물을 모으고 일에 미쳐 살아가고 있는 사람이다.

| 사례 | **재성의 일 중독심리** (여성) |

時	日	月	年
乙	癸	丁	丙
卯	巳	酉	午

득령한 편인격이나 재성이 왕하여 신약하다. 젊어서부터 늘 일을 하지 않으면 불안하다고 한다. 한때는 일하는 시간이 즐거워서 낮부터 저녁까지 쓰리잡을 했으며 늘 일하지 않는 시간은 무의미하여 행복하지 않다고 한다.

| 사례 | **관성 태과의 일 중독심리** (남성) |

時	日	月	年
壬	丁	癸	癸
寅	亥	亥	巳

관성이 태과하여 인수를 용신으로 하는 살인상생격이다. 관살이 태과하여서인지 가치관은 권위적이고 명예를 소중하게 생각한다. 농어촌 진흥공사에 근무하며 가정과 개인의 행복보다는 오직 직장의 일을 앞세워 살았다. 그러한 결과 나름 고위직급까지 역임한 사람이다. 다만 책임감 있게 일한 것은 좋으나 가정에 소홀한 대가로 노후에 자식들과 화목하지 못한 것이 안타깝다.

| 사례 | 식상의 일 중독심리 (여성) |

時	日	月	年
庚	庚	丁	乙
辰	子	亥	未

이 사주는 亥월에 생하고 子辰 수국까지 이루어 식상이 왕한 사주다. 요리 솜씨가 좋으며 매우 부지런하고 활동적이다. 나이가 들면서도 늘 일을 놓지 않고 일을 즐기고 있으니 자손들에게는 일 중독자라는 소릴 듣는다고 한다.

MBTI와 사주분석

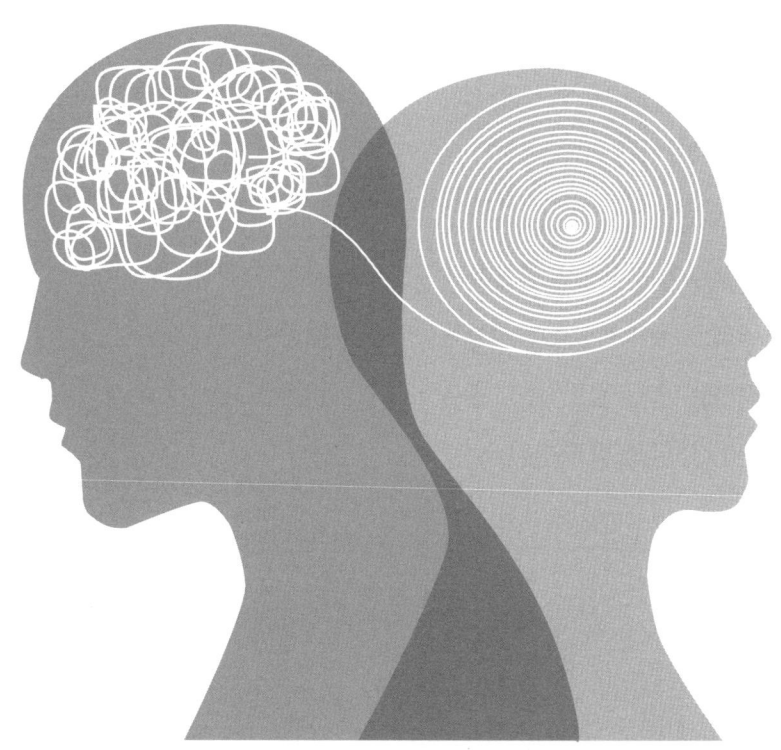

01 MBTI 성격유형검사

MBTI(Myers-Briggs Type Indicator; 성격유형검사)는 칼 구스타프 융(Carl G. Jung)의 심리유형 이론을 기본으로 삼아 일상생활에서 더욱 쉽게 이해하고 유용하게 활용할 수 있도록 미국의 캐서린 브릭스(Katherine C. Briggs)와 이사벨 마이어스(Isabel B. Myers) 모녀가 1941년부터 수십 년을 연구 개발한 인간 심리이해 성격유형검사로서, 융의 심리유형 이론에 P(인식), J(판단) 척도를 추가하였다. 하지만 정확히 말하자면 MBTI는 검사(test)가 아니라 지표(indicator)이므로 맞고 틀린 것은 없고, 좋고 나쁜 유형 또한 없으며 성격유형을 구분하는 지표일 뿐이다.

MBTI의 초석이 되는 융의 8가지 심리유형을 도식화해 보면 아래 표와 같다. 내향형(I)과 외향형(E)으로 크게 음양처럼 둘로 구분하고, 다시 감각(S), 직관(N), 사고(T), 감정(F) 4가지로 세상을 바라보고 행동을 결정하는 관점을 구분하여 총 8가지 유형으로 나누었다. 후일 마이어스의 연구 과정에서 세상을 바라보는 '인식(P)'을 좀 더 중시하는지, 행동을 결정하는 '판단(J)'을 좀 더 중시하는지까지 추가되면 그 아래 MBTI 16가지 성격유형이 셋팅된다.

〈융의 8가지 심리유형〉

구분	인식기능(P)		판단기능(J)	
	감각(S)	직관(N)	사고(T)	감정(F)
내향형(I)	내향적 감각형	내향적 직관형	내향적 사고형	내향적 감정형
외향형(E)	외향적 감각형	외향적 직관형	외향적 사고형	외향적 감정형

〈MBTI의 16가지 성격유형〉

ISTJ	ISFJ	INFJ	INTJ
세상의 소금형	임금 뒤의 권력형	예언자형	과학자형
ISTP	ISFP	INFP	INTP
백과사전형	성인군자형	잔다르크형	아이디어 뱅크형
ESTP	ESFP	ENFP	ENTP
수완좋은 활동가형	사교적인 유형	스파크형	발명가형
ESTJ	ESFJ	ENFJ	ENTJ
사업가형	친선도모형	언변능숙형	지도자형

본인의 MBTI 성격유형을 확인하기 위해서는 수십여 년 동안 해외와 국내에서 신뢰도와 타당성이 검증됐다는 설문 문항에 답을 하면 그 집계된 결과로 16가지 성격유형 중 1가지 지표를 알려준다. 마지막 결과를 기다릴 때는 시험지를 제출하고 성적을 기다리는 기분이다. 시차를 두고 설문지를 작성해서 제출해보면 분명 똑같은 시험지를 풀었는데도 불구하고 다른 결과를 내놓기도 한다. 필자는 어떨 때는 INTJ가 나오고 어떨 때는 ISTP가 나오곤 하였다. 요즘은 온라인이 발달하여 온라인 설문지에 답을 하고 1~2분 이내에 결과를 얻을 수 있다.

02 MBTI와 사주의 연결점

　　동양의 사주 연구가 중 융의 심리유형에 처음 관심을 가졌던 인물은 반자단(수요화제관주)이었다. 그는 본인의 책 『명학신의』에서 융의 심리유형 8가지가 명리의 십성과 많은 유사점을 가지고 있다고 언급하면서, 내향형은 편(偏)의 성질이요, 외향형은 정(正)의 성질이라 하였으며, 감각(S, 知覺)은 재성이고, 직관(N, 直覺)은 인성이고, 사고(T, 思想)는 관성이고, 감정(F, 感覺)은 식상이라 하였다.

　　필자는 반자단이 사주에 대응한 배열에 일부는 동의하지만, 일부는 수정이 필요하다고 생각한다. 첫째, 편(偏)에는 겉보기와 달리 내향성이 분명 내재되어 있고, 정(正)에는 원리원칙주의로 인해 외향성을 드러내는 것은 맞다. 하지만 사주의 수집과 통계를 거쳐보면 편·정으로 내향(I), 외향(E)이 구분되지 않는다. MBTI 결과로서의 내향(I)은 사주 내에 金, 水가 많은 사주가 경향성이 분명하고, 외향(E)은 사주 내에 木, 火가 많은 사주에서 경향성이 도드라졌다. 둘째, 감각(S)으로 세상을 바라보는 사람은 재성이 유력한 사람이 많고, 사고(T)로 행동을 결정하는 사람은 관성이 유력한 사람이 많았다. 하지만 직관(N)으로 세상을 바라보는 사람은 인성이 많은 사람보다는 식상이 유력한 사람이 더 확실했고, 감정(F)으로 행동을 결정하는 사람은 식상이 많은 사람보다는 인성이 유력한 사람이 더 확실했다. 이를 표로 정리해 보면 다음과 같다.

〈심리유형 요소 – 사주와의 연결점〉

구분	세상을 바라보는 인식(P) : 식재		행동을 결정하는 판단(J) : 관인	
	감각(S)	직관(N)	사고(T)	감정(F)
내향형(I)	金水多 재성	金水多 식상	金水多 관성	金水多 인성
외향형(E)	木火多 재성	木火多 식상	木火多 관성	木火多 인성

〈국내 13,000명 MBTI 조사결과 비율〉

ISTJ	ISFJ	INFJ	INTJ
21.4%	8.2%	2.4%	5.5%
ISTP	ISFP	INFP	INTP
7.9%	6.4%	3.7%	3.3%
ESTP	ESFP	ENFP	ENTP
5.4%	5.4%	3.1%	2.2%
ESTJ	ESFJ	ENFJ	ENTJ
14.1%	5.6%	1.9%	3.5%

상기 표는 국내 MBTI 연구기관에서 13,000명 이상의 표본조사를 시행한 결과의 비율이다. 가장 왼쪽 라인은 ST(감각-사고)를 쓰는 사람들로 비율이 뚜렷하게 높은데, 이는 재성과 관성을 중요하게 생각하는 경향성 때문이다. 3번째 열 NF(직관-감정), 4번째 열 NT(직관-사고)을 쓰는 사람들의 비율은 현저히 낮은데, 이는 식상(직관)이 인성(감정)에게 도식되거나, 식상(직관)이 관성(사고)을 극하는 구조에 해당하므로 흉한 구조에 대한 회피 경향성 때문이라고 할 수 있다. 다시 한번 강조하지만, MBTI는 설문지를 통해 결과를 보여주는 것이므로 답을 적는 사람의 중시성과 회피성이 분명 드러난다는 점에 주의하여야 한다.

1) MBTI와 사주의 연결점

(1) 외향(E)와 내향(I) : 사주 전반에 걸쳐 따뜻한 양의 에너지 木火가 많고 유력하면 밖으로 에너지를 분출하는 외향(E)의 성정을 드러내고, 차가운 음의 에너지 金水가 많고 유력하면 안으로 에너지를 응축하는 내향(I)의 성정을 보인다.

(2) 감각(S)와 직관(N) : 재성이 강한 사람은 공간 감각과 선과 색에 예민하고, 소유와 생존에 대한 욕구를 감각(S)적으로 드러낸다. 식상이 강한 사람은 새로운 것을 찾고 자유로운 사고와 표현 그리고 창작을 위해 직관(N)을 사용한다.

(3) 사고(T)와 감정(F) : 관성이 강한 사람은 질서를 유지하고 행동을 결정하기 위해 지적인 사고(T)를 통해 판단한다. 인성이 강한 사람은 과거를 복기하며 느낌을 중시하고 모성본능과 같은 감정(F)에 따라 의사결정을 한다.

(4) 인식(P)와 판단(J) : 에너지 주체가 일간이며 식상-재성의 아웃풋(Output)이 작동하면 밖으로 세상을 바라보는 인식(P) 작용이 일어나고, 에너지 주체가 관성이며 일간을 향해 관성-인성의 인풋(Input)이 작동하면 관계를 의식하고 행동을 결정하는 판단(J)을 해야 한다.

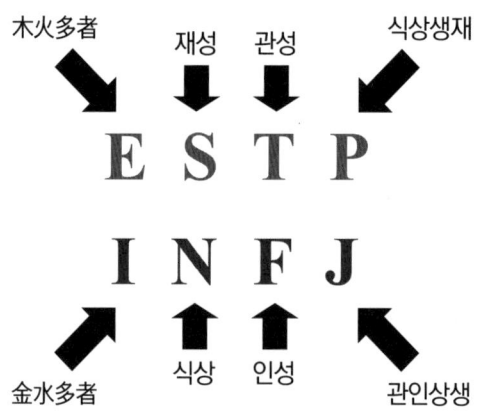

〈 MBTI와 사주의 연결도식 〉

2) MBTI와 사주의 혼합 해석방법

MBTI는 E와 I, S와 N, T와 F, P와 J로 둘씩 짝을 짓고 있다는 점을 염두에 두고 사주와 연결점을 찾아가야 한다. "木火와 金水가 반반씩 조화를 이루었다" 혹은 "재성과 식상이 모두 유력하다"는 식의 해석은 MBTI에는 존재하지 않는다. 木火와 金水 중에서 1%의 차이라도 발견해서 한쪽을 선택해야 하고, 재성과 식상 중에서 조금이라도 활력이 있는 쪽을 선택해야 한다. 예시를 들어 혼합 해석방법을 설명해 보도록 한다.

```
        INTJ
     甲 壬 庚 乙
     辰 子 辰 卯
```

① 외향(E)와 내향(I) : 壬子와 庚辰, 그리고 2개의 子辰 합으로 金水가 木火보다 유력하므로 내향형(I)이다.

② 감각(S)와 직관(N) : 火가 재성인데 재성은 무력하고, 甲辰과 乙卯로 인하여 식상이 유력하므로 직관형(N)이다.

③ 사고(T)와 감정(F) : 2개의 편관 辰을 가졌고 1개는 월령에 위치하였으며, 편인 庚이 乙과 합하여 힘이 일부 손실되므로 사고형(T)이다.

> ④ 인식(P)와 판단(J) : 무재 사주이므로 식재의 아웃풋(Output)보다는 관인의 인풋(Input)이 좀 더 유력하므로 판단(J)으로 행동을 결정한다.
>
> ⑤ 상기 사주가 INTJ 심리를 드러낸다는 것은 직관(N)-식상을 사용하여 사고(T)-관성을 컨트롤 하려고 할 것이므로 관성이 절반의 힘밖에 내지 못한다. 하지만 결국은 판단(J)으로 행동을 결정하고 관인의 인풋 작용력이 삶을 이끈다. MBTI로는 '과학자형'에 속하며 사주로는 식상도 쓰면서 관인도 쓰는 '인비식'의 삶을 살게 될 것이다.

　MBTI와 사주를 혼합하여 해석하면, 사주를 살필 때 사주의 주인공이 재성, 식상, 관성, 인성 중에서 어떤 육신을 주요하게 활용하며 생활하는지를 좀 더 분명하게 확인할 수 있다. 예를 들어 위 사주의 주인공이 직관(N)과 사고(T)의 심리를 보인다는 것은 식상과 관성을 주로 사용한다는 것이며, 마지막에 판단(J)을 통한 생활방식을 꾸려간다는 것은 사주상 최종적으로는 관인상생을 작동시키고 관성을 목표로 삼는다는 것을 확인할 수 있다. 당연히 관성을 발현하기 위해 혹은 제어하기 위해 식상을 사용한다는 것도 분명하다.

　〈현대사주심리학〉의 마지막 장에서 'MBTI와 사주'를 다루는 것은 사주를 통해 본인의 MBTI 성격유형을 추론하거나 혹은 맞추기 위함이 아니다. 설문지를 이용한 심리분석은 테스트하는 날의 기분에 따라서 달라지기도 하고, 생활 환경과 후천적 교육으로 남들에게 좋은 인상을 주기 위한 페르소나를 드러내기도 한다. 하지만 사주와 MBTI를 혼합하여 분석하면 사주를 통해 진정한 자기를 구분해 낼 수 있고, 반대로 MBTI를 통해 사주 구조분석의 마지막 방점을 찍을 수 있기 때문이다.

> **사례** MBTI 혼합리딩을 통한 사주구조 분석
>
> ```
>       ESTJ
>    丁 辛 乙 癸
>    酉 亥 卯 酉
> ```
>
> 辛金 일주가 卯월에 태어났고 乙木을 투간하여 편재격이다. 음팔통 사주이고 辛癸酉亥 등이 많아 내향적 성향이고 금수식상을 쓰며 식상생재를 하지 않을까 하는 사주 통변을 했을는지도 모른다. 그런데 내담자는 MBTI 테스트에서 〈ESTJ〉 결과가 나왔고 이 정보를 이용해 MBTI와 사주 혼합리딩을 해 보았다. 金水가 개수로는 많지만, 외향형(E)이라는 정보는 월주의 乙卯 편재와 시간의 丁火 칠살이 木火 세력을 이루어 외향심리를 표출하였음이 확인된다. 2단계 〈S, N〉에서 감각(S)이 선택되었다는 것은 癸亥 식상과 乙卯 재성 중에서 재성이 더 유력하게 작용했다는 것을 알려준다. 3단계 〈T, F〉에서 사고(T)가 선택된 것은 인성이 없고 丁火 칠살이 시간에 떠 있으므로 정확한 패턴을 보인 것이고, 4단계 〈P, J〉에서 판단(J)이 심리로 드러났다는 점은 뿌리가 있는 乙卯 재성보다 시간에 떠 있는 丁火 칠살의 작용이 더 유력하다는 정보를 제공한다. 즉, 이 사주는 丁火가 시상에 있고 단 하나지만 유력한 '시상일위'로서의 편관이었다는 점을 확인하게 해 주었다. MBTI 유형을 통한 혼합리딩은 상담자에게 혹여 자칫하면 놓칠 수도 있는 포인트를 놓치지 않게 도와주며, 사주구조 분석을 좀 더 풍부하게 만들 수 있다.

03 외향형(E)과 내향형(I) 사주분석

외향형(E)과 내향형(I)은 에너지의 방향과 주의 초점의 방향을 나타내는데, 그 방향이 바깥을 향하면 외향이 되고 내면을 향하면 내향이 된다. 외향형은 외부로 향하여 활동할 때 에너지를 얻고, 내향형은 개인적으로 반추할 때 에너지를 얻는다. 그 반대의 상황에서는 에너지를 소모한다.

외향형(E)	내향형(I)
자기 외부에 주의집중	자기 내부에 주의집중
외부활동과 적극성	내부활동과 집중력
정열적이고 활동적	조용하고 신중함
말로 표현	글로 표현
경험한 다음에 이해	이해한 다음에 경험
쉽게 알려짐	서서히 알려짐

- 외향형(E)은 木火가 많은 사주이고, 내향형(I)은 金水가 많은 사주이다.

- 甲乙丙丁, 寅卯巳午未는 木火이며, 庚辛壬癸, 申酉亥子丑은 金水이다.

- 巳亥와 辰戌은 다른 글자와 회합하거나 방합하면 성정이 바뀐다.

- 戊己土 일간은 중성으로 인식하고, 辰戌丑未는 고(庫)의 오행을 우선 고려한다.

- 천성(天性)인 오행의 세기는 월령의 계절과 연동되므로 천성과 계절을 함께 잘 살핀다.

- YET 테스트에서는 간지-계절-강약 순으로 일간의 음양을 중요시하지만, MBTI 테스트에서는 오행-계절-강약 순으로 드러난다는 점에 유의한다. (일간의 음양은 무의식 기질)

- 외향형은 사회적인 삶을 중시하므로 왕성한 사회활동에 참여하고 사람들을 만나고 생각을 다른 사람과 공유하고 싶어 한다.

- 내향형은 개인적인 삶을 중시하므로 꼭 필요한 경우에만 사회적 활동에 참여하고 주로 자기 본연의 모습을 찾아 정신적 에너지를 사용한다.

- 남성 혹은 양간이거나 신강하지만 金水의 에너지가 많은 경우는 아니마(Anima)의 기질로서 남성적[陽] 무의식 속에서 한 부분을 구성하는 여성적[陰] 심상이 드러난다.

- 여성 혹은 음간이거나 신약하지만 木火의 에너지가 많은 경우는 아니무스(Animus)의 기질로서 여성적[陰] 무의식 속에서 한 부분을 구성하는 남성적[陽] 심상이 드러난다.

- 乙木 일간이 비견을 많이 가지고 있는 경우 木의 기운이지만 내향성(I)을 보인다.

- 庚金 일간이 비견을 많이 가지고 있는 경우 金의 기운이지만 외향성(E)을 보인다.

> **사례**　午戌 회합하고 丙이 투간하여 외향(E)
>
> ESFJ
> 辛 壬 丙 庚
> 亥 午 戌 申
>
> 金水와 木火의 세력이 반반이다. 午戌 회합하고 丙火가 투출하여 재격 같으나 戌 중 辛金도 투출하니 인수격과 겸격이다. 회합에 형충이 없고 MBTI에서 외향(E) 심리를 띠는 것이 火의 작용력이 유력하다는 뜻이 되므로 재격으로 살아왔다는 뜻이다. 2단계 〈S, N〉에서는 식상의 부재로 감각(S)을 쓰고, 3단계 〈T, F〉에서는 투출된 인성이 많아 감정(F)을 쓰고 있다. 4단계 〈P, J〉에서는 사주가 재극인하지만 인수가 유력하여 관인상생의 인풋 심리를 보여준다. 개인 사업을 꿈꾸지만 결국 관인상생으로 직장을 떠나지는 못하는 친선도모형 영업직으로 살아가는 회사원이다.

| 사례 | 乙木 일간이 비견이 많아 내향(I) |

```
      ISFP
    戊 乙 乙 戊
    寅 亥 卯 午
```

乙 일주가 乙卯寅午 등 木火를 갖고 있어 외향(E) 기질을 보일 것 같으나, 乙木이 비견을 많이 두니 소양(少陽)은 음양의 변화인데 음의 기운이 발현해 내향(I)이다. 천간에 재성을 2개 두었고 지지에 식신을 2개 지장하고 있는데, 천간의 재성이 지지에까지 뿌리를 두어 감각(S)이 우선된다. 관성은 전혀 없고 인성을 일지에 두어 감정(F)에 결정이 좌우된다. 무관 사주이므로 관인의 인풋보다 식재의 아웃풋이 크게 작용하므로 인식(P)으로 생활방식이 꾸려진다. 상기 사주가 ISFP 심리를 드러낸다는 것은 감각(S)-재성으로 세상을 인식하고 식상생재의 방식으로 심리가 외부로 흘러갈 것이다. 그러나 乙木의 여성적 성정과 인성의 감정 활동이 사람들을 편안하게 하는 좋은 심리적 균형을 보인다.

| 사례 | 대운에 따른 외향(E) 내향(I) 변화 |

```
   ENTP→INTP
   丁 乙 癸 庚
   丑 酉 未 申
  己戊丁丙乙甲
  丑子亥戌酉申
```

乙木 일주가 未월에 태어났고 시간에 丁火가 투간하여 식신격이다. 金水가 많아 내향(I)의 가능성이 높으나, 未월생이고 丁火를 격으로 삼는 사주이므로 외향(E)의 성정도 분명 공존한다. 이 사주의 MBTI 검사 결과는 丙戌대운에는 ENTP였는데, 丁亥대운으로 넘어오면서 水의 유입으로 INTP로 변하였다. 이 사람은 해외 명문음악원을 졸업한 기타리스트로 丙戌대운에는 국내 및 세계 각국에서의 공연 활동이 주가 된 외향(E)적 능력이 많이 작용하였다. 丁亥대운부터는 음악대학 교수를 시작하면서 공연보다는 학생들을 가르치는 활동이 더 주가 되었고 동시에 동양학 대학원에 입학하여 명리학을 연구하고 있으며 평생교육원에서 명리학을 가르치는 등 내향(I)적 능력을 많이 쓰고 있다. 한편 식신이 체를 이루니 직관(N)력이 강한 것이 특징이며, 관성이 태왕하고 유력하여 사고(T)력이 매우 강하다. 4단계에서 판단(J)보다는 인식(P)이 반복적으로 나타난다는 것은 연월의 관인상생보다는 시간의 식신이 월시지로 생재하는 작용이 더 강하다는 것을 알 수 있다.

04 감각형(S)과 직관형(N) 사주분석

감각형(S)과 직관형(N)은 세상을 인식하는 두 가지의 방식으로서 사람이나 사물을 인식할 때 감각을(S) 사용하면 보통 실제적이고 구체적인 것을 배우지만, 직관(N)을 사용하면 사물 이면의 가능성을 보고 예감을 하게 된다.

감각형(S)	직관형(N)
지금과 현재에 초점	미래 가능성에 초점
실제의 경험	아이디어
정확하고 사실적 일처리	신속하고 비약적 일처리
사실적 사건 묘사	비유적 암시적 묘사
나무를 보려는 경향	숲을 보려는 경향
가꾸며 추수함	씨를 뿌림

- 감각형(S)은 재성이 유력한 사주이고, 직관형(N)은 식상이 유력한 사주이다.

- 감각이란 센싱(Sensing; 오감)을 한자어로 표현한 것이며, 직관은 인튜이션(Intuition; 육감)을 한자어로 표현한 것이다.

- 감각형은 오감을 이용해 세상을 바라보고 현재에 초점을 맞추어 세부적인 실체에 관심을 보이며, 직관형은 육감을 이용한 첫인상과 생각 그리고 미래 가능성에 초점을 맞추고 창의적인 꿈과 새로운 생각에 관심을 보인다.

- 식상이 없이 재성만 많은 사람은 창조의 과정은 없이 현실적인 재물만 쫓는 경향을 보이고, 식상은 많으나 재성이 없는 사람은 꿈과 아이디어는 많으나 실제 결과를 이루지 못하는 모습을 보인다.

- 월령용신을 기준으로 재성격 혹은 식상격을 이루었다고 해서 그것을 우선하여 감각(S)과 직관(N)을 선택하면 좋은 연결점을 찾지 못할 수 있다.

- 사주 구조상 재성과 식상의 힘의 균형을 비교해서 감각(S)과 직관(N)을 선택한다.

- 비겁이 강해 재성이 무력해지거나, 인성이 강해 식상이 무력해지는 경우 두 곳의 선택지 중 반대쪽 심리가 더 크게 나타난다.

| 사례 | 금국으로 직관(N)을 쓰는 여성 |

INFP

乙 己 戊 己
丑 酉 辰 巳

己土와 戊土는 중성으로 두고 巳酉丑 금국이 식신국을 이루니 내향(I)이며 직관(N)을 쓴다. 乙木 칠살이 辰에 뿌리를 두지만 금국이 강해 관성이 힘을 잃고 사고(T)보다는 감정(F)에 치우친다. 사실 INFP의 심리로 결과가 나왔지만, INTP의 가능성도 크다. 실제로 살아온 삶을 보면 결혼생활을 끝까지 유지하기 위해 부단히 애를 썼던 삶을 살았지만, 말년에는 아프리카에 가서 굶주린 아이들을 돌보며 잔다르크와 같은 삶을 택한 세기의 배우 오드리 헵번의 MBTI와 사주이다.

| 사례 | 재성이 많아 감각(S)을 쓰며 학원운영 |

```
     ISFP
   戊 甲 戊 乙
   辰 午 子 丑
```

천간에 떠 있는 戊土는 중성이고, 甲乙午는 木火, 子辰丑이 金水로 내외가 반반인 형국이다. 이런 경우는 계절과 강약을 따지게 되는데 子월 겨울생이고, 신약하니 내향형(I)이다. 식상이 일지에 하나 있지만, 재성이 천간과 본기에 4개나 있으니 직관보다는 감각(S)을 사용한다. 감각형(S)은 현실적이며 세세한 부분에 신경 쓰고 체계적인 반복 학습을 중시한다. 소중한 사람과 순간을 생생히 기억하지만, 상대를 대조 비판하고 비교하는 경향을 보인다. SF형은 재극인을 하는 구조이므로 인성이 잘 보호되어야 하고, P형은 유력한 재성을 쫓기에 상관생재하는 생활방식으로 살아간다. 직접 강의도 하면서 아이들을 관리하는 영어학원을 운영한다. 감각, 인식을 주로 쓰지만, 감정도 중요하므로 적성에 잘 맞는 일을 찾았다고 할 것이다.

05 사고형(T)과 감정형(F) 사주분석

사고형(T)과 감정형(F)은 행동을 결정하는 판단의 두 가지 방식으로서 사고(T)를 통해 판단하면 결론을 찾기 위해서 인과적인 추론을 하게 되지만, 감정(F)을 통해 판단하면 자신의 결정이 타인에게 어떤 영향을 미칠 것인가를 중심으로 추론하게 된다.

사고형(T)	감정형(F)
진실과 사실에 관심	사람과 관계에 관심
원리와 원칙	의미와 영향
논리적이고 분석적	상황적이고 포괄적
맞다 / 틀리다	좋다 / 나쁘다
규범과 기준 중시	나에게 주는 의미 중시
지적 논평	우호적 협조

- 사고형(T)은 관성이 유력한 사주이고, 감정형(F)은 인성이 유력한 사주이다.

- 사고란 씽킹(Thinking; 생각)을 한자어로 표현한 것이며, 감정은 필링(Feeling; 느낌)을 한자어로 표현한 것이다.

- 사고형은 비판적 사고를 하는 사람이고 머리가 지배하며 과업 지향적이고 감정과 거리가 멀다. 감정형은 자연스럽게 감정적으로 행동하고 마음의 지배를 받으며 따뜻하고 동정심이 많아 합리적 판단과 거리가 멀다.

- 인성이 없이 관성만 많은 사람은 감정이 메마른 냉혈한처럼 비치거나 워크홀릭이거나 무례해 보일 수 있다. 관성이 없고 인성만 많은 사람은 따뜻하고 동정심이 많고 도덕적이지만 감정에 쉽게 빠져서 우울감을 겪고 비판에 약해 쉽게 스트레스를 받는다.

- 월령용신을 기준으로 관성격 혹은 인성격을 이루었다고 해서 그것을 우선하여 사고(T)와 감정(F)을 선택하면 좋은 연결점을 찾지 못할 수 있다.

- 사주 구조상 관성과 인성의 힘의 균형을 비교해서 사고(T)와 감정(F)을 선택한다.

- 식상이 강해 관성이 무력해지거나, 재성이 강해 인성이 무력해지는 경우 두 곳의 선택지 중 반대쪽 심리가 더 크게 나타난다.

| 사례 | 재성과 관성을 함께 사용하여 판단하는 사업가형 |

```
       ESTJ
   乙  庚  庚  丁
   酉  戌  戌  巳
```

庚金 일주가 戌월에 태어나고 丁火를 투간하여 정관격이다. 연주에 丁巳를 두었고 지지의 2개의 戌도 화고로 관성을 품고 있다. 火 기운이 강하여 외향(E) 기질을 보이며, 시간의 재성으로 감각(S)적이고, 사주 전반을 이끄는 관성은 사고(T)와 판단(J) 심리를 표출하였다. 사고형은 논리를 중시하고 성취도에서 동기를 얻으며 상황을 면밀히 분석하고 정보를 잘 활용한다. 판단형은 의사결정이 빠르고 계획적이며 긴장감을 즐기며 확실한 것을 추구한다. ESTJ 유형은 사업가형 적성을 가지는데 게임 관련 인터넷 정보를 활용하는 사업을 운영하고 있다.

| 사례 | 甲木 건록으로 외향(E)과 감정(F)을 쓰는 사교형 |

```
    ESFP
  戊 甲 戊 庚
  辰 子 寅 申
```

甲木 일주가 寅월에 태어나 건록격이다. 申子辰 수국을 이뤄 내향일 것 같으나, 월령의 寅 건록이 申을 충하여 국이 깨지고 계절과 강약으로 외향(E) 성정을 보인다. 하지만 내향적 기질 혹은 인수국의 성정을 품고 있을 것이다. 재성을 2개나 투출하며 감각(S)을 사용하며 申子辰 인수국은 사고(T)보다 감정(F)를 통해 행동을 결정하게 한다. 감정형은 따뜻하고 동정심이 많아 사교적이지만 쉽게 우울해지고 부정적 비판에 스트레스를 받는다. 감정(F)을 쓰면서 S와 P를 추구하므로 곤경에 처한 사람들에게 조언을 제공하는 업종이 적성에 맞는데, 현재 상담소를 운영하고 있으며 쾌활한 사교형 인물이다.

06 인식형(P)과 판단형(J) 사주분석

　인식형(P)과 판단형(J)은 심리적 기능이 구체적인 생활 장면에서 어떻게 나타나는가 하는 생활방식에 관한 것이다. 인식형(P)은 방향의 전환이 가능하고 자율적이며 융통성 있게 생활하는 방식이며, 판단형(J)은 분명한 목적과 방향을 가지고 계획하고 체계적으로 생활하는 방식이다.

인식형(P)	판단형(J)
상황에 맞추는 개방성	정리정돈과 계획
이해로 수용	의지적 추진
유유자적한 과정	신속한 결정
융통과 적응	통제와 조정
목적과 방향을 변화하는 개방성	분명한 목적의식과 방향감각
재량에 따라 처리하는 포용성	뚜렷한 기준과 자기의사

- 인식형(P)은 식상생재가 작동하는 사주이고, 판단형(J)은 관인상생이 작동하는 사주이다.

- 인식은 퍼시빙(Perceiving; 감지·인지)을 한자어로 표현한 것이고, 판단은 저징(Judging; 판결·심사)을 한자어로 표현한 것이다.

- 인식형은 느긋하고 재밌고 자발적이며 적응력이 좋고 좋아하는 일과 새로운 일에 관심을 보이지만, 캐쥬얼하게 행동하고 지시와 규칙을 무시하는 경향이 있다.

- 판단형은 계획과 조직을 선호하고 변화를 싫어하고 신속한 의사 결정을 하지만, 통제하는 것을 좋아하고 마감까지 안절부절못하거나 실수하는 것 모호한 것을 싫어한다.

- 식상생재로 아웃풋(Output)하며 빠져나가는 에너지를 쓰는 사람은 자율성과 활동성을 보이며 사교적이고 상황에 따라 그때그때 경쟁을 통해 결과를 얻는다.

- 관인상생으로 인풋(Input)하며 유입되는 에너지를 쓰는 사람은 사회 조직 내에서 자기 주체성을 찾고 업무 수행력이 뛰어나며 일을 구조적이고 계획적으로 진행한다.

- 인비식과 재생관 구조를 이룬 경우라도 남은 다른 글자가 무엇인가에 따라 P와 J를 결정한다. 예를 들어 인비식에 관성이 있으면 J를 선택하고, 재성이 있으면 P를 선택한다.

- MBTI 2단계 〈S, N〉과 3단계 〈T, F〉를 비교하여 〈S, N〉 재식의 작용이 주요하다면 P를 선택하고, 〈T, F〉 관인의 작용이 주요하다면 J를 선택한다.

| 사례 | 식신생재로 인식(P)을 중시하는 미용실 원장 |

```
        ISFP
    甲 己 癸 壬
    戌 酉 丑 戌
```

壬癸酉丑 등 金水의 기운이 木火보다 유력하고 丑월 겨울생으로 내향형(I)이다. 丑 중 癸水와 壬水 정편재를 모두 투출하여 감각(S)을 사용하는 재격이다. 시간에 정관을 띄웠으나 뿌리가 없이 무력하고 戌 화고를 2개 가지며 인수를 사용하는 감정(F) 유형을 보였다. 최종적으로는 F 인성보다 S 재성이 유력하게 작용하니 인식형(P) 심리를 드러냈다. ISFP 유형은 사람들을 넉넉하게 포용하는 능력이 좋아서 사람들을 상대하는 개인사업을 운영하는 경우가 많다. 이 주인공은 미용실의 원장으로 서비스 사업을 운영한다.

사례 | 살용인수로 판단(J)을 중시하는 영업직

```
      ESTJ
    甲 甲 辛 庚
    子 辰 巳 申
```

庚辛申子 등으로 金水가 강하지만 巳월 여름에 태어난 甲木이 외향(E)을 보인다는 점은 천성과 더불어 계절이 심리에 큰 영향을 미쳤음을 알 수 있다. 재성과 식상이 지지에서 각각 1개씩 있으나 식상은 인수의 극으로 힘이 줄었는지 직관(N)을 쓰지 못하고 감각(S)을 사용하는 심리를 보인다. 관성이 강한 사주로 사고형(T)이며 P와 J의 선택에 있어서 S 재성보다 T 관성이 주요하므로 판단(J)이 선택되었다. 판단형은 의사결정이 빠르고 계획적이고 조직적이며 통제하고 긴장감을 느끼는 것을 즐긴다. 사업형의 적성을 보이는데 특정 기업 네트워크 영업을 오랫동안 하였다. 내향과 외향, 감각과 직관의 선택이 쉽지 않은 사주이며 구조분석이 어려울 때 MBTI 정보가 사주의 구조분석에 도움을 준다.

07 MBTI 16가지 성격유형

MBTI 유형	사주구조	특징	직업적성
ISTP 백과사전형 만능 재주꾼	금수 재생관 식상생재	• 조용하고 말이 없고 자신을 잘 드러내지 않으며 인생을 논리적으로 분석하며 객관적으로 관찰한다. • 사실적인 정보를 다루는 것을 좋아하며 사실에 근거한 객관적인 추론을 제외한 어떤 것에 의해서도 확신하지 않는다. • 자기 일과 관계되지 않는 이상 어떤 상황이나 사람들의 일에 잘 뛰어들지 않으며 자신이 필요하다고 느껴질 때 더욱 적극적으로 개입하는 경향이 있다. • 일을 수행할 때 가능하면 시간과 노력을 절약하고 효율성을 높이려는 경향이 있다.	엔지니어 법률가 물리치료사 기술직
ESTP 수완 좋은 활동가형 모험적 사업가	목화 재생관 식상생재	• 어떤 사람이나 사건에 대해 별로 선입관을 갖지 않으며 개방적이고 관대하며 느긋하다. • 자신과 다른 사람에 대해 관용적이며 갈등이나 긴장 상황을 잘 무마시키는 능력이 있다. • 현재에 초점을 맞추어 현실을 있는 그대로 보기 때문에 현실적으로 발생하는 문제를 해결하는 데 뛰어난 능력을 발휘하기도 한다. • 선례나 관례를 따르거나 일반적으로 선호하는 방법을 따르는 것에 얽매이지 않는다. • 친구, 운동, 음식, 다양한 활동 등의 보고 듣고 느끼고 만질 수 있는 생활의 모든 것을 즐기는 유형이다.	경찰 엔지니어링 레크리에이션 신용조사 요식업 마케팅 분쟁조정가

MBTI 유형	사주구조	특징	직업적성
ISTJ 세상의 소금형 청렴한 논리주의자	금수 재생관 관인상생	• 실제 사실에 대해 정확하고 체계적으로 기억한다. • 집중력이 강하고 현실감각이 뛰어나 일을 할 때 실질적이고 조직적으로 처리한다. • 충동적으로 일에 뛰어들지 않으나 한번 관여하면 중단하거나 포기하지 않는다. • 일관성이 있고 관례적이며 보수적인 태도를 보이는 경향이 있다. • 현재 문제를 해결할 때 과거 경험을 잘 적용하며 일상적으로 반복되는 일에도 인내력이 강한 편이다.	회계사 건축가 사무직 토목 법률 정부 공공서비스 관리직 시스템이 잘 갖춰진 일
ESTJ 사업가형 엄격한 관리자	목화 재생관 관인상생	• 일을 조직하여 프로젝트를 계획하고 추진하는 능력이 있다. • 일이나 조직을 현실적, 사실적, 체계적, 논리적으로 이끌어나가는 데 능력이 있다. • 실용성이 없는 일에는 관심이 없으나 필요하다면 이를 응용하는 힘이 있다. • 미래의 가능성보다는 현재의 구체적이고 분명한 현실에 더 관심이 많다. • 사람보다는 일 자체에 초점을 맞추며 모든 사실과 상황 및 활동을 조직화시키려고 하고 이를 정해진 기한에 달성하기 위해 노력한다. • 어떤 결정을 내릴 때 과거의 경험을 활용하고 확고한 사실에 근거하여 일을 계획한다.	관리자 사업가 행정가 개인사업 제조 건설 가시적·실제적 결과를 보이는 일

MBTI 유형	사주구조	특징	직업적성
ISFP 성인군자형 호기심 예술가	금수 재극인 식상생재	• 양털 안감을 넣은 오버코트처럼 속마음이 따뜻하다. 자신의 따뜻함을 말로 드러내려고 하기보다 행동으로 전달하려고 한다. • 이 유형이 베푸는 친절은 거의 무조건적이다. 이들은 대가를 바라지 않고 친절을 베풀며 타인이 이해해주는 것만으로 기쁨을 느낀다. • 자신의 주관이나 가치를 다른 사람에게 강요하지 않으며 자기 능력에 대해 겸손하다. • 자신이 좋아하는 일이나 사람과 관련되어 있을 때는 맡은 바 임무나 의무에 충실하다. • 겸손, 낙천적, 관용적, 융통성, 개방적이다.	성직자 의료직 예술가 헌신적이고 적응력 필요한 일 높은 목적 의식의 일
ESFP 사교적인 유형 자유로운 영혼	목화 재극인 식상생재	• 친절하고 수용적이며 어떤 상황에도 잘 적응하고 타협적이다. • 주위에 있는 사람들의 일이나 활동 등에 관심이 많고 기꺼이 함께하고자 하며 새로운 사건이나 물건에 관한 관심과 호기심이 많다. • 편견이 없고 개방적이며 다른 사람에게 관대하고 온정적이다. • 논리적 분석보다는 인간 중심적인 가치에 따라 결정을 내리고자 한다. • 사람이나 사물을 다루는 사실적인 상식이 풍부하며 사람들을 접하는 일에 능숙하다.	서비스 디자이너 간호사 실생활의 실질적 능력 판매업 함께 일하는 직종

MBTI 유형	사주구조	특징	직업적성
ISFJ 임금 뒤의 권력형 용감한 수호자	금수 재극인 관인상생	• 책임감이 강하고 세부적이고 치밀하며 인내심이 강하다. • 겸손하고 도움을 주려고 하며 이해심이 있으며 사려가 깊다. • 친절하고 동정적이며 상대방을 진심으로 염려해 준다. • 이들이 가진 침착함과 인내심은 가정이나 집단에 안정적인 분위기를 조성해 준다. • 개인적인 일대일 관계를 선호한다.	교사 의료직 사무직 비서직 세심한 관찰력 필요할 때 돌봐주는 일 반복적인 일
ESFJ 친선도모형 사교적 외교관	목화 재극인 관인상생	• 동정심과 동료애가 많으며 성실하고 친절하다는 말을 자주 듣는다. • 이해심과 참을성이 많고 사람들과 조화롭고 평화로운 관계에 높은 가치를 부여한다. • 주위 사람들에게 관심을 많이 보이며 도움이 필요한 사람들을 도와주는 활동을 잘한다. • 현실과 상황에 맞는 생각과 이에 대해 활동을 하는 것이 편안하다. • 구조적으로 정리된 환경을 선호하며 규칙과 규정을 잘 지킨다. • 소속되어 있는 조직에 책임감이 있으며 환경에 조화롭게 적응하고 융화된다.	교직 서비스업 사회복지사 사람을 대하는 직업 협동적 근무환경 의료 분야

MBTI 유형	사주구조	특징	직업적성
INFP 잔다르크형 열정적 중재자	금수 인극식 식상생재	• 타인의 감정을 잘 공감하고 도우려는 마음이 강하며 따뜻한 내면의 소유자이지만 친해지기 전까지는 이런 특성을 잘 드러내지 않는다. • 매사에 신중하고 조용한 편이며 자기 일에 대한 책임감이 강하고 관심 있는 일을 할 때 완벽하게 처리하려는 경향이 강하다. • 주어진 현실에 잘 적응하지만, 현실 못지않게 자신이 중요하게 생각하는 이상과 가치를 열정적으로 추구한다. • 이해심 많고 적응력이 좋으며 대체로 관대하고 개방적이지만, 자신의 내적인 신념에 반대되는 행동을 강요받으면 한 치도 양보하지 않는다. • 직관력과 통찰력을 자주 사용하며 사람과 일에 있어 의미와 가능성을 중시하며 존중한다.	심리상담가 교직 작가 문학 분야 인류 기여 인간 이해
ENFP 스파크형 발랄한 활동가	목화 인극식 식상생재	• 열정적으로 새로운 관계를 형성하거나 일을 실행해 나가며 창의적이다. • 새로운 프로젝트에 많은 관심이 있으며 다른 사람들도 프로젝트에 흥미를 느끼도록 한다. • 일을 수행할 때 풍부한 상상력과 순간적인 에너지를 활용하여 즉흥적이고 재빠르게 일을 처리한다. • 관심 있는 일이면 무엇이든 척척 해내는 열성가이며 연속적으로 새로운 열정을 쏟아내는 것 자체에서 힘을 얻는다. • 어려움을 당할 때 더욱 자극받고 어려움을 해결하는 데 매우 독창적이다.	작가 예술가 목회자 저널리즘 광고 판매업

MBTI 유형	사주구조	특징	직업적성
INFJ 예언자형 선의의 옹호자	금수 인극식 관인상생	• 정신세계를 탐구하는 것을 좋아한다. • 자신의 신념을 이루고자 인내하고 노력한다. • 자기 생각을 글로 표현하는 것을 좋아한다. • 사람과 관련된 일에 통찰력이 뛰어나다. • 다른 사람의 성장을 돕는 일에 헌신한다. • 다른 사람들과 조화롭게 지내고자 한다. • 혼자서 집중할 수 있는 일을 잘한다.	상담전문가 교사 인사전문가 성직자 예술가 작가 심리학자
ENFJ 언변능숙형 정의로운 행동가	목화 인극식 관인상생	• 친절하고 재치 있으며 인화를 아주 중요하게 여긴다. 다른 사람들에게 관심을 보이고 자상하고 동정심이 많다. • 인간 자체에 최고의 중요성과 우선권을 둔다. 그래서 다른 사람들의 의견을 존중하고 다른 사람의 견해에서 가치를 발견하는 타고난 능력을 갖추고 있다. • 일반적으로 생동감이 있으며 사람들의 요구를 들어주고 다른 사람들을 기쁘게 해주는 것을 좋아한다. • 언어가 유창하여 사람을 다루는 일에 기대 이상으로 기여할 수 있다.	교사 심리상담가 성직자 방송가 언어를 사용하는 분야 사람들의 행동을 유도하는 일

MBTI 유형	사주구조	특징	직업적성
INTP 아이디어 뱅크형 논리적 사색가	금수 식극관 식상생재	• 조용하고 과묵한 편이지만 관심이 있는 분야에 대해서는 말을 아주 잘한다. • 사람이 중심이 되는 가치보다는 아이디어에 관심이 많으며 매우 분석적이고 논리적이며 객관적 비평을 잘한다. • 지적 호기심이 강하고 높은 직관력을 지니고 있으며 통찰력이 뛰어나다. • 가끔 어떤 아이디어에 몰입하여 주위에서 돌아가고 있는 일을 모를 때가 있다. • 개인적인 인간관계나 친목회 혹은 잡담 등에 별로 관심이 없다.	연구원 순수과학 이론가 조사연구 철학 경제학 지적호기심을 활용하는 일
ENTP 발명가형 논쟁의 변론가	목화 식극관 식상생재	• 항상 새로운 가능성을 찾고 새로운 시도를 하려는 유형이다. • 상상력이 풍부하고 독창적이며 새로운 일을 남들보다 먼저 시도하는 경향이 있다. • 에너지가 넘치며 복잡한 문제 해결에 뛰어난 재능을 가지고 있다. • 같은 환경에서 같은 일을 반복하는 것을 오래 참지 못하며 새롭고 어려운 문제를 해결하는 데 재미를 느끼고 몰입한다. • 상대를 판단하기보다는 이해하려는 경향이 있으나 무능력해 보이는 것을 좋아하지 않는다.	발명가 저널리스트 과학자 창의적인 직종 마케팅 컴퓨터 분석가

MBTI 유형	사주구조	특징	직업적성
INTJ 과학자형 용의주도 전략가	금수 식극관 관인상생	• 전체적으로 조합하여 비전을 제시하는 유형이 과학자형이다. • 진지하고 분석적이고 타고난 완벽주의 경향이 있다. • 자신의 기대와 일치하거나 보다 훌륭한 능력을 갖춘 사람을 좋아한다. • 사교적인 친절함은 불필요하고 심지어 이를 솔직하지 못하다고 생각한다. • 구조, 질서, 지식, 논리를 중요하게 여긴다.	의사 과학자 교수 학문적·이론적 분야 창의적·지적 도전의 동기부여
ENTJ 지도자형 대담한 통솔자	목화 식극관 관인상생	• 활동적, 논리적, 분석적이며 장기계획을 수립하는 것을 좋아한다. • 목적을 달성하기 위해 계획하고 조직화하며 체계적으로 추진한다. • 솔직하고 결력과 리더십이 있으며 거시적인 안목으로 일을 밀고 나간다. • 새로운 지식이나 아이디어에 호기심이 많고 복잡한 문제에도 흥미를 느낀다. • 뒤죽박죽이거나 비능률적인 일을 좋아하지 않는다.	경영자 정치인 연설가 컨설턴트 해결책을 찾는 일 통솔력을 발휘하는 일

현대사주심리학

초판 발행 2022년 9월 14일

지은이 김기승·나혁진
펴낸이 방성열
펴낸곳 다산글방

출판등록 제313-2003-00328호
주소 서울특별시 마포구 동교로 36
전화 02-338-3630　070-8288-2072
팩스 02-338-3690　02-6442-0292
이메일 dasanpublish@daum.net
　　　　iebookblog@naver.com
홈페이지 www.iebook.co.kr

ⓒ 김기승·나혁진, 2022, Printed in Korea

ISBN 979-11-6078-257-8　03150

* 이 책은 저작권법에 의해 보호받는 저작물이며, 저자와 출판사의 서면 허락 없이
  이 내용의 전부 또는 일부를 인용하거나 발췌하는 것을 금합니다.
* 제본, 인쇄가 잘못되거나 파손된 책은 구입하신 곳에서 교환해드립니다.
* 책값은 뒤표지에 있습니다.